本书由苏州大学优势学科、中国博士后科学基金面上资助（2016M61870）和江苏省博士后科研资助项目（1601133B）资助。

东|吴|法|学|文|丛·私法文丛

欧盟环境法经典判例与评析

李 雪◎著

中国政法大学出版社

2020·北京

图书在版编目（ＣＩＰ）数据

欧盟环境法经典判例与评析/李雪著. —北京:中国政法大学出版社,2020.3
ISBN 978-7-5620-9490-6

Ⅰ.①欧… Ⅱ.①李… Ⅲ.①欧洲联盟－环境保护法－研究 Ⅳ.①D950.26

中国版本图书馆 CIP 数据核字(2020)第 049975 号

出　版　者	中国政法大学出版社	
地　　　址	北京市海淀区西土城路 25 号	
邮寄地址	北京 100088 信箱 8034 分箱　邮编 100088	
网　　　址	http://www.cuplpress.com (网络实名: 中国政法大学出版社)	
电　　　话	010-58908586(编辑部) 58908334(邮购部)	
编辑邮箱	zhengfadch@126.com	
承　　　印	保定市中画美凯印刷有限公司	
开　　　本	720mm × 960mm　　1/16	
印　　　张	16.75	
字　　　数	290 千字	
版　　　次	2020 年 3 月第 1 版	
印　　　次	2020 年 3 月第 1 次印刷	
定　　　价	69.00 元	

序 言

在欧盟环境法约 50 年的发展过程中，欧洲法院（Court of Justice of the European Union）始终发挥着关键作用。一方面，在欧盟环境法发展的早期，欧洲法院通过判例明确了欧盟的环境保护目标、环境行动的条约依据，解决了 1986 年《单一欧洲法案》生效之前，因缺少欧盟基础条约明确规定而导致的欧盟环境立法合法性争议。同时，欧洲法院通过判例确定的"强制性要求"规则，使"环境保护"得以成为成员国限制内部市场自由措施的正当化事由，提升了环境问题在欧盟事项中的地位。另一方面，在欧盟颁布大量环境立法的现阶段，欧洲法院通过初步裁决程序统一了欧盟环境法在成员国的适用，明确了欧盟环境法律规定模糊或矛盾之处，填补了新环境问题带来的法律漏洞。可以毫不夸张地说，欧盟环境法律的半数重要修订都是对欧洲法院相关判决的概括和总结。鉴于此，本书拟通过介绍分析欧洲法院的重要环境法判例，阐释欧盟环境法的基本理念、发展沿革和特色制度。

本书共九章。第一章为欧盟环境法概述，简要介绍欧盟环境法的发展历程、立法依据、法律渊源、基本原则和欧洲法院等相关内容，为不熟悉欧盟法的读者提供欧洲法院判例解读的基础知识。第二章至第九章则通过 33 个具有重要意义的欧洲法院判例，对欧盟环境法的八个主要领域进行介绍。其中，第二章涉及欧盟环境法的立法依据演变和具体的实施制度，第三章重点分析欧盟环境保护与内部市场自由之间的利益平衡规则，第三章至第九章则涉及环境信息公开、公众参与环境决策和诉诸法律的权利、环境影响评价、废弃物管理、自然资源和生物多样性保护以及环境责任等六个欧盟环境法基本制度。此外，本书还包括三个附录，分别为欧洲法院判决书的结构和引用格式、

1

欧盟基础条约中环境法相关条款的译文和欧盟 Nature 2000 自然保护区网络基础内容介绍，作为读者了解书中相关判例的背景知识。

在具体的判例分析方面，本书基本分四部分进行：案件事实、主要争议问题、法院判决和案件简评。其中，前三部分是在欧洲法院相关判决的翻译和总结的基础上形成，但并非严格的判决原文翻译。为方便读者理解相关问题的判例沿革，本书"法院判决"部分保留了判决书原文的部分文中夹注，并以脚注形式呈现，故书中部分脚注格式将与 2011 年起适用的新引注格式略有不同。此外，书中部分案例会增加"后记"部分，对案件的成员国法院最终处理结果予以介绍。

本书的出版得到中国博士后科学基金、江苏省博士后科研资助项目和苏州大学王健法学院的资助，特此感谢。

因学识和能力有限，本书在判例选择和翻译以及评述方面仍有很多不足，敬请诸位读者斧正。

相关术语缩略表（中英文对照）

CFI	Court of First Instance	初审法院
CJEU	Court of Justice of the European Union	欧洲法院
COR	Committee of the Regions	地区委员会
EC	European Communities	欧洲共同体（欧共体）
EC	HREuropean Convention on Human Rights	欧洲人权公约
ECSC	European Coal and Steel Community	欧洲煤钢共同体
ECtHR	European Court of Human Rights	欧洲人权法院
EEC	European Economic Community	欧洲经济共同体
EFSA	European Food Safety Authority	欧洲食品安全局
ERDF	European Regional Development Fund	欧洲地区发展基金
ESC	Economic and Social Committee	经济和社会委员会
EUCFR	European Union Charter of Fundamental Rights	欧洲联盟基本权利宪章
EURATOM	European Atomic Energy Community	欧洲原子能共同体
MEQR	measure of equivalent effect	与数量限制具有同等效果的措施
QMV	qualified majority voting	适格多数决
SEA	Single European Act	单一欧洲法案
TEC	Treaty establishing the European Community	欧洲共同体条约
TEU	Treaty on European Union	欧洲联盟条约
TFEU	Treaty on the Functioning of the European Union	欧洲联盟运行条约

目录 Contents

第一章　欧盟环境法概述

众所周知，欧盟建立的初衷是出于经济和政治考虑，这可从其最早成立的三个共同体的名称（欧洲煤钢共同体、欧洲经济共同体和欧洲原子能共同体）中轻易推论出。但伴随欧盟内部市场一体化的快速发展，成员国的公共健康、环境、地区习俗和文化保护等非经济性公共利益受到了严重冲击。因此，从 20 世纪 70 年代开始，欧盟立法和司法开始给予非经济性公共利益事项更多的关注，其中环境保护即为此方面的典型代表。经过近五十年的发展，环境法已成为欧盟法最重要和最具特色的组成部分之一，有效地促进了欧盟可持续发展和高水平环境保护目标的实现。

一、欧盟环境法的发展历程

整体而言，欧盟环境法的发展可被分为五个主要阶段：

（一）《欧洲经济共同体条约》阶段：欧盟环境政策的形成期（1958 年至 1986 年）

欧盟成立之初，环境问题并未被列入考虑事项范围。1951 年签订的《欧洲煤钢共同体条约》[1]以及 1957 年签订的《欧洲原子能共同体条约》和《欧洲经济共同体条约》[2]是欧盟建立的三个基础条约，其中《欧洲经济共

---

[1] 《欧洲煤钢共同体条约》（Treaty Establishing the European Coal and Steel Community），通称为《巴黎条约》，于 1951 年 4 月 18 日在巴黎签订，1952 年 7 月 23 日正式生效，2002 年 7 月 23 日失效。《巴黎条约》成立了欧洲煤钢共同体（European Coal and Steel Community, ECSC），主要涉及对煤炭和钢铁的统一监管。

[2] 《欧洲原子能共同体条约》（Treaty Establishing the European Atomic Energy Community）和《欧洲经济共同体条约》（Treaty Establishing the European Economic Community），统称为《罗马条约》，于 1957 年 3 月 25 日在罗马签订，1958 年 1 月 1 日正式生效。《罗马条约》成立了欧洲原子能共同体

1

同体条约》是欧盟立法和行动的最主要依据。因基础条约中没有任何关于环境事项的规定，故严格来说，欧盟在此阶段并无制定环境政策或进行环境立法权能。然而，欧盟仍依据《欧洲经济共同体条约》第100条关于建立内部市场的规定颁布了个别环境相关法律，如《危险物质的定义、包装和标签指令》[1]、《摩托车可允许的声音程度和排放系统指令》[2]。但不论是从立法依据还是从立法目的来看，此时的环境相关立法都是服务于经济一体化的，旨在避免因技术规范差异导致的成员国间货物流通自由限制。尽管如此，上述立法还是在一定程度上发挥了环境保护作用。

　　1972年召开的欧洲理事会峰会首次提出了欧盟环境政策，标志着欧盟环境立法的正式起步。欧洲理事会（European Council）在此峰会上宣布，经济的扩张、发展不应是欧盟的终极目标，而应作为减小生活条件巨大差距的首要手段。欧盟应当特别关注非物质性的价值和财富以及环境保护，以更好地服务于人类。[3]依据此次峰会的要求，欧盟部长理事会（原欧共体部长理事会）和成员国政府代表于1973年11月2日共同发布了关于环境行动计划的会议宣言，[4]并在此基础上形成了欧盟的"第一个环境行动计划"（1th Environment Action Programme）。会议宣言强调："尤其是依据（《欧洲经济共同体条约》）条约第2条的规定，欧洲经济共同体的任务是提升共同体范围内经济活动的和谐发展以及持续、平衡扩张，故无法想象这个任务能在缺少有效防治污染和干扰或改善生活质量和保护环境的情况下完成。"这意味着，欧盟可以通过条约明确授予的内部市场行动权能进行环境相关行动，由此开启了欧

（接上页）（European Atomic Energy Community, Euratom）和欧洲经济共同体（European Economic Community, EEC），将欧洲一体化的范围从煤钢领域扩大至整体的经济活动。《欧洲经济共同体条约》，实践中也常被单独称为《罗马条约》。为避免混淆，本书中的《罗马条约》为两部条约的统称。

　　[1]　Council Directive 67/548/EEC of 27 June 1967 on the approximation of laws, regulations and administrative provisions relating to the classification, packaging and labelling of dangerous substances, *OJ* 196, 16.8.1967.

　　[2]　Council Directive 70/157/EEC of 6 February 1970 on the approximation of the laws of the Member States relating to the permissible sound level and the exhaust system of motor vehicles, *OJ L* 42, 23.2.1970.

　　[3]　See J.H. Jans and H. Vedder, *European Environmental Law: after Lisbon*, Apollo Books, 2012, p.3.

　　[4]　Declaration of the Council of the European Communities and of the representatives of the Governments of the Member States meeting in the Council of 22 November 1973 on the programme of action of the European Communities on the environment, *OJ C* 112, 20.12.1973.

盟制定环境政策和法律的大门。

可以说，在《欧洲经济共同体条约》阶段，欧盟环境法最重要的特征是在缺少基础条约明确的环境行动授权情况下，通过对《欧洲经济共同体条约》第 2 条中的"经济扩张"（economic expansion）和第 3 条进行扩张解释，为欧盟环境行动提供合法依据。具体而言，此时期欧盟环境政策的主要制定依据为《欧洲经济共同体条约》第 100 条和第 235 条。第 100 条规定，为实现建立和维护共同市场的目标，欧盟有权协调成员国立法及实践，要求成员国摒弃妨碍共同市场建立的措施和方案。第 235 条授权部长理事会在证明确有必要在欧盟层面采取措施时，即使基础条约没有赋予其相应权力，但若经部长理事会一致同意，即享有立法权力。其中，第 100 条是欧盟环境法律制定的主要依据，第 235 条则是辅助依据。

然而以《欧洲经济共同体条约》第 100 条和第 235 条为欧盟环境立法依据，这在实践中饱受争议。很多学者认为欧盟实质上并没有环境立法权限，并对依据《欧洲经济共同体条约》第 3 条关于市场一体化规定制定环境规则的合法性提出了质疑。但这一问题在 1980 年"欧共体委员会诉意大利案"[1] 判决中得到解决，欧洲法院认为，欧盟有权依据《欧洲经济共同体条约》第 100 条制定旨在消除成员国间贸易限制的环境法律。而 1985 年"ADBHU 案"[2] 的判决，不仅肯定了《欧洲经济共同体条约》第 235 条作为环境立法依据的合法性，还首次明确提出了环境保护应被作为欧盟的根本目标之一。这两个重要案件将在第二章中予以详细分析介绍。

此外，本阶段中发生的一系列重大环境事件，也极大地促进了欧盟环境政策和法律制度的发展。例如，1973 年"第一个环境行动计划"提出的预防理念（prevention is better than cure）和"污染者付费原则"（polluter pay principle）快速地成了欧盟环境法的基本原则，并影响了很多国家的环境立法。1976 年的意大利"塞韦索事件"[3] 促使欧盟制定了《特定工业活动中重大事

---

〔1〕 Judgment of 18 March 1980, *Commission of the European Communities v Italian Republic*, C-91/79, EU：C：1980：85.

〔2〕 Judgement of 7 February 1985, *ADBHU*, C-240/83, EU：C：1985：59.

〔3〕 "塞韦索事件"是指 1976 年在意大利米兰附近发生的一家化工厂爆炸事件。该事件导致大量二噁英释放到空气中，2000 多人因此接受二噁英暴露治疗，超 7 万的动物被屠杀以避免危险物质通过食物链进入人体。据报道，事故发生地区的某些癌症发病率在 30 年后仍比平均水平要高。

故危险指令》[1]，以预防工业生产中发生危险物质重大事故。1981年，环境总司（Environment Directorate-General）正式成立，这个下设于欧盟委员会的机构专门负责欧盟环境相关事项，表明欧盟正在逐步增强环境保护的重要性。

（二）《单一欧洲法案》阶段：欧盟环境法的确立期（1987年至1992年）

1987年1月1日，《单一欧洲法案》[2]正式生效，其对1957年《欧洲经济共同体条约》进行了部分修改。新条约增加了以"环境"为标题的第七编，与环境相关的条款包括第130r条、第130s条、第130t条以及第100a（3）条和第100a（4）条[3]。《单一欧洲法案》使环境事项首次被明确规定于欧盟基础条约之中，标志着欧盟正式获得了环境领域的行动权能。该条约生效后，《欧洲经济共同体条约》第235条虽然几乎不再被作为二级环境立法依据，但仍发挥着"兜底条款"的作用，作为在条约规定不足情况下的欧盟环境行动的法律依据。

《单一欧洲法案》阶段的欧盟环境法具有三个主要特征：第一，环境领域的欧盟共同市场一体化方式从统一方式逐渐转变为"最低融合方式"（minimum harmonisation）。这集中表现为，欧盟二级环境立法广泛使用需要成员国转化适用的"指令"（directive），而非具有直接效力的"条例"（regulation）。第二，该法案第130r条引入的辅助性原则明确了欧盟在环境事项上的权力边界。只有证明某一环境问题不能在成员国层面有效解决，而在欧共体层面采取行动更为有效，欧盟才有权立法或采取行动。第三，新的立法程序——"合作程序"（cooperation procedure）[4]，不仅解决了一致同意立法程序所导致的环境立法困难，还同时强化了代表民众利益的欧洲议会

---

〔1〕 Council Directive 82/501/EEC of 24 June 1982 on the major-accident hazards of certain industrial activities, *OJ L* 230, 5. 8. 1982.

〔2〕 《单一欧洲法案》（Single European Act），分别于1986年2月17日和28日签订，1987年1月1日正式生效。该条约主要为接纳新成员国而对机构制度进行改革，也同时修改了欧洲经济共同体的决策程序以加速建立欧洲单一市场。

〔3〕 现《欧洲联盟运行条约》第191、192、193条以及第114条第3、4款。

〔4〕 合作程序，也被称为"二读立法程序"。在此程序中，欧洲议会有权对部长理事会的立法提案提出修正意见（一读），若部长理事会不接受欧洲议会的意见，可以特定多数决的方式获得议案的"共同立场"，但需将这一"共同立场"告知欧洲议会进行二读。如果欧洲议会在二读中对部长理事会的共同立场提出修正案，而部长理事会如欲采取委员会未予接受议会的修正意见，则必须经部长理事会成员的一致同意。因为在通常情况下，部长理事会很难达成一致同意，所以增大了其同欧洲议会妥协的概率，进而在实质上使欧洲议会获得了更多的参与权。

（European Parliament）在环境立法中的作用。此外，《单一欧洲法案》第100a
（3）条关于欧盟委员会应在与内部市场相关的立法提案中追求高水平环境保
护的规定，也使得以第100a（1）条为依据的内部市场立法出现了越来越多的
产品环境标准统一规定。有鉴于此，《单一欧洲法案》奠定了欧盟环境立法基
础，为其快速发展提供了条约保障。

受益于《单一欧洲法案》所确定的合作立法程序，欧盟在此阶段颁布了一
系列重要的环境法律，如《城市废水处理条例》[1]、《栖息地指令》[2]、《包
装和包装废弃物指令》[3]、《空气质量框架指令》[4]以及《综合污染预防和
控制指令》[5]等。同时，全球气候变化问题开始被列入欧盟环境立法的重点
内容中。再者，欧盟在此阶段建立了欧洲环境信息和观察网络[6]以及欧洲环
境署[7]，以协调成员国环境主管部门之间的环境保护工作和实现泛欧洲环境
信息收集等目的。

（三）《马斯特里赫特条约》阶段：欧盟环境法的全面发展期（1993年至
　　　1996年）

1992年《马斯特里赫特条约》[8]的签署，标志着欧洲一体化进入了一个
新的发展阶段，同时也开启了欧盟环境法的全面发展时期。《马斯特里赫特条
约》第2条规定了欧盟的根本目标，该条明确要求，可持续和平衡的经济增

---

〔1〕　Council Directive 91/271/EEC of 21 May 1991 concerning urban waste-water treatment, *OJ L* 135, 30. 5. 1991.

〔2〕　Council Directive 92/43/EEC of 21 May 1992 on the conservation of natural habitats and of wild fauna and flora, *OJ L* 206, 22. 7. 1992.

〔3〕　European Parliament and Council Directive 94/62/EC of 20 December 1994 on packaging and packaging waste, *OJ L* 365, 31. 12. 1994.

〔4〕　Council Directive 96/62/EC of 27 September 1996 on ambient air quality assessment and management, *OJ L* 296, 21. 11. 1996.

〔5〕　Council Directive 96/61/EC of 24 September 1996 concerning integrated pollution prevention and control, *OJ L* 257, 10. 10. 1996.

〔6〕　European Environment Information and Observation Network（Eionet）.

〔7〕　欧洲环境署（European Environment Agency）是欧盟的一个独立机构，负责为欧盟环境政策的发展、制定、执行和评价以及公众提供合理、独立的环境信息。通过与欧洲环境信息和观察网络及其33个成员的密切合作，欧洲环境署收集环境数据并作出环境相关主体的评价结论，以及协调成员国的环境保护机构或环境部。

〔8〕　《马斯特里赫特条约》（Treaty on European Union），也被称为《欧洲联盟条约》，于1993年11月1日正式生效。该条约将欧洲经济共同体（EEC）更名为欧洲共同体（EC）（以下简称为"欧共体"），欧盟这一名称也正式被使用，但此时的欧盟并无法律人格，国际交往中的主体仍为欧共体。

长应尊重环境。而为实现此目标，欧盟自然应有环境领域行动的权能。总体而言，《马斯特里赫特条约》给欧盟法带来的改变，在环境法上表现为三个主要方面：第一，明确了环境保护是欧盟所追求的目标。这不仅表明了环境在欧盟事项中的重要地位，同时也具有非常重要的政治宣示意义。第二，该条约"环境"编中的事项第一次可以使用"适格多数决"（qualified majority）的方式通过，改变了原一致通过方式的主体地位，使环境立法和行动更容易通过。第三，该条约在立法程序中引入了"共同决策程序"[1]（co-decision procedure），使欧洲议会的重要性进一步强化，从而增强了环保主义者在立法方面的影响力。[2]

在《马斯特里赫特条约》阶段通过的"第五个环境行动计划"[3]，对欧盟环境法的发展具有重要意义。首先，欧盟自此正式使用"可持续发展"这一概念。其次，该计划规定了两个基本原则：一是一体化原则，即环境因素应被纳入所有主要政策领域，明确环境保护目标只能通过导致环境恶化的其他领域来实现。二是多元环境治理原则，即通过各方主体协商承诺方式替代传统的"命令-控制"方式来实现环境保护目标，尤其重视综合发挥政府、企业和公众的环境保护作用。最后，"第五个环境行动计划"还规定了未来7年需重点解决的7个主题和目标：气候变化、酸雨和空气质量、城市环境、沿海区域环境、废弃物管理、水资源管理、自然和生物多样性保护。这7个方面成了此后欧盟环境立法和司法的重点内容。

（四）《阿姆斯特丹条约》和《尼斯条约》阶段：欧盟环境法的成熟期
　　　（1997年至2009年）

分别于1999年和2003年生效的《阿姆斯特丹条约》[4]和《尼斯条约》[5]，

---

〔1〕 共同决策程序，也被称为"三读程序"，2009年生效的《里斯本条约》将其更名为"普通立法程序"（ordinary legislative procedure）。

〔2〕 参见傅聪："试论欧盟环境法律与政策机制的演变"，载《欧洲研究》2007年第4期。

〔3〕 "第五个环境行动计划"（The Fifth EC Environmental Action Programme），正式名称为"Towards Sustainability: the European Community Programme of policy and action in relation to the environment and sustainable development"，时间期限为1993年至2000年。

〔4〕 《阿姆斯特丹条约》（Treaty of Amsterdam），签订于1997年10月，1999年5月1日正式生效，旨在对欧盟机构进行改革以接纳即将加入的新成员国，提高了共同决策程序的适用范围。

〔5〕 《尼斯条约》（Treaty of Nice），签订于2001年2月26日，2003年2月1日正式生效，条约目的是改革欧盟机构以保障其接纳10个新的东欧成员国后能够有效运行。该条约最主要的内容是改变欧盟委员会的构成和部长理事会的投票方式。

进一步提升了环境事务在欧盟的地位。《阿姆斯特丹条约》对欧盟环境法的发展有以下三方面的积极影响：首先，"可持续发展"作为基本原则和目标被明确规定于基础条约之中，环境保护在欧盟具有了"宪法性"地位。第二，提供高水平环境保护和环境质量被新增为欧盟的根本任务，由此确定了"高水平环境保护原则"（the high level of protection principle）。第三，"一体化原则"（the integration principle）将被更广泛地适用，促进环境保护融入内部市场领域外的各项政策。此外，《阿姆斯特丹条约》引入了战略环境影响评价制度，要求欧盟委员会在提出可能产生环境重大影响的立法建议之前，需进行环境影响评价。相比于前者，《尼斯条约》在环境领域并没有更多的发展，但该条约提出了欧洲治理理念，使欧盟环境政策的制定和执行更加贴近欧洲民众，有助于提高环境政策和立法的民主性和透明性。[1]

此外，欧盟在此时期签订了两个重要的国际环境条约：一是1997年《京都议定书》（Kyoto Protocol），旨在减少国际温室气体排放；二是1998年《在环境问题上获得环境信息、参与环境决策以及诉诸法律公约》（也被称为《奥胡斯公约》），旨在保障公众环境信息权、决策参与权和诉诸法律的权利。尤其是《奥胡斯公约》，可以说是欧盟解决相关环境问题的基本法。欧盟为履行此公约义务先后制定和修改了一系列环境法律，公约相关问题也成了欧洲法院审理案件的重点和难点。

（五）后《里斯本条约》阶段：欧盟环境法的完善期（2009年至今）

《里斯本条约》[2]是欧盟最新获批的基础条约，由《欧洲联盟条约》（TEU）和《欧洲联盟运行条约》（TFEU）两部分组成。《里斯本条约》基本上延续了原有条约的环境保护原则，但在一些方面仍有所进步。如，《欧洲联盟运行条约》第191条第1款新增了应对气候变化的环境政策目标，第194

---

〔1〕　参见张彤主编：《欧盟法概论》，中国人民大学出版社2011年版，第373~274页。

〔2〕　《里斯本条约》的全称为《修改〈欧洲联盟条约〉以及〈欧共体条约〉的里斯本条约》（Treaty of Lisbon Amending The Treaty on European Union and the Treaty Establishing the European Community），签订于2007年12月13日，2009年12月1日正式生效。《里斯本条约》包括《欧洲联盟条约》（Treaty on European Union）和《欧洲联盟运行条约》（Treaty on the Functioning of the European Union）两部条约，前者是由1993年生效的《欧洲联盟条约》（即《马斯特里赫特条约》）修改而成，后者是对《欧洲共同体条约》的更名和修改。《里斯本条约》是欧盟在《欧洲宪法条约》未能通过后的妥协，其目的是使欧盟更民主、效率以及能够更好地在国际问题的解决中发声。该条约生效后，欧盟也正式取代了欧共体，获得了独立法律人格。

条明确规定了欧盟的共同能源制度，以及在环境刑事事项上的司法合作取得新的进展。尽管这些修改不足以构成对欧盟环境政策和法律制度的改革，但却是环境保护在欧盟事项中重要地位的表现。[1] 2016年签订的针对气候变化的《巴黎协议》（Paris Agreement）则是欧盟在应对气候变化领域的一个重要成就。

二、欧盟环境立法依据和法律渊源

（一）欧盟环境法的立法依据

任何一项欧盟立法都必须具有明确的条约基础。在《单一欧洲法案》生效之前，缺少立法依据是欧盟环境相关立法广受诟病的主要原因。虽然欧洲法院通过判例确认了欧盟环境行动的合法性，但却附属于内部市场权能，故导致早期欧盟环境法律规定实质上只是提升经济一体化的辅助工具和"副产品"。然而，即使现行欧盟基础条约已提供了明确的环境立法依据，但在某些环境措施的法律基础选择问题上仍会存在争议。例如，在2014年"欧盟委员会诉欧盟部长理事会案"[2]中，在《欧洲联盟与菲律宾共和国之间的伙伴关系与合作框架协定》的立法依据选择事项上，欧盟委员会同欧盟部长理事会间就存在较大争议。前者认为应以《欧洲联盟运行条约》第207条（共同经济政策）和第209条（发展合作政策）为依据，后者则添加了移民、运输和环境相关条款（《欧洲联盟运行条约》第79条第3款、第91条和第100条、第191条第4款）作为立法依据。欧洲法院在本案判决中指出，如果拟签订协定的支配性内容是发展合作，则不必要添加额外立法依据；但若拟签协定内容超出了发展合作框架，就需要添加额外立法基础。

总体而言，现行欧盟环境立法的主要依据是《欧洲联盟运行条约》第二十编"环境"，包括第191条至第193条三个条文。第191条是欧盟环境政策的基础条款，对环境法作出了整体性规定，涵盖四方面内容：①欧盟环境政策的四个目标：保持、保护和改善环境质量；保护人类健康；谨慎并合理使用自然资源；促进以国际层面的措施解决区域或世界范围的环境问题，特别

---

〔1〕 See N. De Sadeleer, *EU Environmental Law and the Internal Market*, OUP Oxford, 2014, p. 12.

〔2〕 Judgment of 11 June 2014, *European Commission v Council of the European Union*, C-377/12, EU：C：2014：1903.

是对气候变化的应对。②欧盟环境政策的五项基本原则：高水平保护原则、风险预防原则、损害预防原则、源头治理原则以及污染者付费原则。上述基本原则是仅针对环境领域的基本原则，欧盟环境政策和法律适用的原则还包括欧盟法整体层面上的其他原则。③欧盟环境政策制定的四项考量因素：可获取的科学和技术数据、欧盟不同区域的环境条件、潜在的成本–收益分析、欧盟整体范围内的经济和社会发展以及地区间的平衡发展。④环境领域欧盟和成员国的权力分配。在对外合作中，欧盟和成员国应在各自的权能范围内进行，但欧盟的合作安排不得损害成员国在国际机构中的谈判或缔结条约的权能。因此，欧盟环境法会存在一些欧盟及其成员国同时为缔约方的国际条约，此种条约被称为"混合条约"（mixed arrangement）。《奥胡斯公约》是典型的混合条约，对于其具体适用规则，本书将在第五章的"斯洛伐克棕熊案"中予以具体分析。

第 192 条是欧盟环境立法程序规则，该条规定环境措施一般应在咨询经济和社会委员会（Economic and Social Committee）以及地区委员会（Committee of the Regions）的基础上，适用普通立法程序。但是，若相关措施涉及具有财政性质的规定或对城乡规划、水资源以及非废弃物管理相关的土地使用等情况，则原则上适用特殊立法程序。第 193 条则赋予了成员国在不违反欧盟法的情况下制定较欧盟法律更为严格的环境措施的权利。

（二）欧盟环境立法程序

依据《欧洲联盟运行条约》第 192 条的规定，欧盟环境立法适用两种程序：普通立法程序和特别立法程序。其中，特别立法程序适用于涉及财政或土地使用等事项的特殊情况。

1. 普通立法程序

普通立法程序（ordinary legislative procedure），也被称为"三读程序"，被具体规定于《欧洲联盟运行条约》第 94 条。在欧盟委员会向欧洲议会和部长理事会提交立法草案后，该程序被分为四个阶段：

"一读"：欧洲议会应在一读时将其通过的立场通报给部长理事会；部长理事会若赞同此立场，则以议会赞同的文本通过拟议法令；若部长理事会不赞同议会的立场，部长理事会应将其一读时通过的立场向欧洲议会通报，并告知理由。欧盟委员会也应向欧洲议会充分通报其立场。

"二读"：首先，若欧洲议会同意部长理事会立场或在 3 个月内未作出决定，则以部长理事会赞同的文本通过拟议法令；若多数欧洲议会议员拒绝部长理事会的一读立场，则相关法令应被视为未获通过；若多数议员意见是对理事会的一读立场提出修正，则修正案文本应提交给部长理事会和欧盟委员会，欧盟委员会应就此修正案发表意见。其次，在收到欧洲议会修正案3个月内，若部长理事会以"适格多数"（qualified majority）通过所有修正内容，拟议法令视为通过；如果部长理事会不同意所有修正内容，部长理事会主席在征得议会议长同意后，可于6周内召集调解委员会会议。而对于欧盟委员会持否定意见的修正案，部长理事会应以"一致方式"（unanimous vote）采取行动。

调解：调解委员会由部长理事会成员或其代表以及相同人数的欧盟议会代表组成。在二读基础上，部长理事会代表的特定多数和议会代表的多数投票就共同文本达成一致。欧盟委员会应参加调解会议，并提出一切必要的动议调和前两者。如果调解会议在召开6周后仍未达成一致，拟议法令则视为未通过。

"三读"：对于调解委员会在上述期限内达成的共同文本，在文本通过后的6周内，若欧洲议会和部长理事会分别以多数表决和特定多数表决方式通过该文本，则拟议法令视为通过；反之则为未通过。"二读"程序中的3个月期限和调解程序中的6周期限，可视具体情况分别延长1个月和2周。[1]

2. 特别立法程序

《欧洲联盟运行条约》第192条第2款规定了适用特别立法程序的三类环境事项。特别立法程序也被称为"咨询程序"（the consultation procedure）或"一读程序"，是《单一欧洲法案》生效前欧盟所采用的基本立法模式。不同于普通立法程序，在此程序中欧洲议会仅发挥咨询作用，其意见并不具有决定性。咨询程序所遵循的基本步骤为：在收到欧盟委员会提交的立法议案后，部长理事会应向欧洲议会、经济与社会委员会以及地区委员会咨询，并以一致同意的方式通过相关环境立法。鉴于成员的一致同意极难达成，故特殊立法程序只在特定环境事项中才能适用。

（三）欧盟环境法渊源

欧盟环境法的渊源有两类：一是基础性法律规范；二是派生性法律规范。

---

[1] 参见张彤主编：《欧盟法概论》，中国人民大学出版社2011年版，第111~112页。

上述规范性文件都会在《欧盟官方公报》（Official Journal of the European Union）和《欧洲法院公报》（European Court Report）上发布，同时也可通过欧盟法律和其他公共文件的官方网站（EUR-Lex）查询到。

1. 基础性法律规范

基础性法律规范（primary law），也被称为一级法律，包括欧盟基础条约（现《里斯本条约》）、条约附件以及附加议定书、一般法律原则和基本权利以及国际条约四类。其中，一般法律原则主要来源于成员国基本法、欧盟基本条约、一般国际法以及有关国际条约，[1] 欧洲法院在适用和解释欧盟法过程中发展出的基本原则（如比例原则、确定性原则等）也可被视为一级法律。而欧盟基本权利则主要是被规定于《欧洲联盟基本权利宪章》[2] 和《欧洲保障人权和基本权利公约》[3]（以下简称为《欧洲人权公约》）中的基本权利。

2. 派生性法律规范

派生性法律规范规定于《欧洲联盟运行条约》第 288 条，是指欧盟立法机构（部长理事会和欧洲议会）依基础条约授权所制定的各种规范文件，包括具有约束力的条例（regulation）、指令（directive）、决定（decision）和不具有约束力的建议（recommendations）和意见（opinions）。

（1）条例。条例是在欧盟范围内具有整体约束力并可被直接适用于所有成员国的法律，具有统一性（针对所有成员国）、整体性（条文内容和形式都具有约束力）和直接适用性（无需成员国转化适用）三个特征。由于条例不需要成员国转化为国内法即具有法律效力，因此通常被比作成员国的国内法律。虽然条例有利于欧盟法在成员国的统一适用，但因欠缺对各成员国国内法律制度的考虑，故一般只在争议不大且具有共通性的环境领域才会适用，如 2001 年《公众获取欧洲议会、部长理事会和委员会文件条例》[4]、2006

〔1〕 参见曾令良：《欧洲联盟法总论——以〈欧洲宪法条约〉为新视角》，武汉大学出版社 2007 年版，第 147 页。

〔2〕 《欧盟基本权利宪章》（Charter of Fundamental Rights of the European Union），于 2007 年 12 月 12 日签订，2009 年 12 月 1 日正式生效。

〔3〕 《欧洲人权公约》（Convention for the Protection of Human Rights and Fundamental Freedoms）。《里斯本条约》正式赋予了该公约欧盟基础性法律地位。

〔4〕 Regulation（EC）No 1049/2001 of the European Parliament and of the Council of 30 May 2001 regarding public access to European Parliament, Council and Commission documents, *OJ L* 145, 31. 5. 2001.

年《废弃物运输条例》〔1〕、2014 年《氟化温室气体条例》〔2〕等。

（2）指令。指令同样由欧盟立法机构制定，但仅就其所要实现的结果对成员国具有约束力，而成员国有权选择实现此结果的形式和方法。因此，指令原则上不具有直接的法律效力，而是具有"结果约束力"。鉴于欧盟在环境领域的辅助性和指令的灵活性，指令成了欧盟使用最多的环境法律形式。至今，欧盟已颁布二百多部环境指令，内容覆盖环境法的主要领域。在欧盟环境法一体化进程中框架性指令更多地被采用，如《水框架指令》〔3〕、《空气质量框架指令》〔4〕、《废弃物框架指令》〔5〕等。其主要原因在于，框架性指令的概括性和非具体的术语表达可赋予成员国更多的自由裁量权，符合欧盟成员国行政和法律制度多样性的现实。但是，这种自由裁量权却也在很大程度上增大了欧盟委员会监督成员国执行欧盟环境法的难度。

欧盟环境指令的执行和实施是问题最多、最复杂的领域之一。虽然指令原则上并不具有直接效力，但欧洲法院通过"SACE 案"〔6〕、"Van Duyn 案"〔7〕"Marshall 案"〔8〕、"Fratelli Costanzo 案"〔9〕等一系列判例，确立了特殊情况下指令的直接效力规则。欧洲法院认为，满足下列条件的指令具有直接效力：①成员国在指令规定的转化期届满后未履行转化义务或者未能正确转化指令；②指令的相关条款规定具有强制性且足够明确和具体；③指令的相关条款必

〔1〕 Regulation (EC) No 1013/2006 of the European Parliament and of the Council of 14 June 2006 on shipments of waste, *OJ L* 190, 12. 7. 2006.

〔2〕 Regulation (EU) No 517/2014 of the European Parliament and of the Council of 16 April 2014 on fluorinated greenhouse gases and repealing Regulation (EC) No 842/2006, *OJ L* 150, 20. 5. 2014.

〔3〕 Directive 2000/60/EC of the European Parliament and of the Council of 23 October 2000 establishing a framework for Community action in the field of water policy, *OJ L* 327, 22. 12. 2000.

〔4〕 Directive 2008/50/EC of the European Parliament and of the Council of 21 May 2008 on ambient air quality and cleaner air for Europe, *OJ L* 152, 11. 6. 2008.

〔5〕 Directive 2008/98/EC of the European Parliament and of the Council of 19 November 2008 on waste and repealing certain Directives, *OJ L* 312, 22. 11. 2008.

〔6〕 Judgment of 17 December 1970, *SpA SACE v Finance Minister of the Italian Republic*, Case 33-70, EU：C：1970：118.

〔7〕 Judgment of 4 December 1974, *Yvonne van Duyn v Home Office*, Case 41-74, EU：C：1974：133.

〔8〕 Judgment of 26 February 1986, *M. H. Marshall v Southampton and South-West Hampshire Area Health Authority (Teaching)*, Case 152/84, EU：C：1986：84.

〔9〕 Judgment of the Court of 22 June 1989, *Fratelli Costanzo SpA v Comune di Milano*, Case 103/88, EU：C：1989：256.

须赋予个人权利。若满足上述所有条件，个人即可直接援引指令的相关条款对抗成员国（包括国家组织和行政机构以及法律授权的行使公共职责的组织），这也被称为指令的纵向直接效力。但是，指令并不具有横向直接效力，即私主体不得在国内法院直接援引指令的相关规定对抗另一私主体。[1]本书中的很多案例都涉及欧盟环境指令的正确实施问题，如第二章中的"韦尔斯案""欧盟委员会诉意大利废弃物填埋场案"。

（3）决定。决定是仅对其所针对的对象具有整体约束力的法律规定。相比于条例，决定并不具有统一性，其针对的是特定主体，可以是欧盟机构，也可以是成员国或其国内企业。相比于指令，决定具有整体性和直接适用性，即决定无需成员国转化，其内容和形式对其针对的主体具有直接法律效力。从性质上分析，欧盟法上的决定可以被视为一种行政法规，"是由欧盟委员会（但不限于欧盟委员会）将欧盟法适用于具体情况的一种手段"。[2]欧盟"第七个环境行动计划"[3]即是决定的典型代表。

（4）建议和意见。《欧洲联盟运行条约》第288条明文规定了两类不具有约束力的软法：建议和意见。但在实践中，通报（Communications）、决议和宣言（Resolutions and Declarations）、行动规划和计划（Action Programmes and Plans）、指南（Guidelines）和机构间协议（inter-institutional arrangements）等软法类型也被广泛使用。虽然建议和意见不具有约束力，但却发挥着传达欧盟价值观念、立法计划、立法程序中的沟通、解释法律等重要作用。近年来，软法在欧盟环境领域被越来越多地采用，这有利于实现在特定领域内及时发布指引性意见，避免因成员国争议较大导致的立法滞后。其中最典型的即为2017年《欧盟委员会关于环境问题上诉诸法律的通知》[4]，此文件是在欧盟环境诉讼立法无法获得成员国同意的情况下，欧盟委员会就相关问题发布的指导意见。

---

〔1〕 See Judgment of 26 February 1986, *M. H. Marshall v Southampton and South-West Hampshire Area Health Authority (Teaching)*, Case 152/84, EU：C：1986：84.

〔2〕 参见曾令良：《欧洲联盟法总论——以〈欧洲宪法条约〉为新视角》，武汉大学出版社2007年版，第143页。

〔3〕 Decision No. 1386/2013/EU of the European Parliament and of the Council of 20 November 2013 on a General Union Environment Action Programme to 2020 "Living well, within the limits of our planet", *OJ L* 354, 28. 12. 2013.

〔4〕 Commission Notice on access to justice in environmental matters, C/2017/2616, *OJ C* 275.

三、欧盟环境法的基本原则

为实现欧盟高水平环境保护目标,《里斯本条约》规定了一系列基本原则,并通过具体的立法予以实施。欧盟环境法的基本原则,包括与环境相关的欧盟法基本原则和专门适用于环境领域的基本原则两类。

(一) 与环境相关的欧盟法基本原则

1. 授权原则 (the principle of conferral)

授权原则是指,欧盟只能在基础条约授权范围内采取实现条约目标的行动,基础条约未赋予欧盟的权能则为成员国所有。[1]依据《欧洲联盟条约》第 4 条第 2 款第 5 项的规定,环境属于欧盟和成员国的共享权能领域,这意味着欧盟虽有权在环境领域采取行动,但其在制定环境政策和法律时并不享有与国内立法者相同的自由,仅可在基础条约明确赋予的权能范围内制定环境相关措施。

2. 辅助性原则 (the principles of subsidiarity)

辅助性原则,也被称为从属原则或辅从原则,是指在非欧盟专属权能领域中,只有在拟议行动目标不能完全在成员国中央、地区或地方层面上实现,且因规模或行动效果等原因该行动目标在欧盟层面能够更好地被实现的情况下,欧盟才能采取行动。换言之,在共享权能领域,欧盟的权力从属于成员国的权力。欧盟行动是否符合辅助性原则需从两个方面判断:一是否定性标准,即成员国层面不足以实现目标;二是肯定性标准,即欧盟层面的措施能够更好地实现目标。鉴于环境领域属于欧盟与成员国的共享权能领域,故需遵守辅助性原则。而环境的"外溢"效应及无国界性使欧盟制定环境措施几乎不会存在合法性争议。

3. 比例原则 (the principle of proportionality)

比例原则,也被称为相称性原则,是欧洲法院通过判例发展的一项基本原则,现被规定于《欧洲联盟条约》第 5 条第 1 款和第 4 款。欧盟法上的比例原则是指,欧盟行动的内容和形式不得超过实现《里斯本条约》目标所必需的范围。实践中,欧洲法院提供了测试比例原则的三项标准:一是适当性,即判断拟采取的措施对于目标实现是否合适;二是必需性,即判断拟采取的

---

[1] 《欧洲联盟条约》第 5 条第 2 款。

措施是否为实现目标所必需，有无其他可获得同等效果的替代性措施；三是最小限制性，即拟采取的措施所产生的限制影响是最小的。

具体到欧盟环境法领域中，比例原则一方面表现为环境立法应给成员国保留尽可能大的自由裁量权，使其适应国内法律和政治制度。故在欧盟环境法律形式上，指令比条例更广泛地被适用于环境立法，建议和意见类软法越来越多地被欧盟委员会采用。另一方面，欧盟框架性环境立法也较为常见，在保证欧盟范围内"最低程度统一"（minimum harmonisation）的同时，允许成员国在国内法中规定更严格的环境标准。[1]

4. 一体化原则（the integration principle）

一体化原则是与环境相关的欧盟法原则中最重要的一个，被明确规定于《欧洲联盟运行条约》第11条。一体化原则要求环境保护必须被纳入欧盟政策和行动的制定和实施，尤其应考虑拟议政策和行动是否可促进可持续发展。根据此原则，欧盟机构在制定其他领域的政策和法律时，必须在考虑拟议行为环境影响的基础上作出综合评价。[2]此外，一体化原则也体现在《欧洲联盟基本权利宪章》第37条中。该条规定："高水平的环境保护和环境质量的改善，必须融合至欧盟政策中并且确保其遵守可持续发展原则。"但也需明确，这并不表示环境保护相较于欧盟的其他目标具有优先性，因为在拟议行动的环境评价结论为否定的情况下，该行动决策仍可通过。

（二）欧盟环境法的专门基本原则

欧盟环境法的专门基本原则被集中规定于《欧洲联盟运行条约》第191条第2款，具体包括高水平保护原则、风险预防原则、预防原则、源头治理原则和污染者付费原则五项。

1. 高水平保护原则（high level of protection）

高水平保护原则是指在制定环境政策和法律时，应充分考虑欧盟各地区的不同情况，并以提供高水平的环境保护为目标。[3]这一方面需注意，高水平保护并非最高水平保护，如此既可强调欧盟环境政策和法律应提供高水平

---

〔1〕 See J. H. Jans and H. Vedder, *European Environmental Law: after Lisbon*, Apollo Books, 2012, pp. 11~12.

〔2〕 See J. H. Jans and H. Vedder, *European Environmental Law: after Lisbon*, Apollo Books, 2012, pp. 17~19.

〔3〕 参见《欧洲联盟运行条约》，第191条第2款。

的环境保护，又可考虑到环境保护水平较低的成员国的具体情况，使得欧盟环境行动的目标和标准更易为成员国所接受。但是，充分考虑欧盟各地区的不同情况也会在一定程度上破坏欧盟环境法的统一性，因此在实践中发生了一系列成员国间关于货物流通自由和环境保护冲突的案件，如影响非常大的"丹麦瓶案""丹麦棕蜂案"等。另一方面，高水平保护原则针对的对象不限于提供立法或行动草案的欧盟委员会，还包括行使立法职权的欧洲议会和部长理事会，故环境因素需在相关领域法律制定的全过程中予以考虑。

2. 风险预防原则（the precautionary principle）

风险预防原则来源于德国环境法，1992 年《马斯特里赫特条约》将其正式纳入欧盟环境政策的基本原则。该原则的核心内容是，当不能确定某项活动的环境或生态风险时，在科学证据不能够完全证明因果关系不存在的情况下，最好的选择就是不行动。[1]简而言之，风险预防原则要求在环境风险不具有科学上的确定性时，需采取预防损害措施。欧盟委员会认为，风险预防原则背后的理念是风险管理，虽不是将环境风险降为零，但需确定一个社会可接受的风险水平，以此实现欧盟范围内高水平的环境、人类和动植物健康保护。[2]

风险预防原则直接体现在欧盟关于危险化学品、转基因生物、气候变化等立法和司法实践中。例如，2001 年《谨慎向环境释放转基因生物指令》[3]第 1 条即明确表示，该指令建立在风险预防原则基础上。欧洲法院更是据此原则在 2018 年作出的一项判决中判定，由基因编辑（genome editing）技术获得的生物品种应被视为转基因生物（Genetically Modified Organisms, GMO），需被纳入严格的转基因生物监管制度。[4]

3. 预防原则（the preventive principle）

预防原则是指相关措施应在环境损害发生前即采取，避免环境损害的实际发生。预防原则背后的基础理念是"预防优于治理"（prevention is better

---

〔1〕 See J. H. Jans and H. Vedder, *European Environmental Law: after Lisbon*, Apollo Books, 2012, p. 37.

〔2〕 Communication from the Commission on the precautionary principle, COM/2000/0001.

〔3〕 Directive 2001/18/EC of the European Parliament and of the Council of 12 March 2001 on the deliberate release into the environment of genetically modified organisms and repealing Council Directive 90/220/EEC, *OJ L* 106, 17. 4. 2001.

〔4〕 Judgment of 25 July 2018, *Confédération Paysanne and Others*, C-528/16, EU: C: 2018: 583.

than cure），经 1987 年《单一欧洲法案》被正式规定至基础条约中。欧盟 1983 年发布的"第三个环境行动计划"〔1〕即是以预防原则为主题，规定了保证预防原则有效性的三个条件：①必要的知识和信息必须被改善并及时提供给决策者以及包括公众在内的所有利害关系人；②有必要制定和引入评价程序，保证环境因素在可能产生重大环境影响的行动决策程序早期被考虑；③必须保证相关措施的执行被有效监测，并在相关情况和技术发生变化时及时调整。为落实预防原则，欧盟采取的最重要的措施即是引入了环境影响评价制度。1985 年和 2001 年分别颁布的《环境影响评价指令》和《战略环境影响评价指令》要求成员国在项目、计划、规划或政策制定时需充分考虑环境因素，并进一步提高环境信息公开和公众参与制度的有效性。

4. 源头治理原则（the source principle）

源头治理原则要求环境损害应优先在源头进行治理（environmental damage should as a priority be rectified at source）。此原则具体体现为两个方面：一是环境损害不应优先使用末端处理技术（end-of-pipe technology）；二是排放标准应当优先于环境质量标准使用，尤其在水和空气污染治理方面。〔2〕因此，欧盟环境指令多要求成员国减少排放量而不以排放区域的环境质量情况为基础。此外，源头治理原则在司法实践中也被广泛适用，特别是与废弃物管理相关的案件。欧洲法院在"瓦隆废弃物案"〔3〕中提出，源头治理原则意味着任何地区、城市或地方当局都应当采取必要措施，保障废弃物在本区域的接收、处置和移除。为尽可能减少运输，废弃物应尽可能在其产出地进行处置。考虑到废弃物产生自不同的地区，比利时瓦隆大区采取的限制非源于本区域的废弃物进入瓦隆大区的措施，不应被认定为限制货物流通自由。在该案中，欧洲法院从一个意想不到的视角适用源头治理原则解释废弃物的特殊性，从而肯定了成员国为了更好地保护环境而限制进出口废弃物的权利。

---

〔1〕 Resolution of the Council of the European Communities and of the representatives of the Governments of the Member States, meeting within the Council, of 7 February 1983 on the continuation and implementation of a European Community policy and action programme on the environment (1982 to 1986), *OJ C* 46, 17. 2. 1983.

〔2〕 See J. H. Jans and H. Vedder, *European Environmental Law: after Lisbon*, Apollo Books, 2012, p. 42.

〔3〕 Judgment of 9 July 1992, *Commission of the European Communities v Kingdom of Belgium*, C-2/90, EU: C: 1992: 310.

5. 污染者付费原则（the polluter pays principle）

污染者付费原则是欧盟 1973 年"第一次环境行动计划"确立的两个基本原则之一，也是欧盟环境政策的基石。"污染者付费原则背后的理念是外部成本的内部化，使价格充分反映生产和污染成本。"[1]该原则确定了环境损害的经济责任，成了很多环境政策和经济手段的基础。[2]2004 年的《环境责任指令》是污染者付费原则适用的典型代表，本书将在第八章通过案例予以详细阐释。

除上述五项环境领域的专门原则，《欧洲联盟运行条约》第 191 条第 2 款还规定了一个保障条款（the safeguard clause）。保障条款要求在适当情况下，符合环境保护要求的欧盟一体化措施应当允许成员国出于非经济性的环境原因采取临时措施，但必须遵守欧盟的监督程序。例如，《植物保护产品上市条例》[3]规定，当有充分理由相信某一依据指令授权的产品对人类或动物健康产生威胁以及存在环境风险时，成员国可以临时限制或禁止该产品在本国领域内的使用或销售。类似的保障条款也可在与内部市场紧密相关的其他环境指令中发现。而从另一角度理解，保障条款实质上也是风险预防原则的一种体现。[4]

四、欧洲法院及其在环境法发展中的作用

（一）欧盟法院的组成

欧盟法院主要被规定于《欧洲联盟条约》第 19 条和《欧洲联盟运行条约》第 251~255 条。欧盟法院由欧洲法院（Court of Justice of the European Union）、综合法院（General Court）和专门法院（Specialised Courts）三部分组成。

1. 欧洲法院

欧洲法院（Court of Justice of the European Union）[5]，也被称为欧盟最高法院，现由 28 名法官和 11 名佐审官（Advocates General）组成。法官来自于各成员国，任期为 6 年并可连任，必须具备不可置疑的独立性以及可胜任本

---

〔1〕 张彤主编：《欧盟法概论》，中国人民大学出版社 2011 年版，第 381 页。

〔2〕 参见蔡守秋：《欧盟环境政策法律研究》，武汉大学出版社 2002 年版，第 164 页。

〔3〕 Regulation (EC) No 1107/2009 of the European Parliament and of the Council of 21 October 2009 concerning the placing of plant protection products on the market and repealing Council Directives 79/117/EEC and 91/414/EEC, *OJ L* 309, 24. 11. 2009.

〔4〕 See J. H. and H. Vedder, *European Environmental Law: after Lisbon*, Apollo Books, 2012, p. 46.

〔5〕《里斯本条约》生效前，欧洲法院的名称为"European Court of Justice"（ECJ），该条约生效后，则更名为"Court of Justice of the European Union"（CJEU）。

国最高司法工作的职业能力。佐审官，也被译作"护法顾问""总顾问""法律顾问"等，其主要职责是协助法官工作，负责为案件提供完全公正和独立的意见（opinion）。佐审官作出的案件判决意见不具有约束力，但在实践中通常会对法院判决产生较大的影响。除特殊情况外，佐审官意见同样会在欧洲法院官方网站和公报上公开。

欧洲法院的审判庭一般分为三种形式。一是全体法官出席的全体审判庭，负责审理《欧洲法院规则》规定的特定案件，如欧洲监察员（European Ombudsman）的撤职、欧盟委员会委员的失职行为认定以及法院认为特别重要的案件（case of exceptional importance）。二是由 15 名法官组成的大审判庭（Grand Chamber），主要审理成员国或欧盟机构为一方当事人的案件，以及其他非常复杂和重要的案件。三是由 3 名或 5 名法官组成的一般审判庭，其中 3 名法官组成的审判庭庭长任期为 1 年，5 名法官组成的审判庭庭长任期为 3 年。

2. 综合法院

综合法院在《里斯本条约》生效前被称为"初审法院"（Court of First Instance），被规定在《欧洲联盟运行条约》第 254 条。目前，综合法院共有 45 名法官（每个成员国至少有 1 名该国籍的法官），[1]必须以不持偏见和保持中立的方式履行职责。综合法院法官任期为 3 年并可连任。综合法院的主要职责为审查①个人针对欧盟机构和组织的行为或不作为提起的诉讼；②成员国针对欧盟委员会、欧洲中央银行和欧洲首脑议会提起的诉讼；③针对欧盟公务员法庭判决提出的上诉。2012 年综合法院审理的案件中，针对欧盟机构的诉讼占 45.7%，涉及商标问题的诉讼占 38.6%。[2]

3. 专门法院

《欧洲联盟运行条约》第 257 条规定，欧盟将设立若干隶属于综合法院的专门法院，对特定领域内某些类型的诉讼或程序进行初审。由专门法院作出的裁决，仅可就法律问题向综合法院上诉；但若其设立条例有特别规定，也可以就判决中的事实问题向综合法院上诉。目前，欧盟只设立了一个专门法院，即欧盟公务员法庭（European Union Civil Service Tribunal），专门审理欧

---

〔1〕 此为 2018 年 10 月 8 日的数据，英国脱欧后法官数量应有所变化。

〔2〕 See D. Chalmers, G. Davies and G. Monti, *European Union Law: Text and Materials*, Cambridge University Press, 2014, p. 162.

盟与其公务员之间的争端。[1]

（二）欧洲法院的职责

《欧洲联盟条约》第19条第1款规定，欧洲法院的根本职能是"确保在解释和适用条约时，法律得到遵守"。该条第3款规定了欧洲法院的三项基本职责：①审理某一成员国、机构、自然人或法人提起的诉讼；②依成员国法院或法庭请求，就欧盟法或欧盟机构指定的法令之合法性作出的初步裁决（preliminary ruling）；③《里斯本条约》规定的应由欧洲法院审理的其他案件。

结合《欧洲联盟运行条约》第258~259条、第260条、第262~263条、第265~269条和第271~274条的相关规定，欧洲法院在实践中审理的具体案件包括六类：一是由成员国法院提出的关于欧盟法解释的初步裁决；二是欧盟委员会针对成员国未履行条约义务的违反条约之诉；三是针对欧盟立法的合法性提起的无效之诉；四是针对欧盟机构（如欧盟议会、部长理事会、欧盟委员会或欧洲中央银行）等未能采取行动的不作为之诉；五是未履行欧洲法院判决的损害赔偿之诉；六是关于综合法院的判决或决定中的法律问题的上诉案件。本书中讨论的案例多数为初步裁决类案件，少数为欧盟委员会针对成员国未履行欧盟法义务或法院判决的违约之诉或损害赔偿之诉。

初步裁决是欧洲法院审理最多和最具特色的案件类型，其具体规则主要被规定于《欧洲联盟运行条约》第267条。通过初步裁决程序，欧洲法院一方面确保了欧盟法在成员国的统一解释和适用，另一方面也进一步完善了欧盟法律体系，欧盟法的一系列重要原则和规则都是通过欧洲法院的初步裁决程序确立的，如直接效力原则、优先原则、比例原则、强制性要求规则等。至于初步裁决的具体规则，包括可向欧洲法院提请初步裁决的成员国法院或法庭、可以请求的事项等内容，为避免重复，笔者将通过书中判例进行具体介绍。

（三）欧洲法院在欧盟环境法发展中的重要作用

"哪里有法院，法律就在法官手里发展"，[2]可以说是对欧洲法院在欧盟

---

[1] 欧盟公务员法庭的设立依据为2004/752/EC, Euratom: Council Decision of 2 November 2004 establishing the European Union Civil Service Tribunal, *OJ L* 333, 9.11.2004.

[2] Schwarzenberger, *International Law*, p. 24; P. S. R. F. Mathijsen, *A Guide to European Union Law* (sixth edition), 1995, pp. 83~84, footnote 17, 转引自曾令良：《欧洲联盟法总论——以〈欧洲宪法条约〉为新视角》，武汉大学出版社2007年版，第223~224页。

环境法发展过程中发挥的作用的最贴切描述。欧洲法院通过一系列重要判例，奠定了欧盟环境法形成和发展完善的基础。首先，在欧盟环境法发展的早期，欧洲法院解决了因缺少基础条约规定而导致的欧盟环境立法的合法性争论。通过"欧盟委员会诉意大利《洗涤剂指令》案"，欧洲法院不仅肯定了欧盟环境行动的合法性，还使《欧洲经济共同体条约》第 100 条成了《单一欧洲法案》生效之前的欧盟环境立法依据。在随后的"ADBHU 案"中，欧洲法院明确提出，环境保护是欧盟所追求的根本目标，这一主张提高了环境在欧盟领域的重要性。

其次，欧洲法院通过"Cassis de Dijon 案"确立了"强制性要求"规则，使环境保护得以对抗内部市场的发展，实现了公共利益和经济利益的平衡。因早期欧盟环境立法附属于内部市场发展，故环境利益在很多情况下成了经济发展的牺牲品。尽管欧盟的相关条约规定，为保护公共安全、健康等具有公共利益的事项，可以对欧盟内部市场的货物、人员、服务和资本四项自由予以限制，但却没有包括环境保护。欧洲法院通过判例赋予了环境保护"强制性要求"地位，不仅使其在没有条约依据的情况下成了限制内部市场四大自由的正当理由，而且明确其具有同条约明文规定的豁免事由相同的效力。

最后，针对欧盟环境立法日益增加、环境问题日益复杂的现状，欧洲法院在环境案件的审理过程中，会明确欧盟法律中规定模糊或矛盾之处，填补法律规定的漏洞，并就成员国在同一问题上的差异性规定予以协调。如废弃物（waste）的界定、负有信息公开义务的公共当局（public authority）的定义、环境影响评价制度适用的对象等。其中，最具代表性的是环境非政府组织提起行政公益诉讼的资格问题，欧洲法院的支持态度使得德国、奥地利、斯洛伐克等成员国的行政诉讼资格规定受到了很大影响，并促使相关成员国修改国内法律以保障环境组织的诉讼权利。对于这一问题，笔者也会在第五章中予以进一步阐述。

第二章 欧盟环境法的制定和实施制度

本章导读

第二章将分析欧洲法院作出的五个欧盟环境法制定和实施的相关判例。1980 年"欧共体委员会诉意大利案"肯定了在基础条约未明文规定欧盟环境行动权能的情况下，欧盟通过内部市场相关规定进行环境立法的合法性。1985 年"ADBHU 案"首次明确环境保护是欧盟所期待实现的根本目标之一，这一观点随后为基础条约（《单一欧洲法案》）所确认；2004 年"韦尔斯案"相对全面地阐释了欧盟环境指令的正确实施机制和特殊情况下的直接效力；2007 年和 2014 年两个相互关联的"欧盟委员会诉意大利废弃物管理案"，前者涉及的是欧盟委员会对成员国欧盟环境法执行的监督制度，后者涉及的则是未履行欧洲法院判决的成员国所应承担的损害赔偿责任。

一、"欧共体委员会诉意大利案"：欧盟环境立法依据

"欧共体委员会诉意大利案"[1]的双方当事人是欧共体委员会（现欧盟委员会）和意大利共和国。欧共体委员会认为意大利未能在规定期限内将 1973 年《洗涤剂指令》转化为国内法，故向欧洲法院提起未履约之诉。

（一）案件事实

根据 1969 年"消除因成员国法律、法规或行政行为差异而导致的贸易技

---

[1] Judgment of 18 March 1980, *Commission of the European Communities v Italian Republic*, C-91/79, EU：C：1980：85.

术壁垒总体计划"〔1〕和1973年"第一次环境行动计划"，欧共体（现欧盟）颁布了《关于统一成员国洗涤剂规定的指令》〔2〕（以下简称《洗涤剂指令》）。《洗涤剂指令》的根本目的是消除成员国间关于洗涤用品中不可降解物质的差异性规定，并进一步限制不可降解物质的使用，以避免环境污染，特别是对水体的污染。该指令要求成员国在洗涤剂问题上达成完全统一，即不仅应保障符合指令规定的洗涤剂在欧盟内部市场中自由流通，还需禁止不符合指令规定的洗涤剂上架。

《洗涤剂指令》第8条规定，成员国应在1975年5月27日前将《洗涤剂指令》转化为国内法。因意大利政府未能如期转化该指令，欧共体委员会于1976年12月23日通过信函要求意大利政府提交履行指令的意见。1977年2月17日，意大利政府告知欧共体委员会其正在进行相关立法，并于3月将立法草案发送至欧共体委员会。因未收到意大利政府的进一步信息，欧共体委员会于1977年12月23日向意大利政府送达了附理由意见书（reasoned opinion）。鉴于此后意大利仍未采取实质性措施完成《洗涤剂指令》的转化，欧共体委员会于1979年5月22日将意大利诉至欧洲法院。

（二）主要法律问题

在基础条约没有环境事项规定的情况下，欧共体（现欧盟）是否有权制定《洗涤剂指令》（或环境相关法律）？

（三）法院判决

《洗涤剂指令》第8条规定，成员国应在指令发布之日起18个月内，即最晚于1975年5月27日前采取有效措施对指令进行转化。意大利政府认为，意大利国内法已能够在很大程度上保障《洗涤剂指令》目标的实现。并且，因该指令涉及的内容位于欧共体权力的边缘（"at the fringe" of Community powers），故应被视为一种以"指令"形式存在的国际公约。此外，意大利迟延履行该指令的转化义务，是因为意大利议会第七届立法会议的特殊情况。

然而，欧洲法院并不认可意大利政府的上述理由。欧洲法院认为，即使

---

〔1〕　General Programme of 28 May 1969 for the elimination of technical barriers to trade which result from disparities between the provisions laid down by law, regulation or administrative action in Member States, *OJ C* 76, 17. 6. 1969.

〔2〕　Council Directive 73/404/EEC of 22 November 1973 on the approximation of the laws of the Member States relating to detergents, *Official Journal L* 347, 17/12/1973.

意大利国内法能够在很大程度上保证指令目标的实现，但并非完全履行指令转化义务。对于这一事实，意大利政府也未提出反对意见。而在指令转化问题上，成员国有义务保证指令条款的充分和准确适用。

针对意大利政府提出的《洗涤剂指令》实质上是一种特殊形式的国际条约的观点，欧洲法院认为其已在 1970 年作出的判决[1]中阐明：结合指令的目标和制定的制度框架，若一项措施具有"决定"（decision）的特征，就不能被认定为一项"国际协议"。此观点应同样适用于欧共体部长理事会制定的指令。

最后，在欧共体是否有权制定《洗涤剂指令》的问题上，欧洲法院首先指出，《洗涤剂指令》的制定不仅属于共同体环境行动计划的一部分，还是"消除因成员国法律、规定或行政行为差异而导致的贸易技术壁垒总体计划"的一部分。故依据《欧洲经济共同体条约》第 100 条[2]的规定，共同体享有立法权。更进一步，《欧洲经济共同体条约》第 100 条虽未明文规定环境事项，但也未排除自身作为环境立法基础的可能性。因为环境和健康相关规定是企业责任的一部分，如果成员国间的规定不统一，则必会导致不公平竞争。

此外，成员国不能以国内制度的规定、实践或特殊情况为由，免除其在规定期限内履行共同体指令的义务。

综上，欧洲法院判决，意大利未能在法定期限内采取必要措施转化《洗涤剂指令》，违反了欧盟法规定的指令转化义务。

（四）案件评述

1980 年"欧共体委员会诉意大利案"在欧盟环境法发展过程中具有里程碑式的意义。因《欧洲经济共同体条约》并没有关于环境的专门规定，故在 1986 年《单一欧洲法案》生效前，欧盟实质上并没有明确的环境立法权限。因此，欧盟依据《欧洲经济共同体条约》第 100 条（现《欧洲联盟运行条约》第 115 条）颁布了几部环境相关法律，如 1967 年《危险物质的定义、包装和标

---

[1]　Judgment of 18 February 1970, Case 38/69, *Commission v Italy* [1970] ECR 47.

[2]　EEC Treaty, Article 100: "*The Council, acting by means of a unanimous vote on a proposal of the Commission, shall issue directives for the approximation of such legislative and administrative provisions of the Member States as have a direct incidence on the establishment or functioning of the Common Market. The Assembly and the Economic and Social Committee shall be consulted concerning any directives whose implementation in one or more of the Member States would involve amendment of legislative provisions.*"

签指令》[1]、1970年《摩托车可允许的声音程度和排放系统指令》[2]，其合法性在实践中饱受争议。[3]这一欧盟环境法发展的障碍在"欧共体委员会诉意大利案"中得到了解决。在本案中，欧洲法院不仅明确欧共体应享有制定环境政策和法律的权力，还肯定了《欧洲经济共同体条约》第100条可作为环境立法的条约基础。

《欧洲经济共同条约》第100条规定："理事会应在委员会提议的基础上，以全体一致决议发布指令，使各成员国国内影响共同市场建设或运行的法律、法规或行政规定趋于一致。"虽然该条款规定的是欧共体在共同市场领域的行动权能，但也为共同体协调成员国环境立法和政策提供了机会。欧洲法院指出，环境和健康相关规定作为企业责任的一部分，如果成员国间对此方面要求不同，则必然会导致企业生产成本的不同，进而产生不公平竞争。所以，欧盟环境相关立法实质上是为了消除因环境要求不同导致的内部市场限制措施。

虽然欧洲法院通过"欧共体委员会诉意大利案"解决了早期欧盟环境行动的合法性问题，但不论是从《欧洲经济共同体条约》第100条的具体内容还是从本案的判决内容来看，此阶段欧盟环境立法的正当性和根本目的都是服务于内部市场，即通过统一成员国的环境法律规定以消除共同体内的贸易绿色壁垒。这也就意味着，若环境规则与共同市场没有联系，欧共体就会缺少立法基础。为解决这一问题，《欧洲经济共同体条约》第235条被欧共体部长理事会作为其环境行动的补充条约依据，对于这一点，笔者将在下文中的"ADBHU案"进行详细分析。

二、"ADBHU案"：环境保护应为欧盟根本目标之一

"ADBHU案"[4]的双方当事人是法兰西共和国检察官（Procureur de la République）和法国废油燃烧者利益保护协会（Association de défense des

---

[1]　Council Directive of 27 June 1967 on the approximation of laws, regulations and administrative provisions relating to the classification, packaging and labelling of dangerous substances (67/548/EEC), *OJ* 196, 16. 8. 1967.

[2]　Council DIirective of 6 February 1970 on the approximation of the laws of the Member States relating to the permissible sound level and the exhaust system of motor vehicles (70/157/EEC), *OJ L* 42, 23. 2. 1970.

[3]　张彤主编：《欧盟法概论》，中国人民大学出版社2011年版，第372页。

[4]　Judgement of 7 February 1985, *ADBHU*, C-240/83, EU：C：1985：59.

brûleurs d'huiles usagées，ADBHU），涉及法国转化欧盟《废油处置指令》〔1〕的国内法的合法性问题。因需对《废油处置指令》进行解释，法国克雷泰伊大区法院（Tribunal de Grande Instance，Créteil）向欧洲法院提请初步裁决。

（一）案件事实

1975 年 7 月 16 日，欧盟颁布了《废油处置指令》。该指令第 2~4 条要求成员国须采取必要措施，保证废油被安全收集、处理以及更优地再利用。第 5 条和第 6 条第 1 款规定，若上述目标不能实现，则应指定合适的区域并由监管机构认定的具有资质的公司进行废油处理。此外，该指令第 13 条和第 14 条规定，依据污染者付费原则，政府可以给予收集和/或处置废油的企业不超过其实际花费的补偿。

依据《废油处置指令》，法国通过 1979 年 11 月 21 日第 981 号法令（Decree No 79-981）和 1979 年 11 月 21 日的两个决定将指令转化为国内法。法国相关法律规定，法国领域将被划分为不同区域，并建立一个废油收集者和废油处置企业的资格管理制度。1979 年第 981 号法令第 3 条规定，废弃物的所有者必须将废弃物送至有资质的废油收集者处，或者直接将其交给具有废物处置资质的企业或自己处理（若其自身有处置资质）。第 981 号法令第 6 条规定，收集者应将废油交至有资质的企业处理。第 7 条规定，废油合法的处置方式是回收、经济条件可接受情况下的再利用或者作为工业燃料使用。而至于此类工业使用，废油燃烧只能在"已经批准用于环境保护的工厂"进行。

ADBHU 是于 1980 年 10 月 16 日成立的维护废油燃烧者利益的组织。其章程规定，该组织的目标和宗旨是保护燃烧燃油、废油的企业、经营商和锅炉加热设备使用者的利益。1981 年，法兰西共和国检察官向克雷泰伊大区法院起诉请求解散 ADBHU，认为该组织的宗旨是鼓励人们进行法国法律禁止的废油处理行为。ADBHU 以结社自由进行抗辩，并提出法国关于废油处理的法律规定是不合适的，因为其违反了欧盟法中的货物流通自由和竞争自由原则。

鉴于此，克雷泰伊大区法院决定暂停国内审判程序，就转化《废油处置指令》的法国国内法令和决定是否违反《欧洲经济共同体条约》问题请求欧洲法院进行初步裁决。

---

〔1〕 Council Directive 75/439/EEC of 16 June 1975 on the disposal of waste oils, *OJ L* 194, 25.7.1975.

（二）主要法律问题

《废油处置指令》授权成员国主管部门指定废油回收者回收区域、规定处置废油的企业需事先获得许可、为回收和处置废油企业提供补偿等规定，是否构成限制欧盟货物流通自由的措施，从而违反欧盟法律规定？

（三）法院判决

欧洲法院认为，本案的一个核心问题是《废油处置指令》是否具有合法性，尤其是授权成员国主管部门为废油收集者指定专属区域、处置废油企业的事先资质许可以及资助收集和处置废油企业的相关规定。在此情况下，本案应从两部分来考虑指令的合法性：一是指定特定回收区域和事前许可规定（《废油处置指令》第 5 条和第 6 条）；二是为相关企业提供补偿的规定（《废油处置指令》第 13 条和第 14 条）。

1. 指定特定回收区域和设置事前许可规定是否构成对欧盟货物流通自由、竞争自由等基本权利的侵害？

欧洲法院首先明确，欧盟法中的贸易自由和竞争自由并不是绝对权利，在未造成实质性侵害的情况下，可以因欧盟所追求和保护的公共利益而减损。而《废油处置指令》并未违反上述规则。环境保护是欧盟所追求的根本目标之一，废油处理指令的目标即是保护环境免受废油处置的危害。从指令的整体规定可以明显看出，某些限制措施的采用必须在遵守比例原则和非歧视原则的基础上进行。特别是该指令第 5 条规定，只有在第 2～4 条所期实现的废油回收利用目标不能实现时，才可指定废油回收区域。

其次，《废油处置指令》明确规定，废油处置的规定不能构成对欧盟境内货物流通自由的限制。正如欧洲法院于 1983 年在另一涉及区域划定计划的判例〔1〕中所提出的，指定专门区域用于处置废弃物，并不能自动证明成员国采取了限制出口的措施。但因此类市场划分规定并没有被明确规定在欧盟指令中，故不排除违反该指令目标情况的存在。

最后，欧洲法院认为《废油处置指令》所规定的措施并不会给共同体内部贸易自由造成障碍。因为对贸易自由和竞争自由产生限制性影响的事先许可规定，是出于保护公共环境利益的目的，且指令为实现此目标而采用的措

---

〔1〕 Judgment of 10 March 1983, *Syndicat national des fabricants raffineurs d'huile de graissage and others v Groupement d'intérêt*, Case 172/82, EU：C：1983：69.

施既不具有歧视性也未超过必要水平。

综上，欧洲法院裁定《废油处置指令》第 5 条和第 6 条关于授权指定回收区域和设置事前许可的规定，并不违反欧盟法中的基础原则。

2. 为从事收集或处理废油服务的企业提供国家补偿是否违反条约的公平竞争原则？

欧洲法院认为，正如欧共体委员会和部长理事会所正确指出的，本案中的争议补偿并不构成《欧洲经济共同体条约》第 91 条规定的国家援助，而应被认定为为企业提供回收或处置废油的服务费。《废油处置指令》第 13 条也明确规定，补偿的数额不得引起明显的竞争偏向或者导致人为的贸易模式。因此，《废油处置指令》的上述规则并不构成对竞争自由的侵害。

3. 《废油处置指令》是否可作为法国禁止燃烧废油的正当化理由？

从请求欧洲法院解释的问题和提交的文件可以得出，法国相关法律只允许在工业设施中燃烧废油，也就是说，其他任何形式的废油燃烧都被禁止。德国、法国、意大利政府和欧共体委员会都对法国的措施表示支持，他们认为不受监管的废油燃烧会导致严重的空气污染，因此禁止在未安装安全设备的工厂中燃烧废油是符合《废油处置指令》的立法目的的。意大利政府补充道，任何被授权进行处置废油的人都必须遵守相关规则和监管。

欧洲法院强调，《废油处置指令》的目标是废油处理必须以环境安全的方式进行。该指令第 2 条明确规定，成员国有义务实现此目标。第 3 条规定："成员国应采取所有必要措施，以保证废油的处置尽可能以回收方式进行（再生和/或燃烧而非破坏）。"第 4 条规定，成员国必须禁止以任何可能对水、土壤或空气产生影响的方式存储、倾倒或处理废油。为了保证上述目标的实现，该指令第 6 条规定，废油处置企业必须获得成员国主管机构的许可，如有必要，可以在设施检查后增加技术发展状况所要求的其他条件。除事前许可规则外，该指令第 11 条和第 12 条规定，成员国主管部门应进行后续检查和定期检查，要求相关企业提供处置或存放废油或残留物相关信息以及保证企业遵守许可证条件。

欧洲法院认为，依据《废油处置指令》上述规则的要求，成员国有义务禁止任何通过对环境产生不利影响的方式进行废油处置。而为实现此目的，该指令同时强制成员国建立有效的事先审查和事后监管制度。因此，法国颁布的废油处置相关法律规定并不违反《废油处置指令》。

（四）案件评述

"ADBHU 案"的重要意义主要体现在两个方面：

第一，环境保护首次被认定为欧洲共同体追求的根本目标之一。虽然在此前的 1980 年"欧共体委员会诉意大利案"中，欧洲法院肯定了缺少条约基础的欧盟环境立法的合法性，但却也同时表明此种合法性的存在是因为相关环境立法旨在消除内部市场自由障碍。也就是说，该案中的环境保护只是内部市场的附属产物，并不具有独立价值。而"ADBHU 案"则不同，欧洲法院在本案判决中首次表示，环境保护应是欧盟的根本目标之一。这意味着环境保护获得了独立于内部市场的地位，其在欧盟事项中的重要性得到了确认。

第二，"ADBHU 案"肯定了《欧洲经济共同体条约》第 235 条作为环境立法依据的独立地位，促进了早期欧盟环境法的发展。第 235 条规定："在共同市场运行过程中，若本条约没有规定实现共同体目标所必须的行动权利，在委员会提案征询欧洲议会意见且经部长理事会一致同意后，部长理事会则可以制定适当措施。"在通常情况下，早期欧盟环境立法都以《欧洲经济共同体条约》第 100 条为立法依据，第 235 条仅发挥辅助条款作用，故单独以其为立法基础的法律非常少，仅有 1979 年《野生鸟类保护指令》[1]、1982 年《空气中铅的极限值指令》[2]和 1981 年《纸张再利用和再生纸使用建议》[3]。

环境保护作为欧盟根本目的的地位通过"ADBHU 案"得以明确，使得《欧洲经济共同体条约》第 235 条作为独立的欧盟环境立法依据变得更有价值。该条赋予共同体为实现共同体某一目标采取必要行动的权力，故部长理事会有机会制定独立于内部市场的法律，专门用于环境保护目标的实现。可以说，欧洲法院关于"ADBHU 案"的判决在欧盟环境法律和政策形成之初发挥了重要的推动作用。[4]

---

［1］　Directive 79/409 on the conservation of wild birds, *OJ* 1979 *L* 103/1. 经 2009 年修订，该指令现已为 2009 年《野生鸟类保护指令》（Directive 2009/147/EC）所撤销。

［2］　Council Directive 82/884/EEC of 3 December 1982 on a limit value for lead in the air, *OJ L* 378, 31. 12. 1982.

［3］　81/972/EEC：Council Recommendation of 3 December 1981 concerning the re-use of waste paper and the use of recycled paper, *OJ L* 355, 10. 12. 1981.

［4］　参见傅聪："试论欧盟环境法律与政策机制的演变"，载《欧洲研究》2007 年第 4 期。

三、"韦尔斯案"：欧盟环境指令的效力

"韦尔斯案"〔1〕的一方当事人是应德来娜·韦尔斯（Delena Wells）申请的英国女王，另一方是英国运输、地方政府和区域大臣，主要争议涉及的是一项未经环境影响评价而被授予采矿作业许可的撤销申请。因需对 1985 年欧盟《环境影响评价指令》的超期未转化责任和指令直接效力问题进行解释，英格兰和威尔士高等法院，即皇座法庭下设的行政法庭（High Court of Justice of England and Wales，Queen´s Bench Division）就此向欧洲法院提请初步裁决。

（一）案件事实

为了满足第二次世界大战后的建设材料需求，英国的采矿许可从 1946 年起均根据《城镇和乡村规划法》〔2〕规定的临时开发决定作出。1991 年，英国新颁布的《规划和赔偿法》对旧采矿许可规则进行了修订，其中即涉及依临时开发决定授予的旧采矿许可的部分内容。新法要求，采矿作业必须重新申请登记，并在满足新规定的条件下才能继续进行。若在期满前不进行申请，旧采矿许可则不再具有效力。

1984 年，本案的申请人韦尔斯女士购买了一处房产，位于经临时开发决定授予采矿许可的 Conygar 采石场附近。在韦尔斯女士购买房产时，该采矿场并没有进行采矿作业，且这种状态持续了几十年。但在 1991 年 7 月，Conygar 采石场重新开工了一小段时间。此外，Conygar 采石场所在区域是依法被认定为环境极为敏感的区域，因为其位于且毗邻几个包含自然保护区的区域。

按照《规划和赔偿法》的要求，Conygar 采石场于 1991 年初向矿业规划主管部门申请重新登记旧采矿许可。1992 年 8 月 24 日，主管部门作出了登记申请决定，在批准该申请的同时提出：Conygar 采石场需提交确认满足新规划条件的申请，只有该申请被确认后，才能进行合法开发活动（此决定以下简称"登记决定"）。随后，Conygar 采石场向矿业规划主管部门提出确认申请，但主管部门在其 1994 年 12 月 22 日的决定中提出了比 1992 年登记决定更为严格的确认条件。

---

〔1〕 Judgment of 7 January 2004, *The Queen*, *on the application of Delena Wells v Secretary of State for Transport*, *Local Government and the Regions*, C-201/02, EU：C：2004：12.

〔2〕 Town and Country Planning (General Interim Development) Order 1946.

因此，Conygar 采石场就此决定向英国国务大臣提出申诉。国务大臣在其1997 年 6 月 25 日的申诉决定中对该采石场提出 54 项规划确认条件，其中部分事项的决定权保留给矿业规划主管部门（以下简称为"新条件确认决定"）。1999 年 7 月 8 日，矿业规划主管部门作出决定，批准上述保留条件（以下简称"更新条件保留事项的批准决定"）。在此程序中，国务大臣和矿业规划主管部门都没有对该采石项目是否需要进行 1985 年《环境影响评价指令》规定的环境影响评价进行审查。并且环境文件（environmental statement）在整个许可登记和确认过程中，始终没有被正式考虑过。

1999 年 7 月 10 日，韦尔斯女士通过信函请求国务大臣撤销或修改规划许可，以弥补许可程序中环境影响评价的缺失。因未收到任何答复，韦尔斯女士向高等法院提起诉讼。

依据在第一次听证会上向高等法院作出的承诺，国务大臣于 2001 年 3 月28 日对韦尔斯女士的来信作出附合理意见的答复，拒绝撤销或修改规划许可。韦尔斯女士故修改原申请内容，将国务大臣 2011 年 3 月 28 日信件中的决定增加到诉讼请求中。鉴于案件审理涉及欧盟法的解释，英国法院向欧洲法院提请裁决。

（二）主要法律问题

（1）1985 年《环境影响评价指令》是否适用于修改已有许可条件的决定？

（2）许可程序包含几个阶段时，《环境影响评价指令》如何适用？

（3）在第三方、成员国和申请人三角关系中，欧盟环境指令的直接效力问题？

（4）成员国对未履行环境影响评价的弥补义务。

（三）法院判决

1. 可受理性问题

欧共体委员会（现欧盟委员会）提出，尽管欧洲法院享有对欧盟法律条文中相关概念的解释权，但依据其判例确定的规则，何时授予开发许可是成员国的国内法问题。[1]因此，国内法规定的某些程序性措施是否属于 1985 年《环境影响评价指令》所规定的开发许可，应由国内法院判定，欧洲法院无权

---

〔1〕　See Case C-81/96 *Gedeputeerde Staten van Noord-Holland* [1998] ECR I-3923.

受理。

但是，欧洲法院并不支持欧共体委员会的此种观点。欧洲法院认为，提请欧洲法院初步裁决的问题，只有在明显不与欧共体法律解释相关或完全处于假设的情况下，才不具有可受理性。[1]本案并不属于上述两种情况，因为1997年"新条件确认决定"和1999年"更新条件保留事项的批准决定"是否构成《环境影响评价指令》意义下的开发许可，属于欧盟法解释问题。而为保障欧盟法的统一适用和平等原则，在欧盟法律术语没有明确需参考成员国法律时，其含义和范围的确定，通常应当在考虑上下文规定和立法目的基础上，在欧盟范围内作出独立和统一的解释。[2]欧洲法院据此认定，提交至欧洲法院的相关问题具有可受理性。

2. 实体性问题

（1）《环境影响评价指令》中开发许可的界定。英国政府认为，不论是1997年"新条件确认决定"还是1999年"更新条件保留事项的批准决定"，都不属于1985年《环境影响评价指令》第1条第2款意义下的开发许可。因为需要确定更新条件的开发许可的授权决定是在上述指令颁布之前作出的，1991年《规划和赔偿法》仅是对已经做出的许可行为的详细规则进行完善。为保障法律的确定性，1985年《环境影响评价指令》不应当被适用于本案中的争议项目。英国政府同时表示，可能影响环境的因素已经在更新条件保留事项的批准决定中被考虑，并且批准的细节也不会超出规划方案初步确定的参数范围。

欧洲法院认为，鉴于Conygar采石场作业对环境的影响，本案所涉及的项目显然属于《环境影响评价指令》规定的未进行环境影响评价不得授予许可的项目。该指令不适用于在1988年7月3日之前，也就是《环境影响评价指令》生效前即获得许可的项目，也不适用于1988年7月3日后获得许可但许可程序在此前已经开始的项目。[3]故《环境影响评价指令》只适用于存在新

---

〔1〕 See, inter alia, Case C-83/91 *Meilicke* 〔1992〕 ECR I-4871, paragraphs 25 and 32, Case C-62/93 *BP Supergas* 〔1995〕 ECR I-1883, paragraph 10, and Case C-143/94 *Furlanis* 〔1995〕 ECR I-3633, paragraph 12.

〔2〕 Case 327/82 *Ekro* 〔1984〕 ECR 107, paragraph 11.

〔3〕 See, to this effect, Case C-431/92 *Commission v Germany* 〔1995〕 ECR I-2189, paragraph 32, and *Gedeputeerde Staten van Noord-Holland*, cited above, paragraph 23.

许可的项目。

本案中，按照 1991 年《规划和赔偿法》的规定，Conygar 采石场的所有人如果想要恢复采石场作业，不仅需对旧的许可证进行更新登记，还应获得新规划条件的确认决定和上述保留事项的批准决定。若采石场所有人未能履行上述义务，原许可证便将失效。因此，如果缺少上述两项新决定，属于《环境影响评价指令》适用范围内的采矿许可就不会被授予。换言之，本案中修改许可条件的决定不仅改变了原许可的条件，还改变了原许可的本质。若不将其认定为新的许可决定，则将严重损害该指令的有效性。

鉴于此，欧洲法院认为，关于 Conygar 采石场的 1997 年"新条件确认决定"和 1999 年"更新条件保留事项的批准决定"应作为一个整体，被认定为《环境影响评价指令》规定的新许可。

（2）开展环境影响评价的时间。由于许可程序包括几个阶段，故仅确定存在 1985 年《环境影响评价指令》范围内的开发许可，并不能解决成员国法院提出的与成员国是否应承担环评义务相关的问题，还有必要首先明确环评开始的时间。

1985 年《环境影响评价指令》第 2 条第 1 款规定，环境影响评价必须在许可授予前进行。该指令的立法说明第 1 项阐明，主管部门应尽可能早地在决策程序中考虑项目的环境影响。因此，当成员国法律将许可程序分为几个阶段进行时，若一个阶段为主要决定，而另一个阶段仅涉及不超过主要决定所规定参数的实施决定，那么对环境可能产生影响的项目必须在涉及主要决定的程序中被认定和评价。只有环境影响在实施决定程序中才能被认定的情况下，环境影响评价才能在此阶段进行。

综上，欧洲法院判定，1985 年《环境影响评价指令》第 2 条第 1 款和第 4 条第 2 款应被解释为，本案中英国相关当局所作出的更新许可登记决定应被认定为该指令第 1 条第 2 款所规定的新许可，因此，相关主管当局有义务在适当情况下开展此类项目的环境影响评价。如果许可程序包括数个阶段，那么原则上，该项目的环境影响评价必须尽可能早地被认定和评价。

（3）1985 年《环境影响评价指令》的直接效力。在确认 1985 年《环境影响评价指令》适用的基础上，欧洲法院接着处理该指令第 2 条第 1 款的直接效力以及个人是否可以援引该指令的规定起诉成员国的问题。

英国政府承认，个人有权援引 1985 年《环境影响评价指令》第 2 条第 1

款，且在结合指令第 1 条第 2 款和第 4 条第 2 款规定的情况下，该条具有直接约束成员国的横向直接效力，即成员国可依个人（如韦尔斯女士）申请剥夺其他私主体（如 Conygar 采石场所有人）的权利。但英国政府同时提出，法律确定性原则要求欧盟指令不得为个人施加义务。对于个人而言，指令的规定只能为其创立权利。[1] 因此，如果成员国的义务同履行另一项涉及第三方义务直接相关，个人不得直接依据指令对抗成员国。[2]

欧洲法院否定了英国政府的上述观点。欧洲法院认为，仅仅是对第三方权利产生不利影响，即使这种影响是确定的，也不能成为阻止个人援引指令规定对抗成员国的正当理由。[3] 在本案中，英国政府负有保证其主管部门对采石场作业进行环境影响评价的义务，而这项指令义务的执行并不涉及 Conygar 采石场所有人。采矿作业必须被停止以等待评价结果的事实是英国未能及时履行环评义务的结果。因此，这种结果并不能被认定为是欧盟指令对采石场所有人的横向直接效力。

英国政府进一步提出，鉴于 1997 年 "新条件确定决定" 已经过去相当长的时间，依据诉讼时效规则，撤销该决定将违反法律的确定性。申请人韦尔斯女士应当在合理时间内向具有管辖权的法院提出质疑。欧洲法院同样并不支持此种观点。欧洲法院认为，申请人韦尔斯女士向国务大臣提出申请时，规划许可程序的最终阶段并没有结束，所以撤销此许可并不违反法律确定性原则。

综上，欧洲法院判定，个人在适当的情况下可以直接援引 1985 年《环境影响评价指令》第 2 条第 1 款对抗英国的矿业主管部门和国务大臣。

（4）成员国未履行项目环境影响评价义务的救济措施。英国政府提出，本国主管部门无义务撤销或修改授予 Conygar 采石场的作业许可，或者要求该采石场停止作业。

欧洲法院认为，判例法已经很明确地阐述，欧盟条约规定的真诚合作原

---

〔1〕 See Judgment of 26 February 1986, *M. H. Marshall v Southampton and South-West Hampshire Area Health Authority* (*Teaching*), Case 152/84, EU：C：1986：84.

〔2〕 See, to this effect, Case C-221/88 *Busseni* [1990] ECR I-495, paragraphs 23 to 26, and Case C-97/96 *Daihatsu Deutschland* [1997] ECR I-6843, paragraphs 24 and 26.

〔3〕 See, to this effect, in particular, Case 103/88 *Fratelli Costanzo* [1989] ECR 1839, paragraphs 28 to 33, *WWF and Others*, cited above, paragraphs 69 and 71, Case C-194/94 *CIA Security International* [1996] ECR I-2201, paragraphs 40 to 55, Case C-201/94 *Smith & Nephew and Primecrown* [1996] ECR I-5819, paragraphs 33 to 39, and Case C-443/98 *Unilever* [2000] ECR I-7535, paragraphs 45 to 52.

则要求成员国撤销违反欧盟法的不法后果。[1]并且，此撤销义务同样适用于成员国的任何相关机构。[2]因此，成员国的主管部门应在其职权范围内，采取所有必要的一般或特别措施来确认其审查的项目是否有环境影响；若该项目有环境影响，则应进行影响评价。[3]在尊重程序自主权原则的基础上，成员国应采取撤销或中止已经授予的许可等措施，保证《环境影响评价指令》规定的项目环评义务的履行。

　　同时，对于因未进行环评而造成的任何损害，成员国均应当予以赔偿。根据成员国程序自主权原则，损害赔偿的具体适用规则属于成员国的国内法问题，但对来源于欧盟法的权利的保护必须不比类似情况下国内法权利的保护更弱（平等原则），并且也不得使欧盟法权利的实际适用较国内法权利更难（有效性原则）。[4]就本案而言，如果成员国法院判定 Conygar 采石场的作业应进行 1985 年《环境影响评价指令》规定的环境影响评价，那么相关主管部门则有义务采取所有一般或特别措施，来纠正未进行此类评价导致的后果。成员国法院应依据国内法判定所需采取的措施，包括判断撤销或中止一项已授予的许可是否可以保障争议项目依据《环境影响评价指令》进行环评，或者在个人同意的情况下判定足以补偿受害人所遭受损害的赔偿。

　　（四）案件总结

　　"韦尔斯案"的判决具有三个方面的重要性：

　　其一，在具体制度层面，"韦尔斯案"明确了欧盟环境影响评价制度的几项关键问题。首先，《环境影响评价指令》适用于所有成员国主管当局在该指令转化期届满后作出的决定。其次，应进行环境影响评价的项目许可，还包括那些对指令转化期限届满前作出的许可条款和内容作出实质性修改的决定，而不应将其认定为对现有许可的简单修改，从而规避环境影响评价。最后，环境影响评价应尽可能早地进行。欧洲法院认为，如果成员国的项目许可程

---

　　[1]　See, in particular, Case 6/60 *Humblet* [1960] ECR 559, at 569, and Joined Cases C-6/90 and C-9/90 *Francovich and Others* [1991] ECR I-5357, paragraph 36.

　　[2]　See, to this effect, Case C-8/88 *Germany v Commission* [1990] ECR I-2321, paragraph 13.

　　[3]　See, to this effect, Case C-72/95 *Kraaijeveld and Others* [1996] ECR I-5403, paragraph 61, and *WWF and Others*, cited above, paragraph 70.

　　[4]　See to this effect, inter alia, Case C-312/93 *Peterbroeck* [1995] ECR I-4599, paragraph 12, and Case C-78/98 *Preston and Others* [2000] ECR I-3201, paragraph 31.

序包含多个阶段和多个决定，原则上该项目可能对环境产生的影响必须尽早被认定和评价，且必须在主要决定程序中进行。只有当主程序无法认定环境影响时，环评才可在执行相关决定的程序中进行。

其二，在欧盟法基础制度层面，"韦尔斯案"明确了三方关系下欧盟指令的直接适用效力。一般而言，欧盟指令仅具有"结果约束力"而非直接效力，需成员国将其转化为国内法。但欧洲法院通过判例确定，如果成员国未如期履行指令转化义务或未能正确转化指令，而在指令相关条款的内容足够明确、具体且为赋予个人权利时，个人可直接援引指令的相关条款对抗成员国。此种效力也被称为指令的直接效力。因指令的直接效力只可以对抗成员国及其公共当局，而不能对抗处于同等地位的其他私主体，故欧盟指令只具有纵向直接效力。赋予指令纵向直接效力，实质上是促使成员国及时、准确地履行欧盟指令转化义务。

因此，在成员国、私主体和受影响的第三方私主体同时存在的事项中，欧盟指令的直接效力规则最为复杂。因为，在此种情况下，私主体针对国家当局行动或不行动的申诉，会导致相关第三方的"附带损害"。对此问题的解决，欧洲法院坚持其一贯主张，即法律的确定性原则阻止指令为个人设定义务，指令规定只能赋予个人权利。所以，欧洲法院进一步规定了指令直接效力的适用条件，旨在避免三方关系情况下直接援引指令条款的可能性，保证私主体针对公共当局的申诉不会产生向第三方施加义务的影响。

欧洲法院认为，在欧盟指令的直接适用问题上，首先需辨析对第三方的不利影响是由公共当局被请求履行的义务导致的，还是由和公共当局被请求履行的义务没有直接关系的其他事项导致的。只有在前一种情况下，才能直接援引指令条款。也就是说，私主体可以在国内法院直接援引欧盟指令条款，要求本国主管部门履行指令义务，即使履行此义务可能导致第三方主体利益受损。正如在本案中，韦尔斯女士可以请求英国矿业规划主管部门履行环境影响评价义务，虽然环评义务的履行可能导致 Conygar 采石场的作业许可被撤销或修改。

其三，"韦尔斯案"进一步阐明了欧盟指令的正确实施方式。欧盟指令因需成员国转化为国内法实施，故其实施方式也被称为"间接实施"。在本案中，欧洲法院肯定了成员国在指令实施方面的酌情权。对于违反指令条款的行为，成员国有义务依指令要求，纠正并消除该行为产生的效果，但同时也有权决定补偿方式以及恢复非法行为所适用的程序。成员国程序和救济自主权原则在本案中再次被重申。

然而，成员国在程序和救济方面的自主权并非毫无限制，需遵守欧盟法的平等原则和有效原则。平等原则是指，个人源自欧盟法的权利应受到与国内法权利同等的保护。有效原则是指，个人的欧盟法权利的适用不应比国内法权利的适用更为困难。欧洲法院在本案判决中指出，因未能进行环境影响评估而造成的任何损害，成员国都应当提供完全的补偿，至于具体的补偿措施应依国内法确定。由于《环境影响评价指令》并没有规定任何强制性的特别补偿性措施，所以，若撤销许可不能弥补所有损害，那么应依平等原则和有效原则提供其他的补救措施，如受害人同意下的金钱赔偿等。

四、"欧共体委员会诉意大利垃圾倾倒场案 I"：欧盟环境法的实施

"欧共体委员会诉意大利垃圾倾倒场案 I"[1]的双方当事人是欧共体委员会（现欧盟委员会）和意大利共和国。因意大利未能按时履行 1975 年《废弃物指令》[2]、1991 年《危险废弃物指令》[3]及 1999 年《废弃物填埋指令》[4]相关规定的义务，委员会向欧洲法院起诉，请求确认意大利未履约行为。

（一）诉前程序

根据意大利国家森林管理局（Corpo Forestale dello Stato）2002 年 10 月 22 日报告以及各种投诉、议会问题和新闻报道，欧共体委员会认为意大利存在大量非法和不受监管的垃圾倾倒场。欧共体委员会因此决定，审查意大利政府对《废弃物指令》《危险废弃物指令》和《废弃物填埋指令》规定义务的履行情况。

上述 2002 年报告总结了意大利国家森林管理局 1986 年启动的调查程序的三阶段工作情况，记录了意大利普通大区[5]森林和山区中存在的非法垃圾倾倒场。1986 年进行的第一次调查覆盖了意大利 8104 家地方机构中的 6890

---

〔1〕　Judgment of 26 April 2007, *Commission of the European Communities v Italian Republic*, C-135/05, EU：C：2007：250.

〔2〕　Council Directive 75/442/EEC of 15 July 1975 on waste, *OJ L* 194, 25.7.1975.

〔3〕　Council Directive 91/689/EEC of 12 December 1991 on hazardous waste, *OJ L* 377, 31.12.1991.

〔4〕　Council Directive 1999/31/EC of 26 April 1999 on the landfill of waste, *OJ L* 182, 16.7.1999.

〔5〕　除弗留利-威尼斯朱利亚大区（Friuli-Venezia Giulia）、撒丁大区（Sardinia）、西西里大区（Sicilia）、特伦迪诺-上阿迪杰大区（Trentino-Alto Adige）和瓦莱达奥斯塔大区（Valle d'Aosta）等五个特别自治区外的所有意大利大区。

家，国家森林管理局据此确认了 5978 个非法垃圾倾倒场。1996 年进行的第二次调查覆盖 6802 家地方管理机构，发现 5422 个非法垃圾倾倒场。国家森林管理局在 2002 进行的调查中，仍然列出了 4866 个非法垃圾倾倒场，其中 1765 个未包含在先前的调研数据中。意大利国家森林管理局报告显示，上述 1765 个非法垃圾倾倒场中有 705 个包含危险废弃物，且仅有 1420 个取得了垃圾倾倒和填埋许可证。

欧共体委员会依据意大利国家森林管理局 2002 年的调查结果，对意大利境内非法倾倒场所数据总结如表 2-1：

表 2-1

地区	非法垃圾倾倒场	非法垃圾倾倒场覆盖的面积（m²）	正在使用的垃圾倾倒场/未使用的垃圾倾倒场	已清除的垃圾倾倒场/未清除的垃圾倾倒场
阿布鲁佐（Abruzzzo）	361	1 016 139	111/250	70/291
巴斯利卡塔（Basilicata）	152	222 830	40/112	43/109
卡拉布里亚（Calabria）	447	1 655 479	81/336	19/428
坎帕尼亚（Campania）	225	445 222	40/185	37/188
艾米利亚-罗马涅（Emilia-Romania）	380	254 398	189/191	59/321
拉齐奥（Lazio）	426	663 535	120/306	110/316
利古里亚（Liguria）	305	329 507	145/160	58/247
伦巴第（Lombardia）	541	1 132 233	124/417	159/382
马尔凯（Marche）	244	364 781	70/174	41/203
莫利塞（Molisc）	84	199 360	14/70	13/71
皮埃蒙特（Piemonte）	335	270 776	114/221	119/216
普利亚（Puglia）	599	3 861 622	440/159	37/562
托斯卡（Toscana）	436	545 005	107/329	154/282
翁布里亚（Umbria）	157	71 510	33/124	61/96
威尼托（Veneto）	174	5 482 527	26/148	50/124
合计	4866	16 514 924	1654/3182	1030/3836

意大利国家森林管理局的数据只涉及意大利 15 个普通大区，但是欧共体委员会希望在本程序中对意大利全部领土内的非法垃圾倾倒场进行探究。事实上，从欧共体委员会掌握的信息来看，意大利的 5 个特别自治区都存在相似的非法垃圾倾倒场状况。欧共体委员会提出，在 2003 年西西里大区通知委员会的废弃物管理计划中，附有关于该大区问题区域的污染场地清理计划的内容。该计划表明，西西里大区存在大量非法垃圾倾倒场、废弃的垃圾倾倒场、未经授权许可的废弃物处置以及非指定的场地，其中一些场地甚至包含危险废弃物。同样的情况也存在于弗留利-威尼斯朱利亚大区、特伦迪诺-上阿迪杰大区和撒丁大区。利用来自地区当局的官方文件、议会调查委员会报告以及新闻报道等资料，欧共体委员会完成了意大利非法垃圾倾倒场的总体情况描述。

2003 年 7 月 11 日，欧共体委员会依据自己掌握的信息和《欧洲经济共同体条约》第 226 条（现《欧洲联盟运行条约》第 258 条），通过函件正式通知意大利政府就相关问题提交意见。鉴于未能从意大利政府收到任何可以使其确信意大利未履行指令义务的违法性已经结束的信息，欧共体委员会故在 2003 年 12 月 19 日向意大利政府发出附理由意见书（reasoned opinion），要求意大利政府在收到意见书之日起 2 个月内制定必要措施，以保证欧共体指令相关义务的履行。

期限届满后，欧共体委员会仍未收到合理意见，因此决定向欧洲法院提起诉讼。

（二）主要法律问题

（1）如何判断成员国是否履行欧盟法规定的义务？

（2）对于违反欧盟指令义务的成员国，欧盟委员会如何保障欧盟环境法律的实施？

（三）法院判决

1. 未履约之诉的证明责任

意大利政府提出，欧共体委员会提起诉讼所依据信息来源缺乏可信度。首先，意大利国家森林管理局 2002 年报告的起草并未与环境和自然资源保护部合作，而后者是欧共体法律规定下的唯一一国内适格机构。其次，意大利议会质询的问题以及新闻报道的文章并不应被采信，只能作为一般来源的证据，且举证者需证实信息的真实性。

欧共体委员会提出，意大利国家森林管理局 2002 年报告是可靠的，且构成高度可信的环境信息来源。事实上，国家森林管理局是意大利国家民事警察力量，其任务包括保护森林、环境、农村和生态系统，以及为确保在上述问题上遵守国内和国际法而进行警方活动。

对此，欧洲法院首先阐明，依据《欧洲经济共同体条约》第 226 条（现《欧洲联盟运行条约》第 258 条）的规定，在成员国未履行义务的监督程序中，欧共体委员会负有证明成员国未履约的义务，且不得依赖任何假设性证据。[1]但是，依据《欧洲经济共同体条约》第 10 条（现《欧洲联盟运行条约》第 4（3）条）的规定，成员国有义务协助委员会完成此证明任务，特别是为保障条约规定以及欧盟机构为达成此目的而采取的措施。[2]因为委员会并没有在成员国内进行调查的权力，故当审查成员国是否有效实施包括环境领域在内的欧盟指令时，欧共体委员会在很大程度上只能依赖于投诉者、成员国相关私立或公立机构以及成员国本身提供的信息。[3]

因此，意大利国家森林管理局编写的报告、议会调查委员会以及来源于地区管理机构发布的正式文件，都应当被认定为是有效的信息来源，帮助委员会启动《欧洲经济共同体条约》第 226 条规定的成员国未履约调查程序。据此，当欧共体委员会就被告成员国相关领域内的问题提供了充分的证据时，成员国有义务对实质性问题进行质疑并提供详细的信息以及由此产生的后果。[4]在此种情况下，成员国权力机构应牢记自身职责，在遵守真诚合作原则的基础上，进行充分的实地调查以帮助委员会完成总体任务。

综上，当欧共体委员会依据详细的涉及成员国反复性违反欧盟指令的投诉时，相关成员国应对指控的投诉事项进行特别抗辩。同样，当委员会已经提供充分证据表明成员国已经多次且持续地违反欧盟指令的规定时，成员国则有义务提供实质性的和详细的信息，并就由此产生的后果进行抗辩。成员国的举证责任是源于欧盟条约中规定的真诚合作义务。在本案中，依据现有案卷资料，意大利政府并没有与欧共体委员会充分合作，帮助委员会完成本

---

[1] See Judgment of 25 May 1982 Case 96/81, *Commission v Netherlands*, Case 96/81, paragraph 6.

[2] See Judgment of 26 April 2005, *Commission v Ireland*, C-494/01, EU：C：2005：250, paragraph 42 and the case-law cited.

[3] See ibid, paragraph 43 and the case-law cited.

[4] See ibid, paragraph 44.

案诉前程序中的调查。

2. 意大利是否违反欧盟废弃物管理相关规定

依据判例法确定的规则，判断成员国是否履行义务，必须参照附理由意见书中确定的期限届满时成员国所处的情况。欧洲法院不能考虑任何后续变更，即使这些变更将构成对成员国被控未履行的欧盟法的正确适用。[1]

欧洲法院首先认定，意大利违反了1975年《废弃物指令》第4条。《废弃物指令》第4条规定，成员国应采取必要措施以保证废弃物被回收，或废弃物的处置不得危及人类健康、不得损害环境并且必须有实际措施保障上述目标的实现。虽然该条规定的目标对成员国具有约束力，但同时在评估这些措施的必要性上给予了成员国自由裁量权。因此，原则上不能从事实部分直接判定意大利未履行《废弃物指令》第4条规定的义务。然而，如果上述未履约行为一直持续并对环境造成严重损害，成员国当局却没有采取有效措施予以阻止，则应视为成员国超过了该条款所赋予的自由裁量权的标志。[2]

此方面很容易通过本案现有证据予以认定。尽管意大利政府提供的信息能够证明，其已对未履行欧盟法规定义务的行为进行改正。但该信息也同时反映出，在附理由意见书规定的时间届满后，非法垃圾倾倒场在整体上仍然存在。对于存在违反《废弃物指令》第4条的指控，欧洲法院认为，在附理由意见书确定的期限届满后，意大利全境内仍存在相当大数量的非法垃圾倾倒场，其经营者也未能保证废弃物的回收或以不危害人类健康或不损害环境的方式处置废弃物，意大利政府也未能合法监管垃圾倾倒场。例如，意大利政府承认，在国家森林管理局调查后的地方检查期间，阿布鲁佐大区仍确认有92个场所被非法倾倒的废弃物影响。因此，这种长期存在的非法废弃物倾倒行为必然会给环境造成严重的损害。

其次，欧洲法院认定意大利违反了《废弃物指令》第8条。《废弃物指令》第8条要求，成员国应采取必要措施，保障废弃物持有人将其持有的废弃物交由特定企业处置，或者自己按照指令要求进行回收利用。然而，意大

〔1〕　See Case C-111/00 *Commission v Austria*〔2001〕ECR I-7555, paragraphs 13 and 14; Case C-103/00 *Commission v Greece*〔2002〕ECR I-1147, paragraph 23; the judgment of 28 April 2005 in Case C-157/04 *Commission v Spain*, not published in the ECR, paragraph 19; and the judgment of 7 July 2005 in Case C-214/04 *Commission v Italy*, not published in the ECR, paragraph 14

〔2〕　See Case C-365/97 *Commission v Italy* ("*San Rocco*")〔1999〕ECR I-7773, paragraph 67-68.

利政府在附理由意见书规定的期限届满后，并没能确保废弃物持有人或通过回收，或自己处置，或交由废弃物回收或处置运营企业对废弃物进行合法处置。此点可从意大利政府提交的文件中得到确认，意大利相关当局统计即表明，此种性质的场所在翁布里亚大区至少有9处，在布里亚大区有31处。

再次，欧洲法院认定意大利违反了1991年《危险废弃物指令》第2条。《危险废弃物指令》第2条规定，成员国应采取必要措施记录和认定任何危险废弃物倾倒的场地。针对违反此条的指控，意大利政府没有提出任何反驳意见或证据。特别是，在附理由意见书确定的期限届满后，意大利境内至少存在700处含有危险废弃物的非法倾倒场所，且这些场所并没有采取任何控制措施。意大利不知晓在这些场所中存在倾倒的危险废弃物，因此也就谈不上履行记录和认定职责了。

最后，欧洲法院认定意大利违反了1999年《垃圾填埋指令》第14条。《垃圾填埋指令》第14条要求成员国制定垃圾填埋场的事前许可制度，对于指令转化期届满前的垃圾填埋场只有在满足法定条件后才可继续运行。在本案中，意大利政府认为，其境内的747处垃圾填埋场所都被列入了监管计划。而依据意大利政府提供的文件，此计划只包括551家垃圾倾倒场，也就是说剩余的131家垃圾填埋场并未获得政府批准。此外，正如欧盟委员会所指出的，意大利政府并未被明确列入监管计划的垃圾填埋场所需要事前批准。

综上，欧洲法院认定意大利未履行欧盟废弃物相关指令规定的义务。

（四）案件评述

一般而言，欧盟环境法的实施过程可以被分为四个阶段：一是将欧盟指令转化为国内法，而条例因对成员国具有直接法律效力，则不需要转化；二是条例和指令的运作，通常是指定国内适当机构负责欧盟法律进一步实施的程序和具体措施；三是条例和指令在成员国内的适用，即通过国内法保障欧盟法的适用；四是欧盟规定或对其予以转化的国内法律的执行，包括对相关行为的监管和处罚两方面。[1]

《欧洲联盟条约》第17条第1款规定，成员国是欧盟法实施和执行的责任主体，有义务保障《里斯本条约》以及欧盟机构根据基础条约制定的措施

---

〔1〕 See J. H. Jans and H. Vedder, *European Environmental Law: after Lisbon*, Apollo Books, 2012, p. 139.

的实施。因此，成员国也是欧盟环境法实施和执行的主要责任者，《欧洲联盟运行条约》第192条第4款即明确规定，成员国应当资助并实施欧盟环境政策。此外，成员国对欧盟环境法的实施和执行处于欧盟委员会的监督之下。《欧洲联盟运行条约》第258条规定，欧盟委员会若发现成员国在法律或事实上存在不充分实施欧盟环境政策的情况，应在给予相关成员国提交意见的机会后送达一项附理由意见书；若成员国在意见书确定的期限内仍未履行义务，委员会可将该事项诉至欧洲法院。

"欧共体委员会诉意大利垃圾倾倒场案Ⅰ"是关于欧盟环境法实施和执行的典型案例，很好地阐释了欧盟委员会在监督欧盟环境法实施方面的作用以及相关程序。在本案中，欧洲法院明确了此程序中欧盟委员会的证明责任和成员国未履约行为的认定标准。

第一，成员国违反欧盟环境法义务的证明责任。欧盟委员会若要启动《欧洲联盟运行条约》第258条规定的未履约追责程序，首先应掌握相关成员国在实施欧盟环境法方面存在违反其义务的事实，而不能依据任何假设情况。但由于欧盟委员会并没有在成员国内进行现场调查的权力，故其信息主要是通过间接途径获得的证据线索，包括成员国公开文件、其他成员国、欧盟机构（如欧洲议会、经济与社会委员会、区域委员会等）、新闻媒体以及公众或组织的指控等。其中，个人或组织提出的指控是欧盟委员会发现成员国违反欧盟环境法律行为的主要手段。[1]其次，依据真诚合作原则，当欧盟委员会就相关成员国未履约行为提供了充分证据时，成员国有义务提供详细信息对实质性问题进行质疑以及说明由此产生的后果。

第二，成员国未履约行为的认定标准。由于欧盟指令仅具有"结果约束力"，故成员国有权选择实施欧盟环境法律的具体措施。因此，原则上不能直接从成员国部分事实或法律规定判断其是否未履行欧盟环境法律义务。然而，如果成员国未履约行为一直持续并对环境造成了严重损害，而成员国当局也没有采取有效措施予以阻止，则应视为成员国超过了欧盟环境指令规定所赋予的自由裁量权。如在本案中，对于长期存在的非法垃圾填埋场，尤其是涉及危险废弃物的垃圾填埋场，意大利政府既未能制定有效的监管措施，也未

---

〔1〕　参见曾令良：《欧洲联盟法总论——以〈欧洲宪法条约〉为新视角》，武汉大学出版社2007年版，第269页。

能对相关场所实施有效监管，从而导致环境损害长期存在，故应被认定为违反了欧盟废弃物管理的相关指令规定。

此外，从《欧洲联盟运行条约》第258条的具体内容和欧盟委员会的实践来看，欧盟委员会监督欧盟环境法实施的机制，首先应使用政治协商方式予以补救，即向相关成员国提出一项附理由意见书，确定成员国改正违反欧盟法行为的期限和措施。只有在政治补救方式无效后，委员会才可将成员国诉至欧洲法院。这也是欧盟法中真诚合作原则的体现，可提高未履约行为的解决效率，也可尽可能避免欧盟委员会和成员国间的冲突。

五、"欧盟委员会诉意大利垃圾倾倒场案II"：未履行欧洲法院判决的制裁机制

"欧盟委员会诉意大利垃圾倾倒场案 Ⅱ"[1]是2003年"欧共体委员会诉意大利垃圾倾倒场案Ⅰ"的后续案件。因意大利未能完全履行欧洲法院2007年判决内容，欧盟委员会就此向欧洲法院提起损害赔偿诉讼。本案涉及的主要法律为1975年《废弃物指令》、1991年《危险废弃物指令》和1999年《废弃物填埋指令》。

（一）诉前程序

2007年，欧洲法院作出"欧共体委员会诉意大利案"判决（EU：C：2007：250）（以下简称"2007年判决"）。在该判决中，欧洲法院对欧共体委员会（现欧盟委员会）依据现《欧洲联盟运行条约》第258条提起的确认意大利未履约诉讼请求予以支持，判定意大利在整体上且持续地未制定所有必要措施履行1975年《废弃物指令》第4条、第8条和第9条，1991年《危险废弃物指令》第2条第1款和1999年《废弃物填埋指令》第14条第1~3款规定的废弃物管理义务。

在监督意大利履行欧洲法院2007年判决的过程中，欧盟委员会于2007年5与28日通过信件要求意大利政府阐明其履行2007年判决的具体措施。2007年7月11日，意大利政府在布鲁塞尔举行的会议上向委员会提供了一份为履行欧洲法院判决而采取的措施更新列表。随后，在2007年7月10日、2007年9月26日、2007年10月31日和2007年11月26日的四份信件中，

---

[1] Judgment of 2 December 2014, *European Commission v Italian Republic*, C-196/13, EU：C：2014：2407.

意大利说明其不仅实施了与废弃物管理有关的国内法律，还采取了一系列废弃物管理相关活动，并提供了一份关于国家森林管理局 2002 年报告中涉及的场所的整治情况总结报告。

但依据上述文件，欧盟委员会认为意大利政府并未提供完整的履行 2007 年判决的措施信息，故在 2008 年 2 月 1 日向意大利政府发送了正式通知函（letter of formal notice），要求其在 2 个月内提交意见。意大利政府分别于 2008 年 4 月 10 日和 5 月 26 日向委员会提供了意大利新的境内废弃物监管制度和各大区以及特伦托（Trento）和博尔扎诺（Bolzano）两个自治省的新数据。

通过之后的一次会议和一封函件，欧盟委员会再次对意大利政府提供的信息内容提出批评。在审查后续提交的各类文件后，欧盟委员会依据《欧洲经济共同体条约》第 228（2）条（现《欧洲联盟运行条约》第 260（2）条）的规定于 2009 年 6 月 26 日向意大利政府送达了附理由意见书，认定意大利总体上未能履行欧洲法院 2007 年判决。2009 年 10 月 1 日，意大利政府向委员会提交了回复意见，并在此后两次更新了履行上述判决的有关文件。

依据意大利政府提交的信息，欧盟委员会认为意大利仍未完全履行 2007 年判决。首先，意大利 20 个大区中的 18 个大区，共有 218 个场所不符合 1975 年《废弃物指令》第 4 条和第 8 条的规定。其次，欧盟委员会推断，上述 218 个场所中必然存在无许可经营的情况，违反了《废弃物指令》第 9 条的规定。再次，欧盟委员会发现 218 个场所中的 16 个并不符合 1991 年《危险废弃物指令》第 2 条第 1 款规定的条件。最后，对于 2001 年 7 月 16 日发现的 5 个垃圾倾倒场，意大利政府尚未提出有效证据表明这些场所已经被列入调整计划或者有明确的关停措施，故违反了 1999 年《废弃物填埋指令》第 14 条的规定。

据此，欧盟委员会认为意大利并没有在附理由意见书规定的期限届满前采取所有必要措施，以保障欧洲法院 2007 年判决的履行，故于 2013 年 4 月 16 日向欧洲法院提起损害赔偿诉讼。

（二）主要法律问题

（1）意大利政府是否采取所有必要措施履行欧洲法院 2007 年判决？

（2）对未履行欧洲法院判决的成员国，在何种情况下可对其处以罚金？具体赔偿数额如何确定？

（三）法院判决

2014 年 4 月 10 日，欧洲法院在案件正式审理前通知意大利和欧盟委员会最晚于 2014 年 5 月 16 日提供关于 2007 年判决履行情况的最新信息，其中包括双方当事人在诉前程序中所提及的 2002 年后调查发现的新垃圾填埋场。意大利政府回复称，意大利已经针对委员会所提及的 218 个垃圾倾倒场采取了治理行动。此外，意大利还提供了一份含有 71 个新垃圾倾倒场的清单，指出这 71 个场所并未包含在意大利国家森林管理局 2002 年报告中，但包含在委员会的诉讼请求中。欧盟委员会回复称，根据其掌握的最新消息，意大利尚有 198 个垃圾倾倒场违反 1975 年《废弃物指令》第 4 条规定，其中 2 个同时违反该指令第 8 条、第 9 条和 1991 年《危险废弃物指令》第 2 条第 1 款的规定。其次，依据 2014 年 5 月 23 日会议中的交换信息，有 2 个垃圾填埋场仍未符合 1999 年《废弃物填埋指令》第 14 条规定。最后，委员会认为其目前的行动没有涉及任何意大利当局调查的新场所。

1. 案件的可受理性

（1）双方当事人意见。针对案件的受理性问题，意大利政府提出，第一，欧盟委员会提起此诉讼所依据的信息，尤其是意大利国家森林管理局 2002 年报告以及意大利政府在与委员会非正式会议中交流作出的陈述，不能作为《欧洲联盟运行条约》第 260 条第 2 款规定的损害赔偿诉讼中金钱处罚的依据。第二，委员会诉讼内容涉及国家森林管理局 2002 年报告未提及的新垃圾倾倒场所。第三，委员会 2011 年 6 月 14 日作出的通知内容与其附理由意见书中的内容不一致，故应发布新的附理由意见书。第四，2007 年判决并未判定意大利废弃物管理相关法律不充分，委员会也未作出此类认定。在此情况下，本国的法律修改更有助于 2007 年判决的履行。第五，自 2007 年判决作出后，意大利一直积极履行欧洲法院判决所认定的违法行为。据此，欧盟委员会的诉讼不具有可受理性。

欧洲委员会就上述问题的反驳意见是：第一，欧洲法院 2007 年判决已经承认意大利国家森林管理局 2002 年报告是未履约诉讼的有效信息来源，而委员会和意大利间召开的会议讨论正是以此报告为基础的。第二，在欧洲法院判决的实施阶段，未经主管当局确认或未发现的其他站点，如果是整体和持续的违约行为所覆盖的范围，在诉讼阶段将其纳入是符合欧盟法规定的。第三，2010 年 6 月 14 日发出的通知是附理由意见书所包含的内容，故无需重新发出附理由意见书。第四，委员会并未认为意大利国内法律欠缺适当的废弃物管理制度，意大利本身进行的法律修改确有利于 2007 年判决的履行。第五，直至附理由意见书送达之后，意大利才开始向其提供完整和可信的信息。

（2）法院意见。欧洲法院首先驳回意大利政府提出的欧盟委员会在本案中所依据的信息不具有可信度的意见，因为，此意见与委员会行动的可受理性不具有相关性。

关于意大利政府提出的新场所相关观点，欧洲法院认为，依据《欧洲联盟运行条约》第 260 条第 2 款的规定，欧盟委员会在本案申请中涉及的新场所问题，应当被视为一种特殊的履行欧洲法院判决程序，也可以说是一种履行方式。而欧洲法院已经认定成员国存在《欧洲联盟运行条约》第 258 条规定的未履约行为。[1]欧洲法院在其 2007 年判决中认定意大利存在整体和持续的未履行欧盟法规定的行为，依据的不单单是意大利国家森林管理局 2002 年报告，还包括其他信息，如国家议会调查委员会编写的报告、官方发布的文件，尤其是来自地方当局的文件。在此背景下，若意大利的反驳意见仅限于欧盟委员提及的某些场所不在国家森林管理局报告范围内，这种论点则必须被拒绝，因为这些地点应被视为履行 2007 年判决所确定的具有整体性和持续性未履行条约义务的一部分。[2]

而针对意大利提出的委员会 2011 年 6 月 14 日通知超出争议问题范围的观点，欧洲法院认为，依据判例法确定的规则，欧盟委员会的附理由意见书中应详细指出成员国未履行欧洲法院判决之处，且其诉讼内容不得超出附理由意见书所确定的范围，否则即构成对旨在保障程序正当性要求的违反。[3]正如本案佐审官在其意见中所指出的，意大利政府并没有证明附理由意见书所涉及的内容被委员会 2011 年 6 月 14 日的通知所改变。此外，对于意大利为履行 2007 年判决而进行法律修改的行为，欧盟委员会认为从其性质看，这是意大利履行 2007 年判决所必须采取的措施。最后，对于意大利提出的其在整个诉前程序中都积极配合委员会的事实，欧洲法院认为，如果这点得到证实，虽不能成为本案不具有受理性的理由，但应当在罚金数额确定上予以考虑。

---

〔1〕　See judgment in *Commission v Germany*, C-95/12, EU：C：2013：676, paragraph 23.

〔2〕　See judgment in *Commission v Ireland*, C-494/01, EU：C：2005：250, paragraphs 37 to 39.

〔3〕　See judgment in *Commission v Portugal*, C-457/07, EU：C：2009：531, paragraph 60.

综上，欧盟委员会提起的损害赔偿诉讼具有可受理性。

2. 对意大利是否履行欧洲法院 2007 年判决的认定

欧洲法院首先明确，《欧洲联盟运行条约》第 260 条第 2 款删除了原《欧洲经济共同体条约》第 288 条规定的损害赔偿诉讼程序中的发表合理意见阶段（reasoned opinion stage），因此判断成员国是否存在未履行判决义务行为的时间点，是该条款第 1 项规定的正式通知函（letter of formal notice）中所确定的截止日期。但若未履行法院判决义务的诉讼依据是原《欧洲经济共同体条约》第 228 条第 2 款，而附理由意见书（reasoned opinion）是在《里斯本条约》生效前发出的，即 2009 年 12 月 1 日前，未履行判决义务的时间起点是附理由意见书中所确定的截止日期。[1] 在本案中，欧盟委员会是依据原《欧洲经济共同体条约》第 228 条第 2 款规定在 2009 年 6 月 26 日发布的合理意见书，所以，确定意大利未履行法院判决义务的日期应是附理由意见书中确定的时间，即 2009 年 9 月 30 日。

其次，依据判例法确定的规则，欧盟委员会有义务向欧洲法院提供所有必要信息，使法院能够认定成员国在何种程度上违反了判决义务。当委员会已向法院提交了充分证据表明违反判决行为的存在时，则应由相关成员国对相关信息及其后续影响进行实质性和具体性抗辩。[2]

针对欧盟委员会提出的意大利未遵守 2007 年判决中关于 1975 年《废弃物指令》第 4 条、第 8 条和第 9 条部分内容的指控，欧洲法院逐条进行判定。

（1）意大利是否履行了 2007 年判决中 1975 年《废弃物指令》的相关义务：

第一，就 1975 年《废弃物指令》第 4 条，欧盟委员会认为，该条不仅要求非法废弃物倾倒场地被关闭或进行安全整顿，还要求原有非法场地被清理。欧洲法院指出，正如其 2007 年判决书第 37 段所论证的，《废弃物指令》第 4 条虽然并没有明确成员国应采取的措施的具体内容，但要求这些措施必须能保障废弃物的回收或处理，且不得危害人类健康或破坏环境。尽管该指令第 4 条所追求的目标对成员国具有约束力，但成员国对其实施的措施具有自由裁量权。[3]

---

〔1〕 See judgment in *Commission v Spain*，EU：C：2014：316，paragraph 36.

〔2〕 See judgment in *Commission v Italy*，C-119/04，EU：C：2006：489，paragraph 41.

〔3〕 See judgments in *Commission v Ireland*，EU：C：2005：250，paragraph 168；*Commission v Portugal*，C-37/09，EU：C：2010：331，paragraph 35；and *Commission v Greece*，C-600/12，EU：C：2014：2086，paragraph 51.

因此，原则上不能直接认定成员国未履行《废弃物指令》第 4 条规定的义务。但若上述未履约情况持续且对环境造成严重损害，而成员国当局依然没有采取有效措施，则可作为成员国超过了该条款所赋予的自由裁量权的标志。[1]鉴于废弃物不论为何种性质，垃圾倾倒场的存在都能对环境造成损害，故仅仅关闭垃圾填埋场或用土或瓦砾覆盖垃圾都不足以履行《废弃物指令》第 4 条规定的义务。[2]所以，应当拒绝意大利提出的其已采取相应措施的抗辩理由。成员国应当首先确定是否有清理原有非法垃圾倾倒场的必要；若有必要，则应进行清理。

此外，从意大利当局进行的非法垃圾倾倒场调查和检查以及作出的总结报告可看出，意大利政府完全知晓这些垃圾倾倒场对人类健康和环境造成的威胁。而意大利也在本程序中提供了清理垃圾填埋场的信息，因此不能以不知晓完全履行欧洲法院判决需包括制定清理问题垃圾填埋场在内的措施为由进行抗辩。在本案中，在延期后的截止日期届满后，一些垃圾倾倒场的清理工作仍在进行或尚未开始。对于其他场所，意大利政府没能提供任何信息表明已经在明确的日期制定了清理工作计划或相关措施。据此，欧盟委员会诉讼请求中涉及的需要进行清理工作的垃圾倾倒场所，必然没有在截止日期前完成清理工作。综上，欧洲法院判定委员会关于意大利未遵守判决关于《废弃物指令》第 4 条内容的指控成立。

第二，1975 年《废弃物指令》第 8 条不仅要求成员国应原则上采取预防行动，还要求成员国保证废弃物持有人将其持有的废弃物交由私立或公立的废弃物收集企业或废弃物处置和回收企业处理，或自己依据指令规定进行回收或处置。欧洲法院认为，如果成员国仅责令查封非法垃圾填埋场和起诉其经营者，并不能认定成员国履行了第 8 条规定的义务。在本案中，有争议的废弃物持有人并没有以上述方式处置废弃物，对于此点意大利政府也无从辩驳。意大利政府只是说明，存在问题的垃圾倾倒场已经在截止日期前被关闭，且已依据国内法进行相应的刑事处罚。从此事实可推论出，意大利在延期后的履行期限届满后，仍未完全履行《废弃物指令》第 8 条所规定的特别义务，

---

[1]　See judgments in *Commission v Ireland*, EU：C：2005：250, paragraph 169；*Commission v Portugal*, EU：C：2010：331, paragraph 36；and *Commission v Greece*, EU：C：2014：2086, paragraph 52.

[2]　See judgment in *Commission v Portugal*, EU：C：2010：331, paragraph 37.

故欧盟委员会关于此条的控诉也应被支持。

最后,1975 年《废弃物指令》第 9 条要求成员国应以清晰、明确的条文规定要求其国内开展废弃物处理活动的企事业单位必须持有许可证。因此,成员国有保障许可证制度在实践中被适用和遵守的义务,特别是通过开展合适的检查实现此目的,以及确保无许可经营活动已经停止和被处罚。[1]此外,《废弃物指令》第 9 条规定的许可证制度是为了保障《废弃物指令》第 4 条得到正确的实施,尤其是确保在许可制度下进行废弃物处理符合第 4 条规定的各项要求。[2]所以,仅仅是关停垃圾填埋场并不足以充分履行《废弃物指令》第 9 条规定的义务,不能认定为履行第 4 条和第 8 条规定的义务。针对该条的未履约行为的指控,意大利仅仅声明其已关闭欧盟委员会提及的所有废弃物倾倒场所。在其诉状中意大利政府也承认,其中一些垃圾倾倒场的运营商从未获得该条意义上的许可证。据此,欧洲法院认定意大利在延期后的截止日期届满后,仍未完全履行第 9 条规定的垃圾填埋场事前许可义务,故欧盟委员会此条相关的指控应被支持。

(2)意大利是否履行 2007 年判决中关于 1991 年《危险废弃物指令》的部分内容。1991 年《危险废弃物指令》第 2 条第 1 款规定,成员国需采取所有必要措施来实现所有危险废弃物倾倒场所中倾倒的废弃物都被记录和认定。从该条款的文义即可得知,成员国有义务以系统的方式对其境内倾倒的所有危险废弃物进行记录和认定,从而保障《危险废弃物指令》立法说明第 6 项所设定目标的实现,即危险废弃物的处置和回收应以尽可能充分的方式进行监测。[3]在本案中,意大利在延期后确定的截止日期前未能依据指令规定完全统计和认定欧盟委员会指控的垃圾填埋场中倾倒的危险废弃物。故应认定意大利仍旧未能履行涉及此条款的判决义务。

(3)意大利是否遵守 2007 年判决中关于 1999 年《废弃物填埋指令》部分内容。在本案中,意大利无法证明自身为履行《废弃物填埋指令》义务而制定的问题垃圾倾倒场所监管计划已向主管部门提交。截止日期届满后,意大利仅表示所有的违反《废弃物填埋指令》第 14 条的垃圾填埋场都被关停。

---

[1] See judgment in *Commission v Ireland*, EU:C:2005:250, paragraphs 116 and 117.

[2] See ibid, paragraphs 118 and 131.

[3] See judgment in *Commission v Greece*, C163/03, EU:C:2005:226, paragraph 63.

但从其诉状可知，被关停的垃圾填埋场中的一部分属于无许可证经营，且也没有正式的关停措施。在此情况下，欧洲法院认定，意大利仍存在未履行1999年《废弃物填埋指令》第 14 条第 1 款和第 3 款规定的义务。

综上，欧洲法院判定，意大利在经延期确定的截止日期前，未能采取所有必要措施保证 2007 年"欧共体委员会诉意大利垃圾倾倒场案 I"判决的履行。

3. 罚款

欧洲法院首先明确，罚款金额的确定应基于个案情况以及所期达到的说服力和威慑程度，特别是为防止类似违反欧盟法的行为再次发生。[1]

（1）罚款的适用条件。在认定意大利未能按期履行 2007 年判决的基础上，如果意大利的未履约行为持续至法院审查上述违法事实，欧洲法院便可以要求成员国承担损害赔偿责任。[2]因此，有必要对意大利在经延期确定的截止日期后采取的措施进行评估。

首先，在听证会期间，欧盟委员会称，意大利 20 个大区中的 18 个大区共有 200 个垃圾倾倒场仍未能履行相关条款规定的义务。特别是其中 198 个场所不符合 1975 年《废弃物指令》第 4 条的规定，2 个不符合该指令第 8 条或第 9 条的规定，14 个含有危险废弃物的垃圾倾倒场不符合 1991 年《危险废弃物指令》第 2 条第 1 款的规定。同时，还有 2 个垃圾倾倒场因未制定监管计划或采取明确的关停措施，违反了 1999 年《废弃物填埋指令》第 14 条第 1 款和第 3 款的规定。对于上述内容，意大利在其辩词和反驳意见中为其未履约行为进行了争辩。例如，意大利认为 1975 年《废弃物指令》第 4 条并没有规定成员国有义务清理非法废弃物倾倒场所，且欧盟委员会所指控的全部垃圾倾倒场已经长期处于不使用状态。意大利表示，其并未发现与《废弃物指令》第 8 条、第 9 条相关的两个场所中的一个，因为该场所是国家森林管理局错误认定的。但欧洲法院未接受意大利的上述反驳意见。

其次，正如欧盟委员会在书面程序和听证会上提出的，意大利在案件审理时仍未对现有的 14 个场所中的危险废弃物进行记录和认定，故违反了 1991

---

〔1〕 See, to that effect, judgment in *Commission v Spain*, C-184/11, EU：C：2014：316, paragraph 58 and case-law cited.

〔2〕 See, to that effect, judgment in *Commission v Spain*, C-610/10, EU：C：2012：781, paragraph 96 and case-law cited.

年《危险废弃物指令》的相关规定。最后，仍有 2 个垃圾填埋场不符合 1999 年《废弃物填埋指令》的规定，这足以证明意大利未履行相关文件、监管计划或确定的关停决定。同时，根据提交至欧洲法院的证据，几乎可以认定意大利所有大区中仍有大量的废弃物倾倒场所尚不符合欧盟相关法律规定。因此，在法院对本案事实进行审查时，意大利仍未完全履行 2007 年判决义务。

考虑到上述情况，欧洲法院认为应当对意大利施加罚款，以经济惩罚方式促使意大利积极采取措施履行 2007 年判决。

（2）罚款数额的确定（按日计罚）。在罚款金额和承担方式的确定上，欧洲法院享有自由裁量权，但应保证罚款数额与案情、确定的未履约行为以及成员国的赔偿能力相符。[1]欧盟委员会在罚款方面的建议并不对欧洲法院具有约束力，仅构成有用的参考信息。同样，欧盟委员会在沟通文件中提出的罚款指导原则对法院也无约束力，但有助于保证委员会自身行为的透明性、可预见性以及委员会向法院提出意见时的法律确定性。[2]在根据《欧洲联盟运行条约》第 260（2）条提起的成员国损害赔偿诉讼中，未履行欧盟法义务部分事实已经在依据原《欧洲经济共同体条约》第 226 条（现《欧洲联盟运行条约》第 258 条）作出的 2007 年判决中予以确认。在此种情况下，欧洲法院享有处以罚款的自由，以适当的数额和承担形式来促使该成员国终止其未遵守欧洲法院判决的行为。

因此，为确保罚款具有威慑力以及欧盟法的统一和有效适用，欧洲法院在确定罚金数额时需要考虑的因素一般包括未履行判决义务期限的长短、严重程度以及成员国的赔偿能力。在具体适用时，法院必须特别考虑成员国的未履约行为对公共和私人利益产生的影响程度以及成员国履约的急迫性。[3]

第一，未履约行为的严重性。以不危及人类健康和不损害环境的方式处理废弃物是《欧洲联盟运行条约》第 191 条规定的欧盟环境政策目标之一。从 1975 年《废弃物指令》第 4 条规定的义务性质来看，违反该条的行为直接构成对人类健康的危害和环境的破坏，因此应当被认定为特别严重（particular

---

〔1〕 See, to that effect, judgment in *Commission v Luxembourg*, C-576/11, EU：C：2013：773, para- graph 46 and case-law cited.

〔2〕 See Judgment in *Commission v Spain*, EU：C：2012：781, paragraph 116.

〔3〕 See ibid, paragraph 119 and case-law cited.

serious）。[1]同理，考虑到危险废弃物会给人类健康和环境带来更高的风险，违反 1991 年《危险废弃物指令》相关规定的行为也应被认定为具有严重性。此外，正如欧盟委员会所指出的，意大利未能履行欧洲法院 2007 年判决的行为具有整体性和持续性，更证明了其未履约行为的严重性。尽管意大利在欧洲法院 2007 年判决作出后切实减少了非法废弃物倾倒场所数量并取得了显著的进步，但这种改变在截止日期届满前仍非常缓慢，尤其是考虑到意大利几乎每个大区都存在大量的非法垃圾倾倒场所。

第二，未履约期限长度。未履约行为存续时间的长短必须以欧洲法院评估案件事实的时间来判断，而非欧盟委员会向法院提起诉讼的时间。在本案中，意大利未能出示有效证据证明 2007 年判决认定的未履约行为已终止，所以其未履行欧盟法义务的行为持续的时间已超过 7 年。[2]

第三，意大利的赔偿能力。欧洲法院认为，其赔偿能力应当考虑该国在法院审查事实时国内生产总值的近期趋势。[3]

第四，因未履行欧洲法院判决而被处罚款的承担方式。欧洲法院在确定罚款承担方式时，需考虑未履行义务的性质以及与案件具体情况相关的各种因素。正如判决上文所述，欧洲法院在确定罚款的承担规则上具有自由裁量权，如数额的确定等方面完全不受欧盟委员会在此问题上的建议的约束。对于欧盟委员会的减免罚款建议，欧洲法院认为，为确保法院判决的完全履行，意大利应在采取一切必要措施终止未履行判决行为前全额支付罚款。但在特殊情况下，成员国在履行义务方面取得的进展可以被考虑在内。[4]在本案中，基于意大利和欧盟委员会提供的信息，欧洲法院认为减少罚款数额的决定是合适的。因此有必要继续判定罚款的计算方式和赔偿计划。

关于罚款的减少方式，欧洲法院认为欧盟委员会提议的每 6 个月确定一次减少罚款数额是适当的，如此可以使委员会参照期间结束时的情况，评估

---

〔1〕 See Judgment in *Commission v Greece*，EU：C：2000：356，paragraph 94.

〔2〕 See Judgment in *Commission v Spain*，EU：C：2012：781，paragraph 120 and case-law cited.

〔3〕 See, to that effect, judgment in *Commission v Ireland*，C279/11，EU：C：2012：834，paragraph 78.

〔4〕 See, to that effect, judgments in *Commission v Spain*，C278/01，EU：C：2003：635，paragraphs 43 to 51；*Commission v Italy*，C496/09，EU：C：2011：740，paragraphs 47 to 55；and *Commission v Belgium*，C533/11，EU：C：2013：659，paragraphs 73 and 74.

意大利履行 2007 年判决的进展。[1]此外，欧洲法院同意欧洲委员会提议的按照履行判决的场所数量所占的比例逐步减少罚款，含有危险废弃物的场所应双倍计算的方式。[2]

综上，欧洲法院判决，意大利应在本判决送达之日起每 6 个月的最后一天缴纳一次 4280 万欧元罚款。在 6 个月期限结束时，此数额可以按照符合判决要求的垃圾填埋场所占的比例进行扣减，其中含有危险废弃物的垃圾倾倒场每完成清理一个可减少 40 万欧元罚款，其他垃圾倾倒场的扣减额为每个 20 万欧元。关于自本判决颁布之日起每 6 个月底罚款的减免额的计算，委员会应只需考虑在相关期间结束时，意大利向其提交的已采取的履行判决所必需的相关措施。

（3）一次性罚金。首先应明确的是，在罚款或罚金问题上，欧洲法院享有自由裁量权，有权同时作出罚款和一次性罚金决定。[3]一次性罚金及其数额的确定必须考虑未履行义务的性质以及启动《欧洲联盟运行条约》第 260 条程序时成员国的表现等相关因素，并应基于此进行个案判断。在是否施加罚款以及具体数额的确定问题上，《欧洲联盟运行条约》第 260 条赋予了欧洲法院相当大的自由裁量权。[4]

在本案中，所有证实成员国未履行判决的法律和事实要素都应当被考虑，特别是大量不符合欧盟法律规定的非法废弃物倾倒场所的存在。正如本案的佐审官所指出的，除本案外，还有二十多件涉及意大利的废弃物管理案件已被诉至欧洲法院，以此可推定意大利未能履行欧盟法规定的义务。意大利在欧盟法特定领域内的反复违法行为表明，为有效防止将来重复发生类似的违反欧盟法行为，有必要采取具有威慑力的措施，如一次性罚金。[5]在此情况下，欧洲法院应依据相关因素和比例原则确定合适的罚金数额。[6]其中，相关考量因素包括：未履约行为的严重性、自作出判决以来的未履约行为持续

---

[1] See, to that effect, judgment in *Commission v Italy*, EU：C：2011：740, paragraph 54.

[2] See, by analogy, judgments in *Commission v Spain*, EU：C：2003：635, paragraph 50, and *Commission v Italy*, EU：C：2011：740, paragraph 52.

[3] See Judgment in *Commission v Spain*, EU：C：2012：781, paragraph 140 and case-law cited.

[4] See judgment in *Commission v Spain*, EU：C：2014：316, paragraph 60 and case-law cited.

[5] See ibid, paragraph 78 and case-law cited.

[6] See, to that effect, judgment in *Commission v Greece*, C-369/07, EU：C：2009：428, paragraph 146.

存在的时间〔1〕以及成员国的赔偿能力〔2〕等。上述因素的具体情况已在本判决中清楚认定，尤其需要特别注意，本案的未履约行为具有整体性和持续性，可以确定的违法废弃物倾倒场所几乎覆盖意大利的每一个大区，且其中一些场所中包含极可能危及人类健康和环境的危险废弃物。鉴于此，欧洲法院应对意大利处以一次性罚金，具体数额为 4000 万欧元。

（四）案件评述

本案是 2003 年"欧共体委员会诉意大利垃圾倾倒场案I"的后续案件，两者完整地展现了欧盟环境法的实施制度。欧盟法的实施制度被学者称为"间接实施"（indirect implementation），主要通过两个途径来实现：一是《欧洲联盟条约》第 4 条第 3 款所规定的真诚合作原则；二是欧盟二级法律（条例、指令、决定）以及欧洲法院判例为成员国的实施规定的详细程序和要求。〔3〕为确保此种"间接实施"的有效性，欧盟基础条约确定了纵向合作机制（欧盟委员会对成员国欧盟法实施的监督制度）和横向合作机制（成员国彼此间的欧盟法实施监督制度）。2003 年和 2013 年两个"欧盟委员会诉意大利垃圾倾倒场案"体现的是欧盟环境法实施中的纵向合作制度，该制度的具体内容被规定于《欧洲联盟运行条约》第 258 条和第 260 条。其中，2003 年案件涉及的是欧盟委员会对成员国欧盟环境法律实施的监督制度，而 2013 年案件涉及的则是对未履行 2003 年案件判决的成员国的制裁机制。

在《马斯特里赫特条约》生效前，对于未采取必要措施遵守欧洲法院判决的成员国，欧洲法院仅能作出声明，故导致其判决履行具有不确定性。虽然实践中成员国不遵守判决的情况并不多见，但仍有部分未能被实际履行。〔4〕例如，1995 年欧盟委员会（原欧共体委员会）发布的《第十二个共同体法律适用年度报告》显示：截至 1993 年 12 月 31 日，共有 86 项欧洲法院判决未被成员国按期履行，其中涉及环境问题的有超过 20 项。〔5〕因此，《马斯特里赫

〔1〕　See, to that effect, judgment in *Commission v Italy*, EU：C：2011：740, paragraph 94.

〔2〕　See, to that effect, judgment in *Commission v Spain*, EU：C：2014：316, paragraph 80.

〔3〕　参见曾令良：《欧洲联盟法总论——以〈欧洲宪法条约〉为新视角》，武汉大学出版社 2007 年版，第 265 页。

〔4〕　参见曾令良：《欧洲联盟法总论——以〈欧洲宪法条约〉为新视角》，武汉大学出版社 2007 年版，第 271 页。

〔5〕　See, 12th annual report on the application of Community Law COM (95) final, 7.6.1995.

特条约》引入了成员国制裁机制，赋予了欧洲法院判处一次性罚金和罚款的权限，以强化欧洲法院的司法强制性。[1]然而，此制裁制度因为前置程序拖延时间过长等原因而并未收获预期效果。如 2002 年的一项调查显示：在 12 个月内有近 37.33% 的欧洲法院判决未被履行。[2]因此，2009 年生效的《欧洲联盟运行条约》第 260 条再次对《欧洲经济共同体条约》第 228 条予以修改，删除了欧盟委员会提出附理由意见书的前置要求，即无须再给予成员国发表意见的机会，这也是本案中判断意大利违法行为时间点的关键。

《欧洲联盟运行条约》第 260 条规定的制裁制度适用于两种情况：一是对未依法转化欧盟指令的成员国，欧盟委员会可通过《欧洲联盟运行条约》第 258 条规定的未履约之诉，在请求欧洲法院认定成员国违反欧盟法的同时，请求对该成员国处以一次性罚款或罚金（第 260 条第 3 款）。到目前为止，欧洲法院尚未有涉及此内容的判决。二是对未遵守除转化指令外其他违反欧盟法义务判决的成员国，经诉前程序后，欧洲法院可在认定其未遵守判决的同时处以一次性罚金或罚款（第 260 条第 2 款）。本案涉及的即是第二种情况。

对于《欧洲联盟运行条约》第 260 条第 2 款的适用，欧洲法院首先明确，金钱惩罚的适用必须以存在认定成员国违反欧盟法的判决为前提，本案中即为欧洲法院 2007 作出的关于意大利违反欧盟废弃物管理相关指令义务的判决。因为第 260 条所规定的制裁制度是建立在第 258 条确立的未履约程序基础上的，其根本目的是加强欧洲法院的司法强制性，进而保障欧盟法在成员国的有效实施。

第二，成员国的未履约行为必须具有严重性。对于严重性的判断因素，通常包括成员国违约时的主观状况以及其违约行为是否有正当性事由。当然，在欧洲法院认定成员国存在违反欧盟法行为后，若成员国的违约行为仍处于存续状态，则其判决作出后的行为应被认为具有严重性。如欧洲法院在本案中指出，意大利违反欧盟废弃物管理相关法律规定，以危及人类健康和损害环境的方式处理废弃物，应当被认定为特别严重。而意大利未能履行欧洲法院 2007 年判决，更证明了其未履约行为的严重性。

---

[1] 参见曾令良：《欧洲联盟法总论——以〈欧洲宪法条约〉为新视角》，武汉大学出版社 2007 年版，第 271 页。

[2] See D. Chalmers, G. Davies and G. Monti, *European Union Law*: *Text and Materials*, Cambridge University Press, 2014, p. 371.

第三，对未遵守欧洲法院判决的成员国的金钱处罚方式包括一次性罚金和/或罚款。一次性罚金（lump sum）具有惩罚性，是对违反欧盟法、已造成损害的成员国的处罚。而罚款（penalty payment）具有遏制未履约行为的作用，因为罚款是从第 260 条判决作出之日起按日或确定的期间计算的，直至成员国完全履行法院判决，故可为成员国及时履行判决提供动力。如果在欧洲法院依据第 260 条作出判决时成员国已完全履行其第 258 条未履约判决，则只能对成员国处以一次性罚金；反之，则可并处一次性罚金和罚款。然而，在欧盟司法实践中，此种双重处罚极少被使用，为数不多的相关判决多涉及环境问题。[1]因在本判决作出之日意大利境内仍存在大量不符合欧盟废弃物法律规定的垃圾倾倒场或填埋场，所以欧洲法院对意大利处以一次性罚金4000 万欧元和每 6 个月支付一次的 4280 万欧元的罚款。

第四，一次性罚金或罚款数额的确定。欧洲法院在确定一次性罚金或罚款数额时，不受欧盟委员会所提出的数额约束，但在实践中，欧洲法院所判数额一般都不会高于委员会的建议。依据判例[2]所确定的一般原则，金钱处罚的数额需考虑成员国违反欧盟法期限的长短、未履约行为的严重程度、成员国的赔偿能力、对公众和私人利益的影响程度以及成员国履约的紧迫性等因素。若成员国已采取了一定措施以履行欧洲法院判决，欧洲法院在确定罚金或罚款数额时应当予以考量。本案中，对于意大利政府在 2007 年判决作出后进行的非法垃圾倾倒场清理和整治工作，欧洲法院明确表示将在其数额确定中考量。并且，在本判决作出后，按照符合判决要求的垃圾填埋场所占的比例从每个月的罚款数额中进行扣除，其中含有危险废弃物的垃圾倾倒场每完成清理一个可减少 40 万欧元罚款，其他垃圾倾倒场的扣除额为每个 20 万欧元。

---

〔1〕　See D. Chalmers, G. Davies and G. Monti , *European Union Law*: *Text and Materials*, Cambridge University Press, 2014, p. 377.

〔2〕　Judgment of 12 July 2005, *Commission of the European Communities v French Republic*, C-304/02, EU: C: 2005: 444.

第三章　欧盟环境保护和内部市场自由间的
冲突和协调

本章导读

为解决因成员国环境保护政策和法律不同而导致的贸易障碍，欧盟环境
法在欧洲市场一体化过程中逐步形成和发展。随着环境问题愈发突出和公众
环保意识日益增强，环境保护成了成员国使用得最多的限制欧盟内部市场自
由措施的正当化事由之一。本章将通过四个经典判例，分析欧盟环境保护和
内部市场间冲突和协调的基本规则及发展。1978 年 "第戎黑醋栗酒案"确立
了 "强制性要求"规则（mandatory requirements），使经欧洲法院确认的、非
欧盟条约明文规定的公共利益类别，可以作为豁免成员国限制内部市场自由
措施的正当化事由。在 1986 年 "丹麦瓶案"中，环境保护首次被作为强制性
要求适用，反映了环境保护在欧盟的重要性和独立性渐增，对内部市场的服
务性渐弱。2009 年 "欧盟委员会诉奥地利重型货车案"不仅重申了环境保护
的强制性要求地位，更是明确了其与基础条约明文规定的健康保护具有同等
豁免限制内部市场自由措施的效力。最后，2005 年 "瑞典摩托艇案"重申了
环境保护作为强制性要求的法律地位，严格限制了《欧洲联盟运行条约》第
36 条规定事由的扩张解释。

一、"第戎黑醋栗酒案"："强制性要求"规则的确立

"第戎黑醋栗酒案"[1]，也常被称为 "Cassis de Dijon 案"，其双方当事
人是德国的一家货物进出口公司（Rewe-Zentral AG）和德国联邦烈酒专卖管

---

[1] Judgment of the Court of 20 February 1979, *Cassis de Dijon*, C-120/78, EU：C：1979：42.

理局（Bundesmonopolverwaltung für Branntwein），涉及酒精含量低于德国法要求的第戎黑醋栗酒是否可在德国市场销售的问题。因需对《欧洲经济共同体条约》第 30 条和第 37 条进行解释，德国黑森州财政法庭（Hessisches Finanzgericht）向欧洲法院提请初步裁决。

（一）案情介绍

本案原告 Rewe-Zentral AG 公司（以下简称"Rewe 公司"），是一家在德国科隆注册的货物进口有限公司。1976 年 9 月 14 日，Rewe 公司向德国联邦烈酒专卖管理局申请从法国进口几类酒在德国市场销售，其中即包括酒精含量在 15%~20% 的第戎黑醋栗酒"Cassis de Dijon"[1]。1976 年 9 月 17 日，德国联邦烈酒专卖管理局通过函件告知 Rewe 公司，该公司无需对从法国进口的酒进行申请，因为根据德国的法律规定，酒类进口已不需要进行申请。但德国联邦烈酒管理局在该决定中同时说明，其申请进口的第戎黑醋栗酒并不能在德国销售，因为德国的《烈酒专卖法》第 100 条第 3 款规定，只有酒精含量超过 32% 的烈酒才能在德国市场上销售（其中即包括黑醋栗酒）。虽然 1958 年《饮用烈酒最低酒精含量管理规定》作出了例外规定，但由于第戎黑醋栗酒的酒精含量一般为 15%~20%，既不属于《饮用烈酒最低酒精含量管理规定》的豁免范围（酒精含量不低于 25% 的果酒），也没有被包括在《烈酒专卖法》第 100 条第 3 条规定的免于进口申请酒类的范围内（酒精含量不低于 32% 的烈酒）。

Rewe 公司认为，德国法律关于酒精最低含量的规定将导致生产于其他成员国的著名酒类产品不能在德国市场上销售，是对成员国间货物流通自由的限制，构成《欧洲经济共同体条约》第 30 条所禁止的与数量限制具有同等效果的限制措施。同时，由烈酒专卖局制定的管理措施，实质上构成对其他成员国产品的歧视，违反了《欧洲经济共同体条约》第 37 条的规定。因此，Rewe 公司于 1976 年 12 月 27 日就德国联邦烈酒专卖局的上述决定向黑森州财政法院提起诉讼。1978 年 4 月 28 日，德国黑森州财政法院就德国酒类相关法律规定是否符合欧盟法问题向欧洲法院提请初步裁决。

（二）主要法律问题

（1）其他成员国的传统产品因酒精含量低于德国法律规定的标准而不能

[1]　第戎黑醋栗酒（Cassis de Dijon）是一种产于法国第戎市的利口酒，其酒精浓度一般为 15%。

在德国市场上销售，是否构成《欧洲经济共同体条约》第30条（现《欧洲联盟运行条约》第34条）所规定的与数量限制具有同等效果的措施（measures having equivalent effect）？

（2）禁止销售酒精含量不符合德国法规定的其他成员国产品，是否构成《欧洲经济共同体条约》所规定的对其他成员国货物的歧视（discrimination）？

（三）法院判决

欧洲法院在作出具体判决前指出，在缺少欧洲经济共同体关于烈酒生产和销售统一规则的情况下，成员国有权决定本国范围内烈酒以及含酒精饮料生产和销售相关的所有问题。在本案中，德国关于产品销售的规定所导致的货物流通自由限制，若是为了实现国内有效税收监管、公共健康保护、公平交易、消费者保护等必要性要求（mandatory requirements），则应被欧洲经济共同体所接受。

首先，欧洲法院否定了德国政府提出的，为含酒精饮品设置最低酒精含量规定是出于公共健康保护这一理由。德国政府认为，设置最低酒精含量能够避免含酒精饮品在国内市场的扩散，尤其是考虑到低浓度的含酒精饮品更易为公众所容忍。欧洲法院认为，这样的措施并不会产生实际效果，因为消费者很容易从市场上获得中低酒精含量的产品，并且，德国市场上自由销售的含酒精饮品通常都是稀释形式的，故避免含低浓度酒精饮品扩散的理由并不成立。

其次，欧洲法院同样未支持德国政府提出的保护消费者免受不公平交易的理由。德国政府认为，低酒精含量酒的价格比高酒精浓度的烈酒价格低，因为在通常情况下酒精浓度越高的酒价格会越贵。而不同成员国对于酒精含量最低值的规定并不同，却都以"酒"的名义出售，这可能会误导消费者。欧洲法院认为，尽管统一酒精含量的确可以使市场上的商品标准化，在更大程度上保障产品的透明度，但是这样的强制性规定并不是保证公平商业行为的必要条件，因为酒精含量等信息可以通过在产品包装上注明原产地和酒精含量等方式呈现。

欧洲法院指出，德国的最低酒精含量要求并不是用于保护公共利益，故不符合限制共同体货物流通自由措施的豁免条件。实践中，这种确定最低酒精含量的规定所产生的实质影响是将不满足德国规定的高酒精含量饮品排除出国内市场。因此，德国最低酒精含量规定构成对货物流通自由的限制。并且，德国也没有正当理由阐明，为何在一个成员国合法生产的含酒精饮品不能被引入其他成员国。也就是说，此类产品不可因其他成员国规则设置了低酒精含量而被禁止在该国销售。

综上，欧洲法院裁定，若成员国在本国法律设定含酒精饮品的最低酒精含量规定，从而禁止进口或禁止在本国销售其他成员国合法生产和销售的含酒精饮品，该法律规定则构成《欧洲经济共同体条约》第30条中规定的与数量限制具有同等效果的措施。

（四）案件总结

"第戎黑醋栗酒案"，通称为"Cassis de Dijon案"，是欧盟法院作出的最重要的判例，也是欧盟成立以来最重要的法律发展。"第戎黑醋栗酒案"确立了欧盟法的相互承认原则（mutual recognition）和强制性要求规则（mandatory requirements），这两项基本制度成了《欧洲联盟运行条约》第36条外，成员国正当化其限制内部市场四大自由措施的最重要的依据。而欧盟环境法的发展，尤其是在1987年《单一欧洲法案》生效之前，更是受益于该案所确立的强制性要求规则。

1. 欧盟货物流通自由制度简介

为使读者更好地理解欧盟环境保护和内部市场自由之间的关系，笔者将在此处对欧盟内部市场规则做简要介绍。在欧盟近七十年的发展过程中，其核心政策始终为内部市场的建设。[1]欧盟意在通过内部市场建设消除成员国间自由贸易的法律障碍，将各国国内市场融合为一个欧洲单一市场，进而通过经济领域的融合推动其他领域的统一。欧盟基础条约关于内部市场的框架性规定是《欧洲联盟运行条约》第26条。该条规定欧盟应制定各类措施建立内部市场并确保其运行，并进一步明确了欧盟范围内人员、服务、货物和资本自由流动四项基本权利。

依据《欧洲联盟运行条约》第26~37条的规定，欧盟内部市场的人员、

---

〔1〕内部市场（internal market），在《欧洲经济共同体条约》中被称为"共同市场"（common market），不仅包括货物、人员、资本和服务思想自由，还包括农业、竞争和国家补助等政策，强调成员国间市场的融合。虽然1992年《马斯特里赫特条约》使用了"内部市场"一词，但自1992年起，一些欧盟文件中开始使用"单一市场"（single market），其目标在移除共同体范围内的所有自由贸易障碍。1997年《尼斯条约》之后，"内部市场"被更多地使用，直至2009年《里斯本条约》将其正式规定于欧盟基础条约中。See Mortelmans K. Common Market, "the Internal Market and the Single Market, What's in a Market", Common Market L. Rev., 1998, 35: 101.

服务、货物和资本的自由流动，不应受到成员国实施的数量限制措施或与数量限制具有同等效果的措施的限制。[1]但为保障公共利益，条约对上述禁止性措施作出例外规定。以本案涉及的货物流通自由为例，《欧洲联盟运行条约》第36条规定，成员国在进出口和货物转运等方面的数量限制或与数量限制具有同等效果的限制措施，若出于下列目的，则不应被欧盟法所禁止：①保护公共道德、公共秩序或公共安全；②保护人类、动物或植物的健康与生命；③保护具有艺术、历史或考古价值的国宝；④保护工商业产权等目的。同时，为保护上述公共利益类别而采取的限制或禁止措施，不应构成对成员国间贸易的任意歧视或变相限制手段。因此，限制欧盟内部市场四大自由的措施，原则上只能通过《欧洲联盟运行条约》第36条规定的上述四类事由予以免责。需注意的是，环境保护并未被列入第36条明文规定的法定免责事由中。

2. 作为成员国限制货流流通自由措施免责事由的"强制性要求"

欧盟内部市场规则（尤其是《欧洲联盟运行条约》第34条）明确禁止成员国实施限制性措施的规定，在促进欧盟经济发展的同时也带来了诸多"副作用"，导致成员国一些非经济性公共利益受到损害，如环境破坏、贫富差距增大、不安全食品销售、地区文化被全球品牌弱化等。在此背景下，欧洲法院通过"第戎黑醋栗酒案"确立了"强制性要求"规则，扩大成员国限制内部市场自由措施的免责事由，为被《欧洲联盟运行条约》第36条排除的其他公共利益类别提供了保护途径。"强制性要求"是一个开放的清单，欧洲法院可通过判例将其认为必要的公共利益类型添加其中，如本案中明确提到的有效税收监管、公共健康保护、公平交易和消费者保护。环境保护则通过1986年"丹麦瓶案"被明确纳入"强制性要求"清单内，并自此成了成员国适用得最多的强制性要求。

但是，为避免成员国滥用此规则，实现经济利益和其他公共利益的平衡，欧洲法院也为强制性规则设置了严格的适用条件，具体包括：①限制性措施不得具有歧视性，即成员国采取的任何措施都必须被同等适用于国内外的货物、服务等。若该措施存在区别对待的情况，则只能以《欧洲联盟运行条约》第36条明文规定的事由免责。这一点也是强制性要求和条约明定事由在适用

---

[1] 本书中的判例只涉及"货物流通自由"，相关法条介绍以货物相关规定为主。"人员、服务和资本自由流动"相关规则主要被规定在《欧洲联盟运行条约》第四编中，即第45~66条。

条件上最大的区别。②限制性措施必须具有必要性，即成员国对其他成员国的货物、资本、服务、人员流通采取限制性措施，必须是为了消除真实存在的对公共利益的威胁，如果只是存在威胁的可能性，则不可适用。并且，单纯的经济原因也不能适用强制性要求规则。③限制性措施必须具备有效性。在此因素的认定上，欧洲法院通常以限制措施能否实现公共利益保护为判断标准，而不论是否存在更加有效的办法。[1]④强制性措施必须符合比例原则，即成员国采取的措施必须是限制性最小的措施。例如，为保护消费者，欧洲法院通常认为成员国的禁止进口措施应为标签制度所代替，在提供充分信息的基础上由消费者自行判断即可。当然，最小限制的判断不能彻底依赖于字面意思，而应综合考虑事实上的复杂性和客观性以及治理成本等，[2]故比例原则的具体判断通常是由成员国法院最终做出的。

在本案中，德国的最低酒精含量规定虽然被平等适用于国内外产品，但因其不能实现公共健康保护，故不符合有效性。此外，该措施虽然能够实现保护消费者目的，但却不符合比例原则，因为酒精含量等信息可以通过限制性更小的措施来实现，即在产品包装上注明原产地和酒精含量内容，而非限制性更强的禁止进口措施。事实上，德国关于酒精含量要求的规定并不是用于实现公共利益，而是将不满足德国规定的高酒精含量的饮品排除在其国内市场外，进而保护与进口果酒酒精浓度相似的德国啤酒。所以，本案中的德国限制货物流通自由的措施不能基于强制性要求而正当化。

最后，为了更好地理解欧盟限制内部市场自由的措施的免责条件和要求，笔者将通过下图（图3-1）对《欧洲联盟运行条约》明确规定的法定事由和欧洲法院通过"第戎黑醋栗酒案"确立的"强制性要求"适用规则予以简化介绍。

---

〔1〕 See D. Chalmers, G. Davies and G. Monti, *European Union Law: Text and Materials*, Cambridge University Press, 2014, p. 906.

〔2〕 See D. Chalmers, G. Davies and G. Monti, *European Union Law: Text and Materials*, Cambridge University Press, 2014, p. 914.

```
            ┌──────────────────┐
            │   成员国限制性措施   │
            └──────────────────┘
              │              │
              ▼              ▼
   ┌──────────────┐  ┌──────────────────────┐
   │  数量限制措施  │  │ 具有与数量限制同等效果的措施 │
   └──────────────┘  └──────────────────────┘
        │              │              │
        ▼              ▼              ▼
┌──────────────┐ ┌──────────────┐ ┌──────────────┐
│违反TFEU第34条 │ │ 歧视性限制性措施 │ │非歧视性限制性措施│
└──────────────┘ └──────────────┘ └──────────────┘
        │              │              │
        ▼              ▼              ▼
┌──────────────┐ ┌──────────────┐ ┌──────────────────┐
│  免责条件:    │ │违反TFEU第34条 │ │在不存在TFEU第36条 │
│  TFEU第36条   │ └──────────────┘ │免责事由和强制性要   │
└──────────────┘        │         │求的情况下违反TFEU │
                        ▼         │第34条             │
                ┌──────────────┐ └──────────────────┘
                │  免责条件:    │
                │  TFEU第36条   │
                └──────────────┘
```

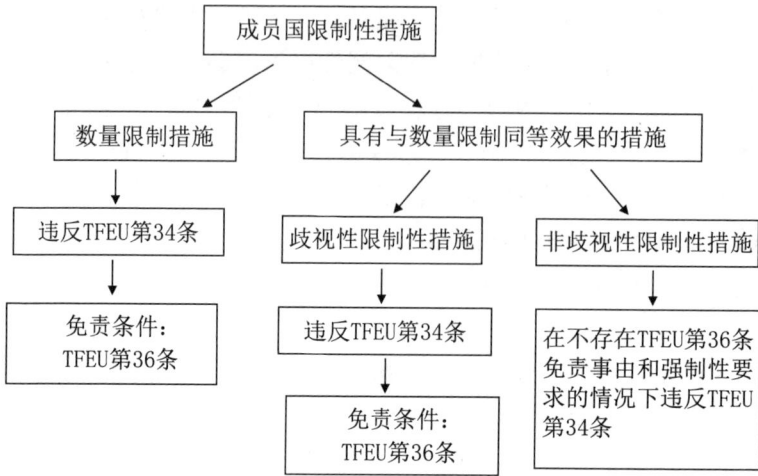

图 3-1　欧盟成员国内部市场中限制措施的免责条件

二、"丹麦瓶案":环境保护作为"强制性要求"的首次适用

"丹麦瓶案"[1]的双方当事人是欧共体委员会(现欧盟委员会)和丹麦王国,英国作为第三方参与本案。欧共体委员会认为,丹麦关于啤酒和软饮料啤酒瓶回收系统的法令,违反了《欧洲经济共同体条约》第 30 条(现《欧洲联盟运行条约》第 34 条)关于禁止货物流通自由数量限制措施的规定,故向欧洲法院提起未履约之诉。

(一)案情事实

丹麦 1981 年第 397 号法令(Order No 397 of 2 July 1981)规定,啤酒和软饮料生产者只能使用经国家环境保护局批准的可重复使用的容器。并且,在其认为申请批准的容器不适合回收系统、相关回收系统不能保证容器实际可重复使用比例或已有同等容量且经批准的容器等情况下,国家环境保护局可以拒绝批准新容器类型。

丹麦政府依据此法令制定了更为严格的啤酒和软饮料包装瓶容器回收系统。在该系统下,经国家环境保护局批准的可回收容器只有 30 种左右。但是,该措施引发了欧盟其他成员国的不满,因为丹麦强制使用可重复使用容

---

[1]　Judgment of the Court of 20 September 1988, *Danish bottle case*, c-302/86, EU:C:1988:421.

器的规定增加了其他成员国公司的成本，进而阻碍了他国产品进入丹麦市场。

为了消除此种阻碍，丹麦于 1984 年 3 月 16 日对本国法律进行了修订。新法规定，外国生产者如果建立了押金回收系统，为测试市场可以每年在丹麦销售不超过 30 万升、使用除金属容器外的未经批准的容器包装的啤酒和软饮料。

欧共体委员会认为，丹麦法律关于所有啤酒和软饮料必须使用该国环保主管部门批准的可重复使用容器的规定违反了《欧洲经济共同体条约》第 30 条关于禁止限制货物流通自由措施的规定，故在诉前程序无效的情况下，于 1986 年向欧洲法院提起诉讼。

（二）主要法律问题

为实现环境保护的目标，丹麦法律规定的限制非经批准包装饮料在本国销售数量的措施是否违反欧盟法禁止对货物流通自由进行数量限制的规定？

（三）法院判决

依据欧洲法院相关判例[1]确定的规则，在货物销售缺少欧盟法统一规定时，如果该措施满足下列条件，则成员国法律规定不同导致的对货物流通自由的限制必须被接受：①限制措施须同等适用于国内外货物；②限制措施是为实现欧盟法认可的强制性要求的必要措施；③限制措施是为达成目的而采用的对货物流通自由限制最小的措施。

欧洲法院首先肯定了丹麦法律规定的啤酒和软饮料瓶强制回收系统，是为实现环境保护这一欧盟法院认可的强制性要求措施。在 1985 年 "ADBHU 案"[2]的判决中，欧洲法院明确表示，环境保护是 "共同体的必要目标之一"，故可以作为限制货物流通自由原则措施的正当化理由。此种观点也为 1986 年《单一欧洲法案》所确认。因此，环境保护应被认定为一类强制性措施，可以作为限制《欧洲经济共同体条约》第 30 条规定的货物流通自由措施的正当化事由。

但欧洲法院同时也支持了欧共体委员会提出的第二项观点，即丹麦饮料包装瓶相关法律规定虽是为实现环境保护目的，但并不符合比例原则，因为

〔1〕　See Judgment of 20 February 1979 in Case 120/78 *Rewe-Zentral AG v Bundesmonopolverwaltung fuer Branntwein* (1979) ECR 649; judgment of 10 November 1982 in Case 261/81 *Walter Rau Lebensmittelwerke v De Smedt PvbA* (1982) ECR 3961.

〔2〕　See Judgment of 7 February 1985 in Case 240/83 *Procureur de la République v Association de défense des brûleurs d' huiles usagées* (1985) ECR 531.

数量限制措施并不是对欧共体间自由交易限制更小的措施。欧洲法院已在1985年"ADBHU案"中明确提出，保护环境措施"不得超过实现环境保护目标不可避免的限制程度"。欧洲法院认为有必要进一步审查丹麦饮料包装瓶相关法律规定是否符合比例原则。

第一，对于依丹麦法规定建立的空瓶抵押返还系统，应被认定是保障空瓶重复利用系统不可或缺的要素，进而可被视为实现丹麦相关法律环境保护目标的必要手段。基于此，本案中限制货物流通自由的措施具有适当性。

第二，对于丹麦法要求生产者或进口商只使用该国主管部门批准的容器类型的规定，丹麦政府提出，出于成本和存储空间考虑，作为空瓶抵押返还系统一部分的零售商不能承受更多类型的包装瓶。丹麦现行的抵押回收系统只有在容器类型不超过30种时才能够有效工作，而丹麦环境保护局在批准新容器类型时往往会同时撤销现有的一类容器。但欧洲法院认为丹麦政府的上述理由并不能被接受。因为在现行制度下，即使外国生产商申请使用的容器是可重复使用的，丹麦环境保护局仍有权拒绝批准。由此将迫使想进入丹麦市场的外国生产商只能重新生产或采购现有容器类型，从而增加外国生产商的成本，使其商品更难进入丹麦市场。

第三，对于丹麦新法令中的30万升的数量限制规定，欧洲法院认为，尽管丹麦现行饮料瓶回收系统的确能够保障最大限度地重复使用容器，进而实现环境保护目的，但未经批准的可重复使用容器类型的抵押回收系统同样可以实现环境保护目的。因此，丹麦现行法律的数量限制规定只会影响外国未经批准容器的饮料或啤酒的进口。在此情况下，通过限制进口商品的上架数量实现环境保护目标并不具有适当性。

综上，欧洲法院判定，丹麦1984年3月16日第95号法令关于生产商使用未经批准容器的啤酒和软饮料的数量限制规定违反了《欧洲经济共同体条约》第30条规定的禁止限制货物流通自由措施义务。

（四）案件简评

"丹麦瓶案"是欧洲法院在内部市场自由和环境保护冲突解决方面具有里程碑式意义的判决。20世纪90年代，贸易和环境的关系不论在国际上还是在欧盟内部都比较紧张，而环境往往是被"牺牲"的一方。在这种背景下，欧洲法院通过"丹麦瓶案"为如何平衡贸易自由和环境保护作出了很好的示范。"丹麦瓶案"在欧盟环境法发展上的重要性主要体现在三个方面：

第一，环境保护首次被作为"强制性要求"适用。"丹麦瓶案"明确了环境保护可作为成员国限制货物流通自由措施的正当化事由，体现了环境保护在欧盟事项中地位的提升，不再是内部市场建设的"附随成果"。在本案中，欧洲法院引用其在"第戎黑醋栗酒案"中的说理，认为在缺少欧盟基础条约规定的情况下，成员国为实现有效的财税监管、公共健康保护、消费者保护等目标，在满足一定条件下可限制成员国间的货物流通自由。而环境保护作为欧盟的"必要目标之一"，应被列入"强制性要求"清单。因此，本案中的丹麦争议法律尽管是对成员国间货物流通自由的限制，但该法律是为了实现环境保护目标，故不必然违反欧盟条约关于禁止数量限制措施的规定。

第二，"丹麦瓶案"明确了环境保护作为强制性要求适用需满足的条件。首先，成员国采取的措施目的应为实现环境保护，而不是限制贸易自由的伪装。在本案中，丹麦法律规定的可重复使用饮料瓶抵押回收系统是为了减少产品包装废弃物，其环境保护目的不容置疑。成员国采取的限制措施同时应符合比例原则，不得超过实现环境保护目标所必需的限制。在本案中，丹麦法律要求使用非主管部门批准的饮料瓶类型的生产者建立抵押回收系统，是保证饮料瓶能够被回收或重复使用的要素，因此这一措施是适当且必要的，符合比例原则。但对已经建立抵押回收系统的生产者的上架商品数量的限制，则不应被认为是最小限制措施，因为即使未使用批准的饮料瓶类型，他国商品生产者也通过自己的力量完成了产品包装废弃物的回收，实现了环保目的。这一测试规则的确立，为成员国制定和实施环境保护措施提供了确定性。

第三，"丹麦瓶案"强化了成员国制定更严格环境保护措施的权力，为欧盟层面高水平环境保护政策和法律的制定奠定了基础。基于社会、法律传统和经济发展水平的不同，欧盟成员国在环境保护问题上的差异也比较大，如商品的环境标准、包装等，这必然会对欧盟内部市场建设造成影响。通过认可环境保护可以作为限制货物、资本、服务和人员自由流动措施的正当化事由，必将进一步促使成员国和欧盟委员会在欧盟层面通过统一政策和法律解决问题，提升整体环境保护水平。[1]

但是，"丹麦瓶案"判决同时也受到了广泛批评。有学者指出，不同类型

[1] See M. L. Schemmel and B. De Regt, "The European Court of Justice and the Environmental Protection Policy of the European Community", BC Int'l & Comp. L. Rev., 1994, 17: 53.

的可重复使用的饮料容器虽然也可回收，但回收成本却非常高。而在实践中，只有在回收成本比较低的时候，空瓶回收系统才能有效运行，这也是丹麦法律限制饮料容器类型数量的最主要原因。在本案中，欧洲法院只考虑了其他类型的饮料容器也可以重复使用，而忽略了回收的经济成本，进而认定丹麦限制非批准容器销售数量的法令违反了欧盟法，这种做法显然忽视了经济可行性。[1]因此，这个判决结果也从另一角度反映了在欧洲一体化的早期，环境保护虽被纳入欧盟根本目标，但仍附属于欧盟内部市场建设。

三、"欧盟委员会诉奥地利重型货车案"：环境保护与健康保护的同等效力

"欧盟委员会诉奥地利重型货车案"[2]的双方当事人是欧盟委员会和奥地利共和国。欧盟委员会认为奥地利禁止装载特定类别货物的 7.5 吨以上货车使用奥地利 A12 高速公路部分路段的规定违反了《欧洲经济共同体条约》第 28、29 条（现《欧洲联盟运行条约》第 34、35 条）关于禁止进出口货物限制措施的规定，故向欧洲法院提出未履约之诉。

（一）案件事实

奥地利 A12 高速公路位于奥地利蒂罗尔州（Tirol），全长约 145 公里，连接该州首府因斯布鲁克市（Innsbruck）以东的库夫施泰因市（Kufstein）和以西的兰德克市（Landeck）。因蒂罗尔州南接意大利，北接德国，所以 A12 高速公路是意大利北部和德国南部之间最主要的陆路交通路线之一，为大量重型货车使用。2002 年，A12 公路上的二氧化氮含量被发现超过欧盟 1999 年《关于环境空气中二氧化硫、二氧化氮、氮氧化物、微粒物和铅含量限值的指令》[3]（以下简称《环境空气质量指令》）规定的最高限值，尤其是 Vomp/Raststätte 监测点。2003 年至 2008 年期间，该公路上的污染物超标量越来越大。以 2008 年为例，监测点检测到的二氧化氮浓度为 66 微克/平方米，超过

---

[1] See D. Chalmers, G. Davies and G. Monti, *European Union Law: Text and Materials*, *Cambridge University Press*, 2014, pp. 785~786.

[2] Judgment of 21 December 2011, *European Commission v Republic of Austria*, C-28/09, EU: C: 2011: 854.

[3] Council Directive 1999/30/EC of 22 April 1999 relating to limit values for sulphur dioxide, nitrogen dioxide and oxides of nitrogen, particulate matter and lead in ambient air, *OJ L* 163, 29.6.1999. 1999 年《环境空气质量指令》现已被 2008 年《环境空气质量指令》(Directive 2008/50/EC of the European Parliament and of the Council of 21 May 2008 on ambient air quality and cleaner air for Europe) 所撤销。

了该年度欧盟规定最大限值（44 微克/平方米）的 50%。若依照《奥地利环境空气质量法》（IG-L）规定的标准计算，二氧化氮浓度的超值额将更大。

　　为了降低二氧化氮浓度、履行欧盟条约义务，奥地利政府采取了一系列旨在减少特定排量车辆和道路交通密度的措施。2002 年 10 月 1 日，奥地利主管部门颁布了 A12 高速公路特定路段重型货车夜间通行临时禁令。2003 年 5 月 27 日，蒂罗尔州通过了一项新条例，规定从 2003 年 8 月 1 日起，无限期禁止运载某些货物类型的 7.5 吨以上货车使用昆德尔市（Kundl）和安帕斯市（Ampass）间的 A12 高速公路路段，但从附近两个城市（因斯布鲁克市和库夫施泰因市）进出的货物运输不受此限制。特定类别的技工车辆（如公路维修车、垃圾收集车和农林车辆等）也不受此路段通行禁令的限制。同时，为保护公共利益或私人重大利益，在特别情况下可对其他机动车辆进行个案豁免。

　　因认为奥地利 2003 年条例规定的通行禁令构成了《欧洲经济共同体条约》第 28、29 条禁止的限制进出口货物流通自由措施，欧盟委员会于 2003 年 7 月 24 日向欧洲法院提起针对奥地利的未履约诉讼。欧洲法院于 2005 年 11 月 15 日作出判决，[1]判定奥地利 2003 年条例规定的交通禁止措施构成条约禁止的与数量限制具有同等效果的措施，限制了欧盟货物的流通自由。欧洲法院在 2005 年的判决中阐明，奥地利 2003 年条例规定的措施虽然是为保护空气质量，但因不符合比例原则而不能予以豁免。

　　2005 年判决生效后，奥地利当局自 2006 年起重新颁布了一系列改善 A12 高速公路空气质量的措施。首先，2006 年 11 月至 2007 年 4 月期间，A12 高速公路部分路段被要求最高速度为 100km/h。此项临时措施随后被 2007 年 11 月开始实行的"可变速度限制"措施替代，具体是指依据尾气整体实际排放水平和气象因素来确定高速公路的最高行驶速度，而不再使用恒定的 100km/h。其次，2006 年制定的新改善措施还包括一项依据车型确定的限行措施。该措施要求自 2007 年 1 月 1 日起，尾气排放不符合欧洲 II 号标准的 7.5 吨以上半挂车和全挂货车将被禁止在齐尔市（Zirl）和库夫施泰因市间路段通行。2008 年 11 月 1 日起，此措施将适用于尾气排放不符合欧洲 III 号标准的上述货车类型。2009 年 11 月 1 日起，不符合欧洲 II 号标准的所有 7.5 吨以上货车都将在

---

〔1〕　Judgment of 15 November 2005, *Commission v Austria*, C-320/03, EU：C：2005：684.

此路段禁行。

上述依货车类型确定的部分路段通行限制和可变速度限制措施构成奥地利为保证蒂罗尔州空气质量符合 1999 年《环境空气质量指令》要求而制定的计划的一部分。因认为上述措施限制了欧盟货物流通自由，欧盟委员会将奥地利再次诉至欧洲法院。

（二）主要法律问题

奥地利制定的 A12 高速公路相关限制措施是否构成货物流通自由限制？若构成，是否可以环境保护正当化？

（三）原被告意见

1. 欧盟委员会意见

欧盟委员会首先表明，委员会不会低估阿尔卑斯山沿线交通问题，并且承认奥地利采取的涉 A12 高速公路限制措施是为了履行欧盟指令规定的二氧化氮限值和空气质量相关义务。但欧洲委员会同时提出，这些措施违反了欧盟法，因为奥地利相关规定构成对货物流通自由（尤其是运输自由）的限制。

首先，奥地利实行禁行的高速路段是连接意大利、德国和东欧的主要交通路线，所以自 2008 年 5 月禁令实施起，每年受影响的货运达 35 000 次。若自 2009 年 7 月 1 日起实施第二阶段禁令，那么每年将有 20 万次货运受到影响，约占 A12 高速公路货运总次数的 7.3%。对于奥地利条例中的禁运货物类型，采取的替代方式不论是铁路还是选择其他路线都将增大经营者费用。此高速路段的通行限制不仅会对运输行业产生实质性影响，还将影响最终承受运费的货物生产者，降低其竞争力。

其次，奥地利相关条例的禁运规定具有歧视性。因高速公路禁运路段所在的地区或区域被豁免，故受实质影响的只有国际货物运输，这可能给豁免地区的运输企业带来更多优势，导致不平等竞争。

再次，A12 高速公路部分路段通行限制规定直接针对的是运输的货物类型而非运输货物工具的尾气排放，故可能对成员国间贸易产生歧视性效果，其中包括木材和木材制品以及大理石和石灰石。

最后，奥地利部分路段通行限制措施可能存在正当化事由，但却不符合比例原则。一是因为奥地利提出的通过与公路重合的铁路线进行货物运输的方法，并未考虑实际情况，不能完全替代公路运输。二是因为恒定的 100 km/h 的速度限制方式可替代可变速度限制方式，以作为限制更小的减少二氧化氮排放的措施。

2. 奥地利的反驳意见

奥地利辩称该国的措施并没有构成对货物流通自由的限制。本案争议措施是为了改善蒂罗尔州的空气质量。A12 高速公路上确实存在二氧化氮严重超过欧盟指令规定标准的情况，并且其中 60% 的二氧化氮源于重型货车尾气排放，故公路货运是本案中通行限制区域的空气污染物最主要的来源。

奥地利强调，欧盟相关指令要求成员国在二氧化氮年排放浓度超过限值的情况下采取行动。同时，为保障《欧洲联盟基本权利宪章》第 7 条规定的"公民个人和家庭生活受尊重的权利"以及《欧洲人权公约》第 8 条第 2 款规定的"健康和生命权"，奥地利也应采取相应行动。因此，本案涉及上述权利和货物流通自由权利的平衡问题。

奥地利认为，首先，应从部分高速路段通行限制规定的整体来判断本国措施是否违反欧盟法，而不能就其组成部分单独认定。为实际有效地减少公路交通导致的空气污染，制定由若干项具体措施组成的整体计划是必要的，不仅包括解决特定交通工具的尾气排放问题，还应包括减小公路交通密度。部分路段通行限制的最新规则大约每年影响 194 000 次货运，仅为 A12 高速公路上货车运输总量的 6.6%。并且，因限制措施只涉及一种交通运输方式，且相关路线的运输可以通过改变路线或铁路运输来完成，因此不能因此认定对货物流通自由构成限制。

其次，针对欧盟委员会提出的歧视性问题，奥地利予以否认。禁运货物类型是依据目的和不具有歧视性的标准确定的，豁免区域和地区的确定是考虑到将本地货物转至铁路运输反而会增加额外的公路路程，与本国条例所追求的目标相违背。并且，争议条例豁免的"扩展区域"还包括奥地利境外的区域，足以说明条例不具有歧视性。至于本地区运输企业会因此获得竞争优势，主管部门也采取了相应措施避免可能的滥用情况。

再次，科学研究也表明奥地利针对部分高速路段的通行限制措施是有效的，并非如欧盟委员会所提出的是通过假设得出的结论。

最后，A12 高速公路部分路段通行限制措施是分阶段实施的，受影响的经营者有足够的时间来适应新条件，故增强了整个条例的比例性。

（四）法院判决

1. 是否存在限制货物流通自由措施

本案中，对 2002 年至 2009 年 A12 高速公路 Vomp/Raststätte 监测点处二氧化氮浓度超过欧盟 1999 年《环境空气质量指令》规定的最高限制这一事实，奥地利和欧盟委员会都无异议。因此，奥地利有义务依据 1996 年《环境空气质量评价和管理指令》[1] 第 8 条第 3 款的规定，制定或实施降低二氧化氮浓度的计划或规划。本案的争议条例毫无疑问属于此计划的一部分。依据上述条款，成员国应在计划中提供指令附件 4 列举的信息，如污染超标地点、主要污染源、现有和拟议措施等。但是，1996 年《环境空气质量评价和管理指令》并没有为成员国所采取措施的范围和内容规定准确要求。在此情况下，成员国有权根据实际情况和相关利益，采取适当和具有一致性的措施实现空气达标目标。然而，成员国依据该指令规定享有的自主权并非毫无限制，其制定的措施不得与欧盟条约相违背，包括货物流通自由这一基本原则。[2]

作为欧盟条约的基本原则之一，货物流通自由也意味着欧盟货物运输自由的存在。[3]在本案中，奥地利争议条例规定，禁止运输特定货物类型的 7.5 吨以上货车使用 A12 高速公路部分路段，这是限制运输货物自由的一种方式。即使奥地利政府提供了替代性解决方案，也不能否认限制货物流通自由措施的存在。A12 高速公路的路段作为德国南部和意大利北部之间最主要的运输路线之一，此路段的通行限制必然会迫使相关企业为争议条例列举的货物类型寻找替代运输方式或路线，故构成对北欧和意大利北部货物运输自由的限制。

据此，奥地利部分路段通行限制规定构成《欧洲经济共同体条约》第 28、29 条禁止的与数量限制具有同等效果的限制措施。

2. 奥地利部分路段通行限制规定的可能免责事由

依据欧洲法院的判例，成员国限制欧盟内部贸易自由措施可以《欧洲

---

［1］ Council Directive 96/62/EC of 27 September 1996 on ambient air quality assessment and management, *OJ L* 296, 21. 11. 1996.《环境空气质量评价和管理指令》现已失效，由 2008 年《环境空气质量指令》替代。

［2］ See, to that effect, Case C320/03 *Commission v Austria*, paragraph 81, and Case C237/07 *Janecek* ［2008］ECR I6221, paragraphs 45 and 46.

［3］ See, inter alia, Case 266/81 *SIOT* ［1983］ECR 731, paragraph 16; Case C367/89 *Richardt and 'Les Accessoires Scientifiques'* ［1991］ECR I4621, paragraph 14; and Case C320/03 *Commission v Austria*, paragraphs 63 and 65.

经济共同体条约》第 30 条（现《欧洲联盟运行条约》第 36 条）规定的公共利益类型之一免责，其中包括保护人类健康和生命，但是该措施同时需满足比例原则。[1]

环境保护和健康保护都是欧盟的根本目标。依据《欧洲经济共同体条约》第 2 条和第 3 条第 1 款的规定，促进"高水平的环境保护和改善环境质量"以及"高水平的健康保护"都是欧盟的任务，且应融入欧盟的政策和行动。这两个目标的重要性和基础性也为《欧洲联盟基本权利宪章》第 37 条和第 35 条所确认。环境保护和健康保护密切联系，这明显体现在《欧洲经济共同体条约》第 174 条第 1 款（现《欧洲联盟运行条约》第 191 条第 1 款）中，该条规定保护人类健康是欧盟环境政策的目标。因此，健康保护目标原则上已经被包括至环境保护之中，例如空气污染防治的目标即为减小对健康的危害和环境破坏，故奥地利政府对于健康保护的无须区别于环境保护。

本案中，奥地利部分高速路段通行限制规定，是为了使相关区域内的环境质量符合欧盟空气指令规定的标准。依据判例法规则，环境保护可以作为限制欧盟内贸易自由的正当化理由，但须实现目标的措施具有合适性且符合比例原则。[2]

3. 奥地利部分高速公路通行限制规定是否符合比例原则

第一，在争议条例的适当性问题上，欧洲法院认为奥地利在现行路段采取的一系列措施（如部分路段禁行），的确能使该区域的空气污染物减少并改善空气质量。在本案中，相关区域的二氧化氮浓度已每年减少 1.5%。同时，欧盟共同运输政策框架也提出了减少公路运输负担的必要性，奥地利争议措施能够促使运营者寻找其他环境友好型的运输方式（如铁路）。所以，欧洲法院认为奥地利部分路段通行限制措施具有适当性。

第二，在争议条例的最小限制性问题上，欧洲法院指出，在某些成员国间重要通行途径的高速公路上采取激进的整体性禁止通行措施，奥地利当局

---

[1] See, inter alia, Case 120/78 *Rewe-Zentral* ('*Cassis de Dijon*') [1979] ECR 649; Case 302/86 *Commission v Denmark* [1988] ECR 4607, paragraph 9; Case C270/02 *Commission v Italy* [2004] ECR I1559, paragraph 21; Case C463/01 *Commission v Germany* [2004] ECR I11705, paragraph 75; and Case C320/03 *Commission v Austria*, paragraph 70.

[2] See, to that effect, Case C389/96 *Aher-Waggon* [1998] ECR I4473, paragraphs 19 and 20; Case C463/01 *Commissionv Germany*, paragraph 75; and Case C524/07 *Commission v Austria*, paragraph 57.

有谨慎审查是否存在对货物流通自由限制更小措施的责任。首先，必须肯定的是，越新的尾气排放欧洲标准越能实质性地减少二氧化氮排放，如欧洲Ⅲ号标准将货车尾气二氧化氮含量确定在 5 g/kWh，欧洲Ⅳ号标准则将其降至 3.5 g/kWh。但是并没有证据证明，将通行限制范围从特定欧洲标准货车扩大至其他等级的货车能够和部分路段限行措施一样有效。其次，奥地利相关路段限速 100km/h 措施实施期间，将该路段的行驶速度从平均 116km/h 降低至 103km/h。因为最高速度限制会影响驾驶人员的行车速度，所以恒定限速措施能够作为一项可能减少二氧化氮排放的措施。并且，相较于部分路段禁行措施，以恒定限速取代变动限速规定是对货物流通自由限制更小的方式。至于奥地利政府提出的驾驶人员超速会减少此措施有效性问题，可以通过主管部门加强监管和增大处罚力度来保障，而不能单纯以此理由拒绝此种限制更小却可能够达到减少二氧化氮排放的措施。

通过否定争议条例规定的两项主要措施，欧洲法院判决奥地利对 A12 高速公路部分路段上针对 7.5 吨以上运输特定货物的货车采取的限行措施，违反了《欧洲经济共同体条约》第 28 条和第 29 条禁止成员国货物流通自由限制措施的规定。

（五）案件评述

阿尔卑斯山位于欧洲中心，覆盖了意大利北部、奥地利、德国南部、法国东南部、瑞士、列支敦士登以及斯洛文尼亚等六国的部分地区，但主要分布在瑞士和奥地利国境内。阿尔卑斯山不仅风景优美，而且具有丰富的生物多样性，也是欧洲最主要的水源地。因此，奥地利政府在保护阿尔卑斯山方面一直投入很大。

2009 年"欧盟委员会诉奥地利重型货车案"是欧洲法院关于奥地利阿尔卑斯山沿线高速公路禁行的案件中最新的一个，也是关于欧盟内部市场四大自由和其他公共利益平衡的重要案件之一。在涉及奥地利高速公路的多个案件中，欧洲法院的判决结果多为认定奥地利措施违反欧盟条约禁止货物流通自由措施的规定，如 1997 年的"限制运输供屠宰活体动物案"[1]、1998 年

---

[1] Judgment of 11 May 1999, *Wilfried Monsees v. Unabhängiger Verwaltungssenat für Kärnten*, C-350/97, EU：C：1999：242.

的"重型货车运输蜜蜂案"〔1〕、2003 年的"蒂罗尔州 A12 高速公路因河河谷段重型货车通行限制案"〔2〕。只有在 2000 年的"阿尔卑斯山环保游行案"中，欧洲法院认为奥地利政府为保障环保者游行权利而采取的临时禁止重要交通路段通行措施符合比例原则，不存在违反欧盟法的情形。〔3〕虽然在本案中，欧洲法院仍认定奥地利蒂罗尔州采取的措施不符合比例原则，进而判决奥地利违反了《欧洲联盟运行条约》第 34 条规定的禁止货物流通自由限制措施，但是在环境保护这一强制性措施的适用规则方面却作出了很有意义的解释。

欧洲法院在本案中强化了环境保护作为成员国限制性措施免责条件的地位。根据欧盟条约和判例形成的规则，成员国的限制性措施既可以依据《欧洲联盟运行条约》第 36 条规定的"条约事由"免责，也可由判例确定的"强制性要求"正当化。但"强制性要求"的适用条件要严格于"条约事由"，仅限于成员国非歧视性的具有与数量限制同等效果的措施。因此，当两种免责条件同时存在时，一般会优先选择"条约事由"。

然而，在本案中，欧洲法院优先适用了环境保护这一强制性要求，而非明确规定于《欧洲联盟运行条约》第 36 条规定的"健康保护"。欧洲法院在判决中明确表示，健康保护和环境保护都是欧盟的根本目标，尤其是在大气污染防治问题上，保护人类健康是欧盟环境政策的目标之一。所以，当环境保护和健康保护同时可以作为成员国限制贸易自由免责理由时，健康保护可以并入环境保护内容，不予单独考虑。〔4〕如此做法可以被理解为，尽管环境保护并没有如健康保护那样被明文规定在欧盟条约中，但是并不影响其为货物流通自由限制性措施提供正当性的效力。

但是，"欧盟委员会诉奥地利重型货车案"判决也受到了一些学者的批评。一是关于存在与数量限制具有同等效果措施的判断标准问题。在本案中，佐审官采用了之前被欧洲法院搁置的"限制交易机会"标准，欧洲法院则以禁止措施是否对货物运输产生"实质性影响"（substantial effect）为标准。而

---

〔1〕　Judgment of 26 September 2000, *Commission v Austria*, C-205/98, EU：C：2000：493.

〔2〕　Judgment of 15 November 2005, *Commission v. Austria*, C-320/03, EU：C：2005：684.

〔3〕　Judgment of 12 June 2003, *Schmidberger*, C-112/00, EU：C：2003：333.

〔4〕　Judgment of 21 December 2011, *European Commission v Republic of Austria*, C-28/09, EU：C：2011：854, paragraph 121~123.

这种"实质性影响"标准被一些学者认为是不寻常且不合理的，他们认为，欧洲法院应延续其一贯使用的"进入市场受限"措施。二是在关于强制性要求的适用条件问题上，学者认为欧洲法院错失了明确环境保护特殊性的机会，应将环境保护同其他强制性要求类型的适用规则相区别，其适用对象不限于非歧视性措施。[1]

大气污染是欧盟面临的主要环境问题之一，成员国为了积极履行欧盟《环境空气质量指令》的义务，会依据国内法律和制度具体情况制定和实施相应措施。欧洲法院通过本案明确，这些大气污染防治措施因其环境保护目的当然可正当化其对限制内部市场自由的限制，但必须符合比例原则。欧洲法院关于奥地利蒂罗尔州的因河河谷高速路段通行限制的两次判决，为其他成员国确定自身限制货物运输规则是否与欧盟条约相违背提供了更为详细的判断标准，进而提高了相关事项成员国法律的稳定性。

四、"瑞典摩托艇案"：环境保护作为限制货物流通自由措施免责事由的性质

"瑞典摩托艇案"[2]涉及瑞典检察院（Åklagaren）就米克尔森先生和鲁斯先生违反法律在特定水道上使用个人摩托艇（jet-skis）而提起的刑事诉讼。因需对《欧洲经济共同体条约》第28~30条（《欧洲联盟运行条约》第34~36条）和1992年《统一成员国游艇法律、法规和行政规章的指令》[3]（以下简称《游艇指令》）进行解释，瑞典吕勒奥市法院（Luleå tingsrätt）就相关问题提请欧洲法院初步裁决。

（一）案件事实

"瑞典摩托艇案"的案情非常简单。瑞典1993年第1053号法令《私人船只使用条例》［förordning（1993：1053）om användning av vattenskoter］规定，摩托艇（或喷气式划艇）只能在公共水道或地方政府按照法定标准指定的水道上使用。2004年8月8日，米克尔森先生和鲁斯先生因为违反这一规定而

---

〔1〕 Enchelmaier S. Alpine transport restrictions reconsidered: Commission v. Austria, *Common Market Law Review* 50: 183~202, 2013.

〔2〕 Judgment of the Court of 4 June 2009, *Mickelsson and Roos*, C-142/05, EU: C: 2009: 336.

〔3〕 Directive 94/25/EC of the European Parliament and of the Council of 16 June 1994 on the approximation of the laws, regulations and administrative provisions of the Member States relating to recreational craft, *OJ* 1994 *L* 164.

被检察院提起公诉。两被告并不否认在法律禁止的水道上使用摩托艇的事实，但他们认为瑞典国内法违反了《欧洲经济共同体条约》第 28 条和 1994 年《游艇指令》。

（二）主要法律问题

瑞典国内法关于私人船只只能在公共水道或指定航道上使用的规定是否违反欧盟 1994 年《游艇指令》以及《欧洲经济共同体条约》第 28 ~ 30 条关于货物流通自由的规定？

（三）法院判决

1. 欧盟《游艇指令》的适用范围

2003 年《〈游艇指令〉修改指令》[1]将 1994 年《游艇指令》的适用范围扩大至私人船只（personal watercraft）。2003 年《〈游艇指令〉修改指令》规定，成员国应在 2004 年 6 月 30 日前完成国内相关法律的修改，并要求修改后的措施从 2005 年 1 月 1 日起生效。本案发生在 2004 年 8 月 8 日，故 2003 年《〈游艇指令〉修改指令》规定的转化期尚未届满。1994 年《游艇指令》第 2 条第 2 款规定，在不违反欧盟条约的情况下，指令并不禁止成员国采取保护环境、水道畅通和水道安全等措施，只要该措施不要求指令界定的船只进行改装。依据上述条款，欧洲法院认为瑞典为保护环境而采取的限制摩托艇在特定水道上使用的措施，只要不违反欧盟基础条约规定，就不违反 1994 年《游艇指令》。

2. 瑞典私人船只使用相关规定是否对欧盟货物流通自由构成限制

瑞典《私人船只使用条例》规定，私人船只原则上禁止在公共航道或水道外的航道或水道上使用，但是地方政府（länsstyrelsen）可以依据法定标准，指定公共航水道外的县水道供私人船只使用。

欧洲法院认为，在判断瑞典上述措施的合法性问题上，首先需注意的是，依据欧洲法院判例规则，成员国采取的措施如果意在或产生使其他成员国产品处于弱势的效果，或者在缺少欧盟法统一规定时，成员国对该商品的要求构成其他成员国合法生产和销售的商品进入本国市场的障碍，即使成员国相

---

〔1〕 Directive 2003/44/EC of the European Parliament and of the Council of 16 June 2003 amending Directive 94/25/EC on the approximation of the laws, regulations and administrative provisions of the Member States relating to recreational craft, *OJ L* 214, 26. 8. 2003.

关法律规定是同等适用于国内外产品，也应被认定为是《欧洲经济共同体条约》第 28 条规定的 "与数量限制具有同等效果的限制措施"。[1]

本案发生时，瑞典地方政府尚未指定任何允许摩托艇使用的县水道。因为公共通航水道的使用者主要是商业性重型船舶，所以个人在公共通航水道使用摩托艇是非常危险的。况且，瑞典国内的水道绝大多数都不是公共通航水道，这就使得摩托艇事实上在瑞典几乎无法使用。因此，即使瑞典相关法律的目的并不是对他国产品进行限制，但对此种产品使用的相关限制却会对消费者的购买兴趣产生影响，继而对他国产品进入本国市场产生影响。因为消费者在知晓该产品的使用权限受限后，其继续购买的意愿会很小。[2]

考虑到瑞典指定可通行水道法律规定确具有阻碍使用者使用摩托艇的效果，故应由成员国法院认定相关规定是否在实践中产生了妨碍其他成员国货物进入本国市场的作用。若认定上述措施具有阻碍他国产品进入本国市场的作用，则只能通过《欧洲经济共同体条约》第 30 条（现《欧洲联盟运行条约》第 36 条）的法定豁免事由或强制性要求予以免责。

3. 瑞典私人船只使用相关规定是否符合比例原则

成员国对欧盟内货物流通自由的限制性措施，可以通过欧盟基础条约明文规定的保护人类、动物或植物健康等事由或判例确定的环境保护强制性要求予以免责，但相关措施必须符合比例原则。虽然比例原则应由成员国法院具体判断，但欧洲法院可以依据真诚合作原则，为成员国法院提供必要的指导意见。

欧洲法院指出，在本案发生时，瑞典限制摩托艇使用的 1993 年第 1053 号条例刚生效 3 周，所以，地方当局可能尚未有时间来制定具体的实施措施。考虑到此种特殊情况，欧洲法院认为，尽管除限制摩托艇使用措施以外的其他措施也可能在一定程度上实现保护环境的目的，但不可否认的是，成员国制定一般性措施时需要考虑特定地理环境以及成员国监管的便利性。[3]瑞典

---

〔1〕 See, to that effect, Case 120/78 *Rewe-Zentral*（*Cassis de Dijon*）〔1979〕ECR 649, paragraphs 6, 14 and 15; Case C-368/95 *Familiapress*〔1997〕ECR I-3689, paragraph 8; and Case C-322/01 *Deutscher Apothekerverband*〔2003〕ECR I-14887, paragraph 67）. Any other measure which hinders access of products originating in other Member States to the market of a Member State is also covered by that concept（see Case C-110/05 *Commission v Italy*〔2009〕ECR I-0000, paragraph 37.

〔2〕 See Case C-110/05 *Commission v Italy*〔2009〕ECR I-0000, paragraph 56~57.

〔3〕 See Case C-110/05 *Commission v Italy*〔2009〕ECR I-0000, paragraph 67.

法律规定摩托艇可以在公共通行水道和地方政府指定的水道上航行，并授权地方政府须依照国内法规定指定不会造成污染且环境可接受的水道供摩托艇使用。因此，如果成员国地方当局被明确要求指定供摩托艇使用的其他水道，且地方政府在国内条例生效后的合理期限内，切实制定具体实施办法、指定摩托艇可使用的水道，那么，本案争议法律规定就应被认定为符合比例原则。

（四）案件简评

"瑞典摩托艇案"的处理历时近四年，可以说是欧盟环境保护和货物流通自由冲突与平衡的总结性案件。欧洲法院通过本案再次明确，"环境保护"并非欧盟基础条约明确规定的免责事由，而是针对非歧视性限制措施的强制性要求。

环境保护作为成员国限制内部市场自由免责事由的适用规则演变可以被分为三个阶段：

第一，非歧视性要素的确立。为保障货物流通自由，《欧洲联盟运行条约》第34条"禁止对成员国之间的进口施加数量限制或采取同等效果的措施"。但为保护公共利益，该条约同时在第36条中规定了"公共道德、公共秩序或公共安全""保护人类、动物或植物健康与生命""保护具有艺术、历史或考古价值的国宝""保护工商业产权"四类可以免除成员国限制进出口货物措施责任的事由。在实践中，上述四类事由也被称为"条约事由"或"法定事由"。然而，"与数量限制具有同等效果的措施"涉及范围过广，而第36条规定的免责事由类型较少且适用时解释严格，故欧洲法院通过"第戎黑醋栗酒案"确立了"强制性要求"规则，为限制货物流通自由措施提供了条约事由之外的免责事由。但与条约事由不同，强制性要求只能适用于被同等适用于国内外产品的措施，即不具有歧视性的措施。在1986年"丹麦瓶案"中，欧洲法院明确指出，成员国限制货物流通自由措施可以通过"环境保护"这一强制性要求予以免责，但此措施必须同等适用于国内外货物。

第二，非歧视性要素的动摇。在1992年的"比利时瓦隆垃圾案"中，瓦隆大区法律禁止非本地区的废弃物进入瓦隆，明显区别对待国内外废弃物，但欧洲法院却以废弃物的特殊性为由认定此禁止措施不具有歧视性，以"环境保护"正当化瓦隆大区的立法措施。学者对此判决的争议很大，认为欧洲法院动摇了"强制性要求"适用的"非歧视性"要件。在此后的"德国飞机噪音标准案"〔1〕、"Dusseldorp 案""德国绿色能源采购案"〔2〕中，案件佐审官弗朗西斯·雅各布斯先生提出，环境保护也可作为歧视性限制措施的免责事由。〔3〕而这些案件的最终判决结果也在一定程度上模糊了"非歧视性"标准。因此，有学者提出，可以通过扩张解释《欧洲联盟运行条约》第 36 条，将"环境保护"纳入该条规定的"条约事由"中，如此即可解决欧洲法院前后判例间的矛盾，可直接将"环境保护"适用于所有限制措施，不论该措施是否具有歧视性。〔4〕

第三，非歧视性要素的回归。欧洲法院曾反复强调，必须对《欧洲联盟运行条约》第 36 条规定的四项免责事由进行严格解释，且该条为完全列举，不得扩展。〔5〕故将"环境保护"作为"条约事由"来正当化货物流通自由限制措施的观点并不能得到支持。正如在本案中欧洲法院即强调，环境保护可作为同等适用于国内摩托艇的使用限制措施的正当化事由，歧视性措施则只能通过《欧洲联盟运行条约》第 36 条规定的"保护人类、动物、植物健康"事由予以免责。〔6〕

---

〔1〕 Judgment of 14 July 1998, *Aher-Waggon*, C-389/96, EU：C：1998：357.

〔2〕 Judgment of 13 March 2001, *PreussenElektra*, C-379/98, EU：C：2001：160.

〔3〕 See F. Jacobs, "The Role of the European Court of Justice in the Protection of the Environment", *Journal of Environmental Law*, 2006, 18 (2)：185~205.

〔4〕 See P. Oliver, "Some Further Reflections on the Scope of Articles 28-30 (ex 30-36) EC", *Common Market Law Review*, 1999, 36 (4)：783~806; C. Barnard, "Fitting the Remaining Pieces into the Goods and Persons Jigsaw", *European Law Review*, 2001, 26 (1)：35~59.

〔5〕 See E. Spaventa, "On Discrimination and the Theory of Mandatory Requirements", *Cambridge Yearbook of European Legal Studies*, 2000, 3：457~478.

〔6〕 参见张彤主编：《欧盟法概论》，中国人民大学出版社 2011 年版，第 219 页。

第四章　欧盟环境信息公开制度

本章导读

欧盟以《在环境问题上获得环境信息、参与环境决策以及诉诸法律公约》（简称《奥胡斯公约》）为基础法，以 2001 年《公众获取欧洲议会、部长理事会和委员会文件条例》和 2003 年《公众获取环境信息指令》为支柱，建立了较为完善的环境信息公开制度，保障了公众从欧盟和国内两个层面上尽可能广泛地获取环境信息的权利。本章共有四个案例，除"克莱恩斯欧洲环保协会诉欧盟委员会案"外，其他三个案件涉及的都是成员国从国内公共当局获取环境信息的争议。"克莱恩斯欧洲环保协会诉欧盟委员会案"进一步明确，欧盟机构向公众文件公开的范围原则应包括立法准备相关文件，且对此类文件不应适用保密性推定。"英国水务公司信息公开案"与"托尔高平板玻璃公司诉德国案"解决的都是环境信息公开义务主体"公共当局"的相关问题，前者涉及的是环境信息公开义务主体"公共当局"的界定，后者侧重的则是"公共当局"在哪些情况下可拒绝公众的环境信息申请。"克里赞等人诉斯洛伐克国家环境监察局案"解决的核心问题是成员国主管部门在项目综合许可授权程序中的信息公开范围，以及行政复议程序满足何种条件可使许可程序中主管部门的未履行信息公开义务行为不违反欧盟法。

一、"克莱恩斯欧洲环保协会诉欧盟委员会案"〔1〕：欧盟机构的环境立法信息公开义务

"克莱恩斯欧洲环保协会诉欧盟委员会案"是因克莱恩斯欧洲环保协会（Client Earth）不服欧盟综合法院作出的 2015 年 11 月 13 日"克莱恩斯欧洲环保协会诉欧盟委员会案"判决〔2〕而向欧洲法院提起的上诉案件。本案涉及的主要事项是欧盟综合法院在争议判决中驳回的两项原告环境立法信息申请，涉及的主要法律是 2001 年《公众获取欧洲议会、部长理事会和委员会文件条例》〔3〕（以下简称《公众获取欧盟机构文件条例》）以及 2006 年《欧盟机构〈奥胡斯公约〉履行条例》〔4〕。

（一）案件背景

克莱恩斯欧洲环保协会，是一家 2008 年成立于英国伦敦的致力于环境保护的非营利性组织，目前在布鲁塞尔、华沙、柏林和北京都设有办事处。2014 年 1 月 20 日，克莱恩斯欧洲环保协会依据 2001 年《公众获取欧盟机构文件条例》向欧盟委员会申请两项欧盟重要环境立法项目信息。其中一份信息是欧盟委员关于公众就欧盟法涉及的环境事项在成员国层面诉诸法律的立法提案草案影响评价报告和影响评价委员会就此草案发表的意见（上述信息以下简称"公众就环境事项诉诸法律的立法提案草案影响评价报告文件"）。另一份是欧盟委员会关于制定欧盟环境立法风险检查和监督战略框架约束性工具的立法提案草案的影响评价报告和影响评价委员会关于此报告的意见（以下简称"关于环境事项检查和监督的立法提案草案影响评价文件"）（上述两份文件以下简称"争议文件"）。〔5〕

---

〔1〕 Judgment of 4 September 2018, *ClientEarth v Commission*, C-57/16 P, EU：C：2018：660.

〔2〕 Judgment of the General Court (Second Chamber) of 13 November 2015, *ClientEarth v Commission*, Joined Cases T-424/14 and T-425/14, EU：T：2015：848.

〔3〕 Regulation (EC) No 1049/2001 of the European Parliament and of the Council of 30 May 2001 regarding public access to European Parliament, Council and Commission documents, *OJ* 2001 *L* 145

〔4〕 Regulation (EC) No 1367/2006 of the European Parliament and of the Council of 6 September 2006 on the application of the provisions of the Aarhus Convention on Access to Information, Public Participation in Decision-making and Access to Justice in Environmental Matters to Community institutions and bodies, *OJ* 2006 *L* 264.

〔5〕 本案的争议文件是意在提高欧盟环境保护的两项立法动议，但因可能影响司法和行政等方面的自主权而为成员国政府所反对。其中前者，即公众环境诉讼项目，欧盟委员会曾形成《公众在环境事项上诉诸法律指令》的立法草案，但最终没有通过。这两项立法动议分别在 2017 年和 2018 年以欧盟委员会指导性文件形式发布，而非具有约束力的欧盟法律。欧洲环保协会在获知欧盟委员会已经

欧盟委员会以《公众获取欧盟机构文件条例》第 4 条第 3 款〔2〕为依据，分别于 2014 年 2 月 13 日和 17 日拒绝了克莱恩斯欧洲环保协会的上述两项申请。克莱恩斯欧洲环保协会向委员会提交了两份拒绝信息公开确认申请，并于 4 月 1 日收到了欧盟委员会的确认决定。

欧盟委员会在 2014 年 4 月 1 日的确认决定中对拒绝争议文件公开的理由作出说明：

首先，本案争议文件是与正在进行的"环境事项检查和监督"和"公众就环境事项诉诸法律"两项立法动议相关的影响评价文件。影响评价文件是为了帮助委员会准备立法提案，其内容是委员会立法提案中政策选择的依据。因此，若在此阶段公开影响评价文件，将严重侵害委员会正在进行的决策程序，因为相关披露会限制委员会的回旋余地，影响其独立性以及保护公共利益作用的发挥。此外，与本案争议文件相关的其他各种文件都已能通过网络获取，而与影响评价相关的其他文件会在委员会专员团（College of Commissioners）通过立法提案后公开。考虑到上述决策程序仍处于非常早和微妙的阶段等情况，欧盟委员会拒绝争议文件的公开申请。

其次，欧盟委员会认为，尽管保护、改善环境质量以及最终保护人类健康可以通过非歧视性地诉诸法律权利实现，但在早期披露本案争议文件并没有涉及压倒性公共利益，也不会直接或间接地帮助生活在欧盟的人改善他们的生活环境。实践中，诉诸法律权利已可以在成员国法庭实现，而本案中的争议决策程序只是为了改善成员国国内的公众诉讼权利。而在 2013 年进行的公众咨询中，个人、社会组织等有兴趣方已经就提案提纲提出建议。因此，披露争议文件只会减少欧盟委员会达成最佳可能妥协的可能性，因为公众利益在无外界压力的情况才更可能实现。综上，欧盟委员会以争议文件系 2001 年《公众获取欧盟机构文件条例》第 4 条第 3 款第 1 项规定的免于披露文件为由，拒绝欧洲环保协会的信息申请。

（接上页）进行了上述两项立法动议的影响评价后，便向欧盟委员会申请相关信息，但却被拒绝，故引发本案。

〔1〕《公众获取欧盟机构文件条例》第 4 条第 3 款："由机构（欧洲议会、部长理事会、委员会）起草的内部使用文件或由机构收到的涉及未作出决定事项的文件，若其公开会严重损害机构决策程序，应当予以拒绝，除非公开文件涉及压倒性公共利益。若一份包含供内部使用意见的文件是机构内部使用和初步审查的一部分，那么获取该文件的申请应当被拒绝。若文件公开会严重损害机构决策程序，那么即使最终决定作出后仍可拒绝公开相关文件，除非文件公开涉及压倒性公共利益。"

2014 年 6 月 11 日,克莱恩斯欧洲环保协会向欧盟综合法院提起两项诉讼,分别请求撤销欧盟委员会的上述两项拒绝文件申请的确认决定。综合法院将两案合并审理,并认定欧盟委员会决定的合法性。综合法院认为,争议文件属于《公众获取欧盟机构文件条例》第 4 条第 3 款规定的例外事项,委员会有权拒绝披露。欧盟委员会已经在立法影响评价程序中进行了公众咨询,征集了有兴趣的各方公众意见,因此应享有免受外界打搅的临时空间,以保障其能够以完全独立和为公共利益服务的方式进行政策选择。同时,原则上应推定公开争议文件会严重侵害委员会制定政策提案的决策程序,在委员会专员团作出相关提案是否通过的决定前,该原则性推论都应成立。综上,综合法院决定驳回克莱恩斯欧洲环保协会的撤销委员会拒绝披露文件的确认文件的请求。

(二)主要争议问题

在欧盟委员会专员团做出立法提案是否通过决定前,作为前期准备的影响评价报告及附属的评价委员会意见是否可拒绝公开?

(三)法院判决

1. 初步考虑:欧盟机构工作的公开性

欧洲法院认为,《公众获取欧盟机构文件条例》立法说明第 1 项体现了《欧洲联盟条约》第 1 条第 2 款规定的条约目的,即在创立一个联盟及其人民更紧密联系的欧盟新阶段中,欧盟决定的做出应尽可能地公开和贴近公民。[1]公开原则也被明确规定在《欧洲联盟条约》第 10 条第 3 款、《欧洲联盟运行条约》第 298 条第 1 款中,《欧盟基本权利宪章》第 42 条规定的文件获取权利也反映了此原则。[2]因此,《公众获取欧盟机构文件条例》第 1 条规定,本条例的目标即是赋予公众尽可能宽的获取欧盟机构文件的权利。[3]

但为保护公众或私人利益,《公众获取欧盟机构文件条例》第 4 条同时对公众获取欧盟机构文件的权利作出例外规定,允许在适当情况下为该权利设

---

[1] See judgment of 1 July 2008, *Sweden and Turco v Council*, C-39/05 P and C-52/05 P, EU: C: 2008: 374, paragraph 34.

[2] See judgment of 18 July 2017, *Commission v Breyer*, C-213/15 P, EU: C: 2017: 563, paragraph 52.

[3] See judgment of 13 July 2017, *Saint-Gobain Glass Deutschland v Commission*, C-60/15 P, EU: C: 2017: 540, paragraph 61 and the case-law cited.

定某些限制。其中一项即是，欧盟机构（欧洲议会、部长理事会、委员会）起草的供内部使用的文件或该机构收到的涉及待决事项的文件，若其公开会严重损害机构决策程序，应当予以拒绝，除非文件涉及压倒性的公共利益。

然而，拒绝公开事项只能作为公众广泛获取文件原则的例外规定，应当进行个案解释并严格适用。[1]依据相关法律，欧洲法院认为一般保密性假设只适用于五类文件：①与国家援助程序有关的文件；②提交给欧洲法院的待决案件文件；③合并控制程序中欧洲委员会和通知方或第三方之间的交换文件；④委员会针对成员国提起的未履约诉讼的诉前阶段文件，包括委员会和成员国在欧盟试点程序（EU Pilot procedure）中的交换文件；⑤与《欧洲联盟运行条约》第101条规定的程序（欧盟针对企业的竞争规则）相关的文件。[2]这五类可以拒绝公开的文件，都是与正在进行的行政或司法程序相关的文件类型。[3]

因此，欧洲法院认为，首先有必要确定欧盟综合法院在没有错误选择法律的情况下是否有权依据2001年《公众获取欧盟机构文件条例》第4条第3款第1项的规定认定欧盟委员会有不予公开推定的权利，即对于尚未作出决定的潜在立法提案，公开立法影响评价文件原则上应被推定为会严重损害其正在进行的制定立法提案决策程序，而不论该提案的性质为何以及提案内容是否涉及应公开的环境信息。

2. 本案争议文件的制定背景和内容

2001年《公众获取欧盟机构文件条例》的立法说明第6项指出，欧盟机构在行使其立法权时，应保障公众广泛获取文件的权利。因为公民能够审查和获取构成欧盟立法行动基础的所有信息，是其有效行使民主权利的前提条件。正如克莱恩斯欧洲环保协会所提出的，民主权利的实施不仅预设了公民

---

〔1〕　See judgment of 13 July 2017, *Saint-Gobain Glass Deutschland v Commission*, C-60/15 P, EU：C：2017：540, paragraph 63 and the case-law cited.

〔2〕　See, to that effect, judgment of 16 July 2015, *ClientEarth v Commission*, C-612/13 P, EU：C：2015：486, paragraph 77 and the case-law cited; regarding submissions lodged before the courts of the European Union, see, to that effect, judgment of 18 July 2017, *Commission v Breyer*, C-213/15 P, EU：C：2017：563, paragraph 41 and the case-law cited; regarding documents exchanged during an EU Pilot procedure, see judgment of 11 May 2017, *Sweden v Commission*, C-562/14 P, EU：C：2017：356, paragraph 51.

〔3〕　See judgment of 16 July 2015, *ClientEarth v Commission*, C-612/13 P, EU：C：2015：486, paragraph 78; see, also, judgment of 11 May 2017, *Sweden v Commission*, C-562/14 P, EU：C：2017：356.

获取能使他们理解欧盟机构在立法程序中缘何作出如此选择的信息，而且还包括在适当时机获取能够在某种程度上保障公民有效地就这些选择发表意见的信息。本案佐审官强调，《公众获取欧盟机构文件条件》第 12 条第 2 款明确规定，公众有权直接获取的信息不仅包括欧盟制定的法律，还包括更广泛的、有整体约束力或对个别成员国有约束力的立法程序中涉及的草案或接收文件。

就此问题，欧洲法院同意综合法院的意见，认为欧盟委员会准备的影响评价文件（如本案争议文件）的行为本身并不是在行使立法权能。而影响评价程序发生在严格意义上的立法程序之前，因为正式的立法程序是从欧盟委员会提交立法提案之时才开始的。《欧洲联盟条约》第 17 条第 2 款规定，除条约另有规定外，欧盟法律只能在欧盟委员会提案的基础上制定。欧盟委员会的立法提案权具体表现为：①除强制提交提案的情况外，欧盟委员会有权决定是否提交提案。欧盟委员会若在影响评价程序之后决定放弃提案，相关立法动议将立即结束，并且只能在欧盟委员会撤销放弃决定之后才能重启。②除特殊其概况外，欧盟委员会的立法提案权还包括决定潜在提案涉及的事项、目标和内容。[1]因此，欧盟委员会是立法程序的关键主体。

本案的争议文件是与欧盟委员会潜在立法提案相关的影响评价文件。影响评价是保障欧盟机构提案和立法是基于透明、全面和平衡信息做出的最重要工具，而影响评价报告是欧盟委员会评价立法提案必要性和适合性以及确定提案性质和内容的基础。同时，影响评价报告中会包括不同的制度设计方案及其优缺点。虽然不能替代欧盟委员会的决定，但委员会在其立法提案中的选择显然是在影响评价报告基础上做出的。

因此，尽管在影响评价阶段欧盟委员会是否最终提交立法提案具有不确定性，但此时公开争议文件必将有利于增加整体立法程序的透明性和公开性。而公众也能够通过审查相关信息尝试影响立法程序，实现欧盟民主本质。正如克莱恩斯欧洲环保协会所言，在委员会决策程序进行过程中进行信息披露，能够使公民了解机构面临的可能选择和最终做出的选择，进而了解欧盟立法行动的基本考量因素。此外，立法早期阶段的信息公开能够使公众有权在委员会做出决定前有效地表达自己的意见，如此可使委员会在是否提交立法提

---

〔1〕 See, to that effect, judgment of 14 April 2015, *Council v Commission*, C-409/13, EU: C: 2015: 217, paragraphs 70 and 72.

案决定和提案内容中同时体现公众的意见。基于上述考虑，欧洲法院赞同佐审官的意见，认为本案争议文件属于 2001 年《公众获取欧盟机构文件条例》第 12 条第 2 款规定的必须公开的文件。

此外，欧盟委员会针对立法动议已进行了公众咨询的事实并不能替代立法影响评价文件公开。尽管公众咨询也是为了保障委员会决策程序的公开性和公众参与权利，但不能以此为由拒绝公众提出的立法影响评价报告及影响评价委员会意见公开申请。因为公众咨询并不是强制要求的，且咨询阶段公开的信息并不能完全覆盖本案争议文件的内容。因此，依据更广泛获取与欧盟机构行使立法权相关的文件原则，要求立法影响评价程序中的文件（如本案争议文件）对公众公开。

再者，本案的争议文件同时属于 2006 年《欧盟机构〈奥胡斯公约〉履行条例》规定的包含环境信息文件。该条例旨在保证环境信息最大可能性的可获取和传播，[1]进而保障公众参与环境决策的有效性和提升环境相关决定的公众支持度。因此，在考虑文件制定背景和内容的基础上，2001 年《公众获取欧盟机构文件条例》规定的豁免条件的适用和解释必须严格进行。

3. 保密性的一般推定

在欧盟委员会尚未作出是否提交立法提案决定之前，在潜在提案影响评价相关文件是否可以适用保密性的一般推定问题上，欧洲法院首先否定了欧盟委员会的辩驳理由。

欧盟委员会认为，《欧洲联盟条约》第 17 条第 1~3 款要求，欧盟委员会的立法提案行为应当以完全独立且仅为公共利益的方式进行。而公开与正在进行的决策程序相关的影响评价文件会增加不利于欧盟委员会独立或仅为欧盟共同利益进行立法提案的外界压力或影响。

欧洲法院对此理由并不认可。首先，影响评价的程序特征并不排斥公开透明性，相反，此种程序的目标即是保障委员会决策程序的透明和公开。透明性不仅能够保障公民和相关机构对欧盟机构行动的信任，增加委员会立法程序的合法性，还能够通过提高公众参与，保证机构以更为独立和服务公众利益的方式进行。缺少公众信息和辩论，反而更容易让公众对机构行动的独

---

〔1〕　See judgment of 13 July 2017, *Saint-Gobain Glass Deutschland v Commission*, C-60/15 P, EU：C：2017：540, paragraph 64 and the case-law cited.

立性和公益性产生怀疑。[1] 此外，信息公开并不是需要委员会对实质性问题进行回答，也不要求其对信息公开后收到的每一份意见进行答复。

其次，尽管欧盟委员会在决定采纳的政策选择和拟提交的可能提案问题上应享有自主空间，但此权利并不能为保障委员会的提案权以完全独立和绝对从公共利益出发的方式实施，便将 2001 年《公众获取欧盟机构文件条例》解释为影响评价程序相关的文件原则上适用保密性推定。也就是说，欧盟委员会的提案权并不享有条例规定的任何特权。相反，2001 年《公众获取欧盟机构文件条例》要求委员会为公众提供更广泛的信息获取途径，即委员会制定的文件应更为公开、透明。

综上，欧洲法院裁定撤销本案原审判决，认定综合法院关于一般保密性推定以及对争议文件披露可因存在压倒性公共利益可豁免的认定错误，同时撤销欧盟委员会 2014 年 4 月 1 日拒绝文件申请的两项确认决定。

（四）案件简评

民主原则是欧盟建立的基础原则之一。2009 年生效的《里斯本条约》通过在决策程序公开、公民参与、透明行政等方面的一系列改革，进一步增强了欧盟的民主特征。在欧盟环境法领域内，民主原则更是在众多基本制度中得到了充分的体现，最为典型的即是《奥胡斯公约》规定的环境信息公开、公众参与环境行政决策、公众环境诉讼三项制度。就环境信息公开制度而言，欧盟既制定了公众获取国内环境信息权利的《公众获取环境信息指令》（2003年），也颁布了公众获取欧盟机构信息的《公众获取欧盟机构文件条例》（2001 年）、《欧盟机构〈奥胡斯公约〉履行条例》（2006 年）。"克莱恩斯欧洲环保协会诉欧盟委员会案"涉及后者，即欧盟机构的环境信息公开义务。

"克莱恩斯欧洲环保协会诉欧盟委员会案"是提升欧盟立法程序透明性的重要判例，将促进公众更多地参与和影响欧盟立法。在本案中，欧洲法院关于立法影响评价相关文件的定性、广泛公开欧盟机构文件原则的重申、信息公开豁免条款的严格适用和解释等论证，将在未来为公民和环境非政府组织向欧盟机构申请信息公开提供重要依据。

首先，欧盟委员会在是否提交立法提案决定作出前的影响评价相关文件，

---

[1] See judgment of 1 July 2008, *Sweden and Turco v Council*, C-39/05 P and C-52/05 P, EU：C：2008：374, paragraph 59.

应被认定为2001年《公众获取欧盟机构文件条例》第12条第2款规定的可以电子形式或通过书记处能够直接获取的立法文件，且只能在该条例第4条规定的公开存在压倒性公共利益的情况下才能予以豁免。欧洲法院认为，虽然立法影响评价相关文件本身并不是立法文件，但却是欧盟委员会做出立法提案是否提出决定、选择提案政策、确定具体内容等核心方面的最主要依据。因此，公开影响评价相关文件将使公众意见不仅体现在提案内容中，还体现在是否提交立法提案决定中，如此将更有利于提升欧盟立法程序的透明性和决策程序的民主性。

其次，欧盟机构文件的公开应遵守尽可能广泛公开原则，为公众提供充分、有效的决策信息，促进公众参与决策的有效性。通过相关法律和欧洲法院的判例，目前只有五类欧盟机构文件因涉及正在进行的司法或行政程序特征而可免于公开：①与国家援助程序有关的文件；②提交给欧洲法院的待决案件文件；③合并控制程序中欧洲委员会和通知方或第三方之间的交换文件；④委员会针对成员国提起的未履约诉讼的诉前阶段文件，包括欧盟委员会和成员国在欧盟试点程序（EU Pilot procedure）中的交换文件；⑤与《欧洲联盟运行条约》第101条规定的程序相关的文件。此外应注意的是，若相关文件中包含环境信息，则须同时考虑2006年《欧盟机构〈奥胡斯公约〉履行条例》的规定。故为正确履行《奥胡斯公约》义务，更应保证涉及环境信息的欧盟机构文件尽可能宽泛地为公众所获取。

最后，欧盟机构文件公开例外规则的适用和解释应严格进行，否认欧盟委员会对于未作出决定的决策程序中相关文件享有"保密性推定"的权利。欧洲法院认为，2001年《公众获取欧盟机构文件条例》第4条第3款规定的与尚处于决策程序的事项相关的、仅供机构内部使用或来自于其他机构的文件可以公开豁免，但是，这不应假定上述文件可以被推定为原则上可拒绝公开，而须进行个案审查。只有在确认相关文件公开会严重影响机构决策程序，且不公开不影响压倒性公共利益的情况下，才能拒绝公开。欧洲法院的此种认定将在未来极大地增加欧盟机构待决事项相关信息的公开范围，提高欧盟环境立法程序的透明性和公众参与有效性。[1]

---

〔1〕　See Deirdre Curtin and Päivi Leino-Sandberg. Openness, Transparency and the Right of Access to Documents in the EU: In-Depth Analysis, EUI Working Paper RSCAS 2016/63.

二、"英国水务公司信息公开案"：环境信息公开义务主体"公共当局"的界定

"英国水务公司信息公开案"[1]的一方当事人是环境公益组织 Fish Legal 和埃米莉·雪莉女士，另一方当事人是英国信息委员（Information Commissioner）[2]、联合公用事业水务公司（United Utilities Water plc）、约克郡水务公司（Yorkshire Water Services Ltd）和南方水务公司（Southern Water Services Ltd），涉及的主要事项是上述三家水务公司拒绝向两原告提供与污水处理和供水相关的信息。因需对 2003 年《公众获取环境信息指令》第 2 条第 2 款 "公共当局"的定义进行解释，英国上诉裁判所（Upper Tribunal）向欧洲法院提请初步裁决。

（一）案情介绍

Fish Legal 是英国垂钓基金会（Angling Trust，又称"英国垂钓者联合会"）的法律部，也是一个非营利环境保护组织，其组织目的是通过一切法律手段对抗水污染和其他破坏水环境的行为，保护垂钓和垂钓者利益。2009 年 8 月 12 日，Fish Legal 向联合公用事业水务公司和约克郡水务有限公司提出书面申请，希望获取与水排放、清理操作和突发溢出相关的信息。同月，雪莉女士也写信向南方水务有限公司申请获得自己所在村镇的污水处理能力计划提案相关信息。

因在英国 2004 年《环境信息条例》[3]规定的时间内 Fish Legal 和雪莉女士都未能获得其所申请的信息，故两者都向信息委员提出了申诉。2010 年 3 月，两原告收到信息委员作出的决定。信息委员认为，上述三家水务公司并非英国 2004 年《环境信息条例》所规定的"公共当局"（public authorities），因此无法对他们的申诉作出裁决。

因不满信息委员的决定，Fish Legal 和雪莉女士分别就此决定向初审裁判所（First-tier Tribunal）提出起诉。初审裁判所依据上诉裁判所"Smartsource v

---

[1] Judgment of 19 December 2013, *Fish Legal and Emily Shirley v Information Commissioner and Others*, C-279/12, EU：C：2013：853.

[2] 依据英国 2000 年《信息自由法案》的规定，信息委员的首要职责是对该法案的实施进行监管，并直接向议会负责。

[3] 2004 年《环境信息条例》（Environmental Information Regulations 2004，"the EIR 2004"），是英国为转化欧盟 2003 年《公众获取环境信息指令》而制定的法律。

Information Commissioner 案" 的裁决，驳回本案两位申请人的申诉请求，主要理由仍是相关水务公司并不属于 2004 年《环境信息条例》规定的"公共当局"类型。

Fish Legal 和雪莉女士继而分别就初审裁判所的裁定上诉至上诉裁判所。此时，本案涉及的三家水务公司已在多次沟通之后，最终向两个申请人提供了申请信息。但上诉裁判所认为，这些公司是否已履行争议信息公开义务的问题并没有完全得到解决，有必要判断这些公司是否违反了法律规定的信息公开义务，尤其是在法律规定的时间限制内。此外，这一问题也同时关系到其他水务公司被暂停审理的初审案件以及与水务公司类似的其他行业企业的相关案件。

上诉裁判所称，Fish Legal 和雪莉女士认为相关水务公司应被认定为欧盟 2003 年《公众获取环境信息指令》规定下的"公共当局"，因为他们履行了公共行政职能并在任何情况下都为国家机构所紧密控制。但信息委员持相反意见，他主要援引了上诉审判庭"Smartsource v Information Commissioner 案"的裁定理由：第一，依据该裁定适用的多因素判断方式（multi-factorial approach），水务公司并不履行公共行政职能；第二，水务公司为国家机构所控制的理由并不充分，因为控制权只涉及公司管理职能。信息委员提出，如果"Smartsource v Information Commissioner 案"的裁定不能被接受，那至少应对欧盟指令规定的"公共当局"进行混合解释（"hybrid" interpretation），即水务公司只有在实施授予其的行政职能时，才能被认定为"公共当局"。在此背景下，英国上诉裁判所决定暂停国内审理程序，就相关问题提请欧洲法院初步裁决。

（二）主要争议问题

欧盟 2003 年《公众获取环境信息指令》第 2 条第 2 款第 2 项规定的"根据国内法行使公共行政职能的个人或法人"应如何认定？是否包括英国水务公司？

（三）法院判决

1. 案件的可受理性

三家自来水公司对本案的可受理性提出了质疑，他们认为自身已经自愿向 Fish Legal 和雪莉女士提供了全部申请信息，故在英国上诉裁判所审理程序中已不存在任何争议法律问题。鉴于此时被请求回答的问题是完全基于假设，欧洲法院没有相应的管辖权。

欧洲法院指出，《欧洲联盟运行条约》第267条规定的初步裁决程序是欧洲法院和成员国法院间的一项合作工具，通过初步裁决程序，欧洲法院能够为成员国法院提供其审理案件时所需的欧盟法解释。[1]成员国法院请求欧洲法院解释的问题适用相关性推定，欧洲法院只能在以下情况才可拒绝成员国法院的初步裁决申请：①欧盟法的解释与主程序的事实或目的无关；②提请的问题是假设的；③欧洲法院未能获得充分的事实或法律材料以对提请的问题作出有效答复。[2]

本案的主要争议问题是三家水务公司的性质，因信息委员未将三家水务公司认定为"公共当局"，故 Fish Legal 和雪莉女士不能要求这三家公司在法定时间内提供相关信息。而请求欧洲法院解决的问题实质上为，三家水务公司是否是《公众获取环境信息指令》意义下的"公共当局"，或者说在何种情况下可以被认定为"公共当局"。因此，欧洲法院对此问题的回答是成员国法院审理本案的必要前提，这也就为本案的可受理性提供了正当理由。

2. 公众获取环境信息制度相关问题说明

首先，作为《奥胡斯公约》的缔约方，欧盟有义务保障在欧盟法涉及事项上公众获取公共机构持有的环境信息的权利。[3]2003年《公众获取环境信息指令》的立法说明第5项表明，该指令的制定是为了保证欧盟法律与《奥胡斯公约》的一致性，并建立了成员国的任何个人或法人都有权在不必证明存在利害关系的情况下，获取公共当局或代表公共当局持有的环境信息的框架性制度。因此，在对《公众获取环境信息指令》进行解释时，必须考虑《奥胡斯公约》的条文规定和目的。[4]

其次，欧洲法院在过往判例中即明确指出，虽然《奥胡斯公约》的解释可以参考《〈奥胡斯公约〉执行指南》和其他相关材料，但《〈奥胡斯公约〉执行指南》所提供的指导意见并不具有法律约束力，更不具有公约本身条款的规范效力。[5]

---

〔1〕 See, inter alia, Case C-648/11 *MA and Others*［2013］ECR, paragraph 36 and the case-law cited.

〔2〕 See, inter alia, *MA and Others*, paragraph 37 and the case-law cited.

〔3〕 See, to this effect, Case C-524/09 *Ville de Lyon*［2010］ECR I-14115, paragraph 36, and Case C-204/09 *Flachglas Torgau*［2012］ECR, paragraph 30.

〔4〕 See Case C-204/09 *Flachglas Torgau*［2012］ECR.

〔5〕 See Case C-182/10 *Solvay and Others*［2012］ECR, paragraph 27.

最后，2003 年《公众获取环境信息指令》所保障的公众信息获取权中的信息，仅限于该指令第 2 条第 1 款所界定的"环境信息"。具体案件中的信息是否应被认定为指令规定的"环境信息"，则需成员国法院做具体判断。[1]

3. 英国水务公司等企业类型是否可认定为"公共当局"

2003 年《公众获取环境信息指令》第 2 条第 2 款第 2 项的条文内容与《奥胡斯公约》第 2 条第 2 款第 2 项基本相同，均规定"公共当局"应包括"任何根据国内法行使包括环境相关的特殊职责、活动或服务在内的各种公共行政职能的自然人或法人"[2]。依据判例法规则，欧盟法的统一适用原则和平等原则要求，在欧盟法律没有明确规定其术语解释须参考成员国法律时，欧盟法律术语含义和范围的确定通常应当在考虑上下文规定和立法目的的基础上，作出欧盟范围内的独立、统一解释。

（1）对"任何根据国内法（under national law）行使公共行政职能的自然人或法人"的解释。首先必须明确，指令条文中的"under national law"是否应被理解为需参考国内法律界定"公共行政职能"。关于此问题，英文版和法文版的《奥胡斯公约》和 2003 年《公众获取环境信息指令》的相关规定都存在差异。法文版本中，"under national law"是与"实施"（performing）相接，因此不能被视为可参考国内法对"公共行政职能"的定义。而这一条款的英义版本则不同，"under national law"位于"公共行政职能"之后，而未同动词"行使"相连。

欧洲法院指出，2003 年《公众获取环境信息指令》立法说明第 7 项阐明，该指令旨在避免欧盟成员国间关于信息获取权相关规定的差异，以减少因此导致的竞争条件方面的不平等。这一目标要求有义务向公众提供环境信息的主体，应当在欧盟范围内适用同等条件，故指令中"公共行政职能"这一概念不能因适用的国内法不同而改变。这一解释为《〈奥胡斯公约〉执行指南》所佐证。该指南提出，"依据国内法律"（"under national law"）应当被理解为"需要有实施相关职能的法律基础"，包括"依据法律授权而行使公共职能的任何人"。因此，欧洲法院认为，"under national law"应被理解为存在

---

〔1〕 See Case C-204/09 *Flachglas Torgau*〔2012〕ECR, paragraph 32.

〔2〕 "any natural or legal person *performing* public administrative functions *under national law*, including specific duties, activities or services in relation to the environment."

法律基础，即确认公共行政职能的行使必须以国内法为基础。按此逻辑，只有成员国法律明确授予其行使公共行政职能的企业，才能被界定为2003年《公众获取环境信息指令》第2条第2款第2项规定的"公共当局"。为保证概念的统一性，"公共行政职能"的解释必须依据欧盟法以及《奥胡斯公约》规定的相关标准作出。

（2）"公共行政职能"的认定标准。欧洲法院在"托尔高平板玻璃公司诉德国案"中已明确指出，《奥胡斯公约》和2003年《公众获取环境信息指令》规定的"公共当局"都意指行政当局，因为在成员国内一般都是这些机构在履行职责时持有环境信息。此外，《〈奥胡斯公约〉执行指南》也将"公共行政职能"解释为"主要是依据国家法律确定的、由政府机构履行的职能"，但不必然与环境领域相关。

欧洲法院认为，2003年《公众获取环境信息指令》第2条第2款规定的三类公共当局，第1项规定的公共当局是指行政当局，即构成公共行政一部分且不论是何种层级的国家执行机构，此类公共当局是由国家设立且仅能由国家解散的所有受公法约束的法人。规定于上述条款第2项的公共当局类型是指依其职能而认定为公共当局的主体，其不论是依据公法设立的还是依据私法设立的，都依据相关法律授权提供环境等方面的公共利益服务，并且为了实现目的而被授予了区别于适用于私法管辖下私主体之间的普通规则的特殊权力。

在本案中，三家水务公司都依据国内法的特别规定提供具有公益性的服务，包括维护和发展自来水和污水设施、供水、污水处理以及其他和水资源保护相关的活动。为履行上述职能和提供上述服务，英国国内法授予了三家水务公司某些特殊权力，如强制购买权、制定与自己所有水道和土地相关细则的权力、某些情况下排水的权力（包括排入私人水道的权力）、在特定情况并符合严格条件的情况下对客户施加临时供水禁令。欧洲法院指出，英国上诉裁判所应结合本国法律中适用于上述三家公司的特殊规则判断，三家水务公司被授予的权利和权力是否应被认定为特殊权力。

综上，欧洲法院裁定，英国水务公司类型的企业能否被认定为2003年《公众获取环境信息指令》第2条第2款第2项规定的"根据国内法行使公共行政职能的法人"取决于这些企业是否通过适用于他们的国内法被赋予了不同于私法规则上的特殊权力。

4. 提供环境相关公共服务的企业，在何种情况下可被认定为指令规定的第三类公共当局

英国 1991 年《水工业法案》（Water Industry Act 1991）规定，提供水和污水处理服务的公司必须由国务大臣（Secretary of State）或水务监管局（OF-WAT）指定。那么，受国家机构监管的水务公司是否必然被认定为受公共当局控制的第三类公共当局？

英国信息委员、本案相关水务公司以及英国政府在书面程序中提出，三家自来水公司虽然受到严格的监管，但并不意味着他们受《公共获取环境信息指令》第 2 条第 2 款第 3 项规定的"控制"（control）。正如上诉裁判所在"Smartsource v Information Commissioner 案"的裁定中所论证的，监管（regulation）和控制（control）之间存在根本不同，前者包括仅监管机构享有的确定受监管企业必须实现的目标的权力，后者能使监管机构决定相关企业实现这些目标所适用的方式。

就此问题，《〈奥胡斯公约〉执行指南》指出，《奥胡斯公约》第 2 条第 2 款第 3 项的条文内容和《公共获取环境信息指令》第 2 条第 2 款第 3 项的内容基本一致，都至少包括了公有主体，并可能进一步涵盖提供环境相关公共服务且受监管的私主体。

而就"控制"（control）一词的具体理解，英格兰和威尔士高等法院在"Griffin v South West Water Services Ltd 案"的判决中表示，"控制"不应包括例如英国《水工业法案》规定的监管制度，但若满足与控制制度有关的条件，则可在国内诉讼程序中援引欧盟指令以对抗作为"国家化身"（emanation of the State）的水务公司。

那么，本案中作为"国家化身"的水务公司是否可被认定为 2003 年《公众获取环境信息指令》第 2 条第 2 款第 3 项规定的第三类公共当局，即在前两类公共当局控制下具有公共责任或职能或提供公共服务的自然人或法人？

欧洲法院认为，应结合指令的立法目的来看 2003 年《公众获取环境信息指令》第 2 条第 2 款第 3 项所规定的"控制"。该指令第 1 条第 1 款和第 2 款规定，指令的目标是保障公众获取公共机构持有或获得的环境信息的权利，为实现此权利而规定基本定义、条件和具体制度安排，保证此类信息最广泛的系统可用性和向公众的传播。因此，2003 年《公众获取环境信息指令》第 2 条第 2 款所规定的三类公共当局，意在覆盖一系列不论其法律形式为何都应

被视为公共当局的主体，即经授权代表国家行动或由国家控制的主体。因为指令规定的前两类公共当局处于能够对环境领域的实际行动产生决定性影响的地位，故应通过对"控制"的解释，将所有因其行使职能的方式而不能自动归于前两类的自然人或法人，纳入该款第3项规定的第三类公共当局中。

一般而言，公共当局的控制至少表现为以下方式：①不论是否通过行使股东权利，即具有向有关主体作出指示的权力；②有对相关主体决定作出事后中止、撤销或事前批准的权力；③具有任命或罢免相关主体管理机构人员或其中大多数成员的权力；④具有全部或部分拒绝可能危害相关主体存在的融资权力。

本案中三家水务公司是受行业特定监管制度约束的商业公司，如果经授权在环境领域行使公共职能，则不能被当然排除在指令所规定第三类公共当局之外。欧洲法院认为，若对商业公司的监管制度是一个特别具体的法律框架，规定了一套规则来保证水务公司履行被委托的环境相关公共职能，包括个案情况下可通过作出决定或处以罚款等行政监管方式来确保相关规则的实际遵守时，这些主体虽然属于私有部门，但相对于国家来说并没有自主权，即使国家因其私有化而失去了决定其日常管理的权力。因此，英国上诉裁判所应确定，1991年《水工业法案》确立的监管制度中，相关水务公司相对于由国务大臣和OFWAT这类监管机构而言是否具有真正的自主权？

综上，在2003年《公众获取环境信息指令》第2条第2款第1、2项规定的两类公共当局控制之下、提供环境相关公共服务的企业，如果因其提供服务的方式不能被当然认定为公共当局，应被认定为该款第3项规定的公共当局类型。

5. 因其部分职能、责任或服务而被认定为指令第三类公共当局的自然人或法人，其信息公开义务是否仅针对在上述行动范围内持有的环境信息？

在英国，对"公共当局"进行混合解释的可能性因"Smartsource v Information Commissioner案"的裁定而提高。该裁定提出，如果本案的水务公司仅因行使某些公共行政职能而被认定为2003年《公众获取环境信息指令》第2条第2款第2项规定的"公共当局"，那么该条款应该被解释为，此类公司仅有义务公开自己在行使公共行政职能期间获取或持有的环境信息。

但是，欧洲法院认为，此种混合解释容易给2003年《公众获取环境信息指令》的有效执行带来了重大的不确定性和实际操作困难，也不符合该指令或《奥胡斯公约》的最广泛的信息公开规定。2003 年《公众获取环境信息指令》的核心条款第 3 条第 1 款明确规定，如果一个主体被认定为该指令第 2 条第 2 款规定的公共当局类型，就有义务向申请者提供指令规定的全部信息类型，除非存在该指令第 4 条所规定的例外事由。因此，一旦被认定为"公共当局"，即负有公开自身持有的所有环境信息的义务。同样，作为可以被认定为公共当局的商业公司，如本案的三家水务公司公司，需在行使公共行政职能过程中公开其所持有的所有环境信息。当然，如果相关环境信息与其提供的公共服务无关，则不负有此义务。但若不确定相关环境信息属于何类，则应向公众公开。

综上，欧洲法院裁定，属于《公众获取环境信息指令》第 2 条第 2 款第 2 项规定的公共当局类型，有义务向申请者公开自身持有的全部环境信息。可被认定为《公众获取环境信息指令》第 2 条第 2 款第 3 项规定的公共当局的商业公司，仅在申请信息与商业公司提供的公共服务无关时才无信息公开义务。

（四）案件总结

"英国水务公司信息公开案"与后文介绍的"托尔高平板玻璃公司诉德国案"都是与欧盟环境信息公开主体相关的重要判例。前者解决的是对负有环境信息公开义务的"公共当局"的认定，后者处理的则是"公共当局"在哪些情况下可以拒绝公众的环境信息申请。《奥胡斯公约》和 2003 年《公众获取环境信息指令》均将"公共当局"界定为三类主体，但由于成员国间行政、法律制度不同，这些看似明确的概念却引发了很多争议。欧洲法院通过对本案中英国水务公司等公共事业主体的法律地位分析，为成员国判断行使公共行政职能的商业性公司是否属于指令界定的"公共当局"提供了具体判断标准。

第一，欧洲法院在本案中明确指出，对 2003 年《公众获取环境信息指令》规定的"公共当局"的解释，应考虑《奥胡斯公约》的文义和目的。欧盟作为该公约的缔约方，有义务保障欧盟法适用范围内的公众获取环境信息权利。为履行公约义务，2003 年《公众获取环境信息指令》建立了一个成员国层面上的环境信息公开制度，保障公众在无须证明利害关系的情况下即有权申请获得公共当局持有的或为公共当局准备的环境信息。而该指令上述目标的实现，都是建立在核心"公共当局"概念的基础上的。

第二，欧盟环境信息公开义务主体是公共当局。2003年《公众获取环境信息指令》第2条第2款规定了三类负有环境信息公开义务的公共当局。第一类为不论何层级的政府和其他公共行政部门，包括所有受公法规范、由国家设立且只能由国家解散的法人。第二类是任何依据国内法行使包括环境相关具体职责、活动或服务等方面公共行政职能的自然人或法人，其依法享有超过源于私法规则应有的特殊权力。第二类主体信息公开的范围为其所持有的所有环境信息，而不限于与环境职责、活动或服务相关的信息。这也意味着本案中英国信息委员提出的公共当局"混合解释"方式，不符合该指令的信息公开范围和制度目的，故违反了欧盟法。第三类公共当局是指具有环境相关职能或职责或提供公共行政服务的、受前两类公共当局控制的所有自然人或法人。实践中，成员国对前两类公共当局的理解很少存在争论，却因私有化或行政服务合同的广泛适用，使第三类公共当局的具体认定成了欧洲法院初步裁决案件的焦点，这也是本案的核心问题。

第三，具有环境相关职能或职责或提供公共行政服务的、受前两类公共当局控制的自然人或法人的判断标准和义务。第三类公共当局的界定包含两个要素：一是"具有公共行政职责或职能或提供公共服务"。除"公共行政职责"的确定应以欧盟法而非国内法为依据外，这一点并不存在较多争议。二是"受前两类公共局控制"。欧洲法院在本案中明确：首先，2003年《公众获取环境信息指令》规定的环境信息公开义务意在针对所有的行政当局，由于前两类公共当局处于能够对环境领域的实际行动产生决定性影响的地位，第三类公共当局将通过对"控制"的解释，将所有因其在环境领域行使职能的方式而不能自动归于前两类公共当局的自然人或法人认定为第三类公共当局。其次，"监管"并不等于"控制"，但受特殊监管的商业公司并不当然被排除在公共当局范围外，如果成员国的监管制度设计能够使他们相对于国家而言并不享有真正的自主权，即使国家并不干涉公司日常管理决定。最后，不同于第二类公共当局，商业公司仅需在行使公共行政职能过程中公开其所持有的所有职能相关环境信息。并且，为最大限度地保障公众获取环境信息的权利，在无法认定环境信息是否与商业公司提供的公共服务相关时，应推定为相关。

后　记

2015年2月19日，英国上诉裁判所依据欧洲法院在初步裁决中提供的审查标准作出本案主审程序判决。上诉裁判所对三家水务公司依据公法被授予的权力同源自于私法的规则进行了比较，认为水务公司享有不能从私法规则中获得的权力，并且这些权力足以满足将其认定为"公共当局"的条件。因此，上诉裁判所裁定，相关水务公司是《奥胡斯公约》、2003 年欧盟《公众获取环境信息指令》和英国 2004 年《环境信息条例》规定的公共当局。虽然水务公司提供信息的时间超出了法律规定，但鉴于原告 Fish Legal 和雪莉女士已获得他们所申请的信息，故不需要采取进一步措施。[1]

三、"托尔高平板玻璃公司诉德国案"：公共当局环境信息公开的例外规则

"托尔高平板玻璃公司诉德国案"[2]的双方当事人是托尔高平板玻璃公司（Flachglas Torgau GmbH）和德意志联邦共和国，涉及德国政府拒绝托尔高平板玻璃公司关于"2005–2007 年国家温室气体排放许可证分配方案法"[3]相关信息的申请。因需对 2003 年《公众获取环境信息指令》第 2、4 条进行解释，德国联邦最高行政法院（Bundesverwaltungsgericht）故向欧洲法院提请初步裁决。

（一）案件事实

托尔高平板玻璃公司是一家参与温室气体排放许可证交易的玻璃生产商。该公司希望获得与德国联邦环境局（Umweltbundesamt）[4]作出 2005 年至 2007 年温室气体排放许可证分配决定依据相关的所有信息。为此，托尔高平板玻璃公司向德国联邦环境、自然保护和核安全部（Bundesministerium für Umwelt, Naturschutz und Reaktorsicherheit）申请获取"2005–2007 年国家温室气体排放许可证分配方案法"立法程序和实施相关信息，特别是该部做出的内部备忘录和书面意见以及与德国联邦环境局间的来往电子邮件。

德国联邦环境、自然保护和核安全部基于以下理由拒绝托尔高平板玻璃公司的信息申请：①因为公众已参与立法程序，故与立法程序相关的信息应

---

〔1〕　英国上诉裁判所关于本案的判决原文可见：http://www.bailii.org/uk/cases/UKUT/AAC/2015/52.html.

〔2〕　Judgment of 14 February 2012, *Flachglas Torgau*, C-204/09, EU：C：2012：71.

〔3〕　Gesetz über den nationalen Zuteilungsplan für Treibhausgas Emissionsberechtigungen in der Zuteilungsperiode 2005 bis 2007.

〔4〕　德国联邦环境局是联邦环境、自然保护和核安全部下设的独立联邦政府办公室，也是德国温室气体排放许可证交易的主管部门。

免于公开；②与"2005-2007年国家温室气体排放许可证分配方案法"实施相关的信息，属于公共当局工作保密类事务。托尔高平板玻璃公司故就此决定向柏林行政法院（Verwaltungsgericht Berlin）提起诉讼，但只获得部分支持。在随后的上诉程序中，柏林-勃兰登堡高级行政法院（Oberverwaltungsgericht Berlin-Brandenburg）判定，德国联邦环境、自然保护和核安全部有权依据其参与立法程序为由拒绝公开申请信息，但不得在未详细说明相关信息公开缘何会给公共事务带来不利影响的情况下，以公共当局内部事务保密为由拒绝公开申请信息。

托尔高平板玻璃公司和德国联邦环境、自然保护和核安全部同时就相关法律问题向联邦最高行政法院提出上诉。托尔高平板玻璃公司认为，拒绝信息申请决定违反欧盟法，特别是欧盟法不允许成员国法律免除国内各部委在立法程序中提供环境信息的义务，并且任何对此义务的减损都必须在相关法律颁布时终止。该公司同时提出，德国联邦环境、自然保护和核安全部不能以公共当局内部程序保密性为由拒绝信息公开，因为欧盟法要求此类豁免首先必须被明确规定于成员国法律，与一般环境信息法律相区别。

德国联邦最高行政法院认为，如果欧盟法确实规定了上述义务，那么有必要考虑，成员国法律所规定的公共当局工作事务不公开这一一般性不成文原则是否足以履行欧盟法规定的义务。鉴于此，德国联邦最高行政法院向欧洲法院提请初步裁决。

（二）主要法律问题

（1）2003年《公众获取环境信息指令》第2条第2款第2项〔1〕中规定的"行使立法职能的机构或组织"的界定以及成员国进行例外规定的酌情权。

（2）上述指令第4条第2款规定的公共当局工作事务保密的适用条件。

（三）法院判决

欧洲法院首先明确，作为《奥胡斯公约》的签订方，欧盟有义务在欧盟

〔1〕 2003年《公众获取环境信息指令》第2条第2款将"公共当局"定义为："（1）政府或其他公共行政机构，包括国家、地区或地方层级的公共咨询组织；（2）……成员国可以将行使司法或立法职能的组织或机构排除在公共当局定义外。如果成员国宪法条款在本指令通过时，尚未规定第6条意义下的审查程序，成员国可将这些组织和机构排除在定义外。"2003年《公众获取环境信息指令》第6条（诉诸法律）要求成员国保证，任何认为自己的信息申请被忽略、错误拒绝、不充分回答或未处理的环境信息申请人，有权就相关公共当局的行为或不作为提起行政或司法审查。

法规范范围内保障公众从公共当局获取环境信息权利。为履行公约义务，欧盟颁布了 2003 年《公众获取环境信息指令》，旨在保证成员国的任何自然人或法人有权在无须证明利害关系的情况下，获取公共当局或代表公共当局的机构持有的环境信息。[1]此外，2003 年《公众获取环境信息指令》所保障的信息获取权利仅限于满足指令规定条件的信息，其中最基本的一项条件是该信息需为 2003 年《公众获取环境信息指令》第 2 条第 1 款意义下的"环境信息"。

1. "行使立法职能的机构或组织"（bodies or institutions acting in a … legislative capacity）的界定

欧洲法院首先明确，从现有证据材料来看，提请欧洲法院解释的问题只涉及狭义上的立法程序，而不包括效力低于法律的其他规范性文件的制定程序。其次，托尔高平板玻璃公司以联合国欧洲经济委员会（United Nations Economic Commission for Europe，UNECE）发布的《〈奥胡斯公约〉执行指南》（The Aarhus Convention：An Implementation Guide）为依据提出的观点必须予以拒绝。该执行指南提出："由于（《奥胡斯公约》）第 8 条（公众参与拟订执行规章和/或有法律约束力的通则准则文书）明确包含了公共当局起草条例、法律和规范性文件活动，可以据此合理推断《奥胡斯公约》不认为进行此类活动是行使'立法职能'。"[2]托尔高平板玻璃公司据此得出结论，参与上述活动的行政部门属于《奥胡斯公约》规定的"公共当局"范畴。欧洲法院否定了此观点并明确表示，《奥胡斯公约》的解释文件并不具有约束力，《奥胡斯公约》第 8 条也未在任何情况下对公共当局参与起草"法律"作出明文规定，故不能从文义得出《〈奥胡斯公约〉执行指南》的结论。

对于"公共当局"术语解释问题，欧盟判例法规则要求，为保障欧盟法的统一适用和平等原则，若欧盟法律没有明确规定其术语解释可参考成员国法律，欧盟法律术语含义和范围的确定应通常在考虑上下文规定和立法目的的基础上，在欧盟范围内作自主、统一的解释。[3]2003 年《公众获取环境信息指令》第 2 条第 2 款的第 2 段授予了成员国可对指令"公共当局"作例外规定的权利，但此酌情权不得超过受指令保护的利益所必需的范围，并且，成员

---

〔1〕 See, to that effect, Case C-524/09 *Ville de Lyon* [2010] ECR I-14115, paragraph 35 and 36.

〔2〕 联合国欧洲经济委员会：《〈奥胡斯公约〉执行指南》2014 年第 2 版，第 49 页。

〔3〕 See Case C-236/01 *Monsanto Agricoltura Italia and Others* [2003] ECR I-8105, paragraph 72.

国制定的例外事项范围必须在考虑指令立法目的基础上确定,[1]即需保证公众获取有关当局掌握的环境信息的权利且逐步使环境信息可为公众获得和公开。

《奥胡斯公约》以及欧盟为履行公约义务而制定的2003年《公众获取环境信息指令》规定的"公共当局"应是指行政机构,因为环境信息一般是行政机构在履行其职责的过程中被要求掌握的。对此可从上述法律的例外规定得到佐证,如《奥胡斯公约》第2条第2款明确将行使立法或司法职能的机关或机构排除在"公共当局"的定义之外,2003年《公众获取环境信息指令》也作出了同样的规定。如此界定"公共当局"的目的在于,允许成员国制定适当的规则来保证本国立法的顺利进行,尤其是在成员国立法程序中已存在信息公开要求的情况下。

诚然,欧盟法律已将不同成员国立法和司法机构的特殊性列入考量范围。如在建设项目环境影响评价问题上,欧盟的《环境影响评价指令》并未要求成员国依据该指令进行特别立法,而是允许成员国通过本国立法程序达成指令包括目的即可,其中也包括向公众提供信息要求。[2]正如德国最高行政法院在本案中所指出的,2003年《公众获取环境信息指令》第2条第2款第2段规定,如果成员国宪法在指令通过之日尚未针对某些机构或组织的决定、行为和不作为规定行政或司法审查程序,则成员国可以将这些机构或组织排除在"公共当局"定义之外。这项例外规定意在处理成员国权力机构的某些特殊情况,特别是在指令通过时公众依据国内法的规定不能质疑行使行政职权机构的决定的情况。这种解释也为《欧共体关于〈公众获取环境信息指令〉某些特别规定的声明》(Declaration by the European Community concerning certain specific provisions under Directive 2003/4)所支持。因此,不论是在目的方面还是在效果方面,2003年《公众获取环境信息指令》第2条第2款第2段都没有限制成员国将行使司法或立法职能的组织或机构排除在"公共当局"定义外的选择权。《奥胡斯公约》同样也未对其赋予成员国的此类选择权进行任何限制。

欧洲法院认为,上述观点为"行使立法职能的机构或组织"提供了一个功能性定义,即依据国内法负有提交法律草案、向议会呈递法律草案以及

---

[1] See Case C-321/96 *Mecklenburg* [1998] ECR I-3809, paragraph 25.

[2] See Joined Cases C-128/09 to C-131/09, C-134/09 and C-135/09 *Boxus and Others* [2011] ECR I-9711, paragraph 36.

（特别是通过制定意见）参与立法程序职责的部委，应当被认定为 2003 年
《公众获取环境信息指令》范围内的"以立法者身份活动的机构或组织"。鉴
于成员国间立法程序存在很大争议的可能以及保障 2003 年《公众获取环境信
息指令》的统一适用，这种功能性定义方式是更合理的选择。

2. "行使立法职能的机构或组织"在立法程序结束后的环境信息公开
义务

因 2003 年《公众获取环境信息指令》和《奥胡斯公约》都未对此问题进
行规定，故必须在考虑该指令第 2 条第 2 款第 2 段保证立法程序得以顺利进行
的目标基础上对问题作出回答。

尽管在立法程序中进行环境信息公开可能会阻碍立法程序的顺利进行，但
此种阻碍在立法程序结束后也就不存在了。并且，议会报告等与立法程序相关
的文件，一般都会向公众公开。故为保障 2003 年《公众获取环境信息指令》
第 2 条第 2 款第 2 段规定的有效性，应对"立法程序"（legislative process）进
行广义解释，包括法律颁布之前的各个阶段。但是，若公众获取环境信息原
则的例外规定被延长至立法程序结束后，似乎就不合理了。这正如本案佐审
官所指出的，将该豁免条件的有效性限制在立法程序期间，并不妨碍参与立
法的相关组织或机构以其他事由拒绝公开环境信息，尤其是该指令第 4 条规
定的"法律明确规定的公共机构工作事务的保密"这一项例外事由。

综上，欧洲法院认为，当立法程序结束后，相关公共当局不得再以行使
司法或立法职能为由拒绝公开环境信息。

3. 公共当局工作事务保密的适用条件

成员国实施欧盟指令的措施必须足够准确和清楚，使相关公众能够了解
自身的权利和义务范围。但是，成员国仍有选择指令实施方式和方法的权利，
只要该方式和方法能充分保证指令目标的达成。并且，不是每个成员国在转
化指令时都需要进行立法。如果成员国现有法律规定足以保障欧盟指令内容
的执行，那么指令的转化并不需要将指令内容明确、具体地规定于成员国法
律条文中。[1]但需注意的是，2003 年《公众获取环境信息指令》第 4 条第 2

---

〔1〕 See Case 29/84 *Commission v Germany* [1985] ECR 1661, paragraphs 22 and 23; Case C-217/97 *Commission v Germany* [1999] ECR I-5087, paragraphs 31 and 32; and Case C-233/00 *Commission v France* [2003] ECR I-6625, paragraph 76.

款第 1 项第 1 目明确规定,"公共当局工作事务的保密"可以免除公共当局环境信息公开义务,但必须由法律明确规定。这与《奥胡斯公约》第 4 条第 4 款的规定相吻合,即"国家法律规定的公共当局工作事务的保密"可以作为拒绝环境信息公开的事由。因此,欧盟法律要求作为免责事由的"公共当局工作事务的保密"必须由成员国法律明确规定且界定准确范围,不能仅仅是一般法律传统。

但是,这种特别规定也不能被解释为,以"公共当局工作事务的保密"为由拒绝环境信息公开所需满足的条件都应在法律中详细确定。因为公共当局工作事务是否应具有保密性,在很大程度上取决于三项因素:工作事务进行的实际背景、涉及文件的性质评估以及申请信息在行政程序哪个阶段提出。[1]公共当局不应有权单方面确定可以援引 2003 年《公众获取环境信息指令》第 4 条第 2 款规定的保密事项的具体条件。也就是说,成员国法律必须清楚地界定,公共当局工作事务保密的具体时间范围指的是公共当局决策程序的最后阶段。无论在何种情况下,保密的公共当局工作事务都必须由法律规定,且不得损害 2003 年《公众获取环境信息指令》第 4 条规定的其他义务,尤其是相关公共当局必须进行个案件利益平衡的义务。[2]

综上,2003 年《公众获取环境信息指令》第 4 条第 2 款第 1 项第 1 目必须被解释为:如果成员国法律规定公共当局工作事务保密是拒绝公开公共机构持有的环境信息的依据,则应被认定为满足欧盟指令所要求的"公共当局工作事务的保密必须为法律所明确规定"。至于成员国法律是否对"事务"进行了清楚的界定,应由成员国法律做具体判断。

(四) 案件简析

2003 年《公众获取环境信息指令》作为欧盟实施《奥胡斯公约》的主要立法,赋予了公众在不说明利害关系的情况下申请获取公共当局持有的环境信息的权利。因此,作为义务主体的"公共当局"的界定,直接关系该指令实施的有效性。虽然指令规定的"公共当局"一般是指除立法和司法机构外的行政机构,但这三者在实践中的划分并非泾渭分明,再加上指令本身规定的各种例外规则,使得负有环境信息公开义务的"公共当局"的具体认定并

---

[1] See Case C-233/00 *Commission v France* [2003] ECR I-6625, paragraph 81 and 82.

[2] See Case C-266/09 *Stichting Natuur en Milieu and Others* [2010] ECR I-13119, paragraph 58.

非如想象中那么简单。"托尔高平板玻璃公司诉德国案"处理即是公共当局环境信息公开义务的一项例外规则，即"行使司法或立法职能的机关或机构"不属于指令或公约意义下的"公共当局"，不负有指令或公约规定的向公众提供环境信息的义务。欧洲法院在本案中解决了适用此例外规则的两个问题：

第一，"行使立法职能的机构或组织"的界定。首先，"行使立法职能的机构或组织"在2003年《公众获取环境信息指令》规定的三类"公共当局"范围之外，不负有指令规定的环境信息公开义务。其次，如果在指令通过时，成员国宪法尚未有针对某些组织或机构决定、作为或不作为的审查程序规定，成员国有权在将这些组织和机构认定为"行使立法职能的机构或组织"。鉴于《奥胡斯公约》和2003年《公众获取环境信息指令》都没有对成员国认定上述组织或机构范围的权利予以限制，故成员国在此问题上享有完全的决定权。然而，欧洲法院认为成员国行使此项权利仍应是在考虑以下因素的前提下：一是2003年《公众获取环境信息指令》保障公众从共当局获取环境信息权利以及环境信息应逐步公开和传播的目的；二是此例外规则的保障立法程序顺利完成目的。

为明确判断不负有环境信息公开义务的"行使立法职能的机构或组织"，欧洲法院在本案中提供了一个功能性概念，将依国内法规定负有提交法律草案、向议会呈递法律草案、通过制定意见参与立法程序等职责的部委认定为2003年《公众获取环境信息指令》规定下的"行使立法职能的机构或组织"。同样，基于此功能性概念，相关部委在立法程序结束后则应回归"公共当局"身份，受指令规定的"公共当局"责任约束。

第二，公共当局以"公共当局工作事务的保密"为由拒绝环境信息公开需满足的条件。结束"行使立法或司法职能"的公共当局，仍可以"工作事务保密"为由拒绝公众的环境信息申请。但依据2003年《公众获取环境信息指令》第4条的规定，具有保密性的公共当局工作事务必须由法律明确规定，而不能由公共当局单方认定。当然，鉴于保密性事务范围确定需要考量的因素非常复杂，如决定作出的实际背景、争议文件性质的评估以及信息申请在行政程序哪个阶段提出等，欧洲法院认为，法律无需对该例外事由适用的所有条件都进行规定，只要法律中规定"公共当局工作事务的保密是公共机构拒绝公开其持有的环境信息的依据"即可。然而，欧洲法院同时要求，无论在何种情况下，公共当局都应在个案中对不公开环境信息所保护的工作事务和公开相关信息所保护的其他利益进行衡量。

四、"克里赞等人诉斯洛伐克国家环境监察局案"：公共当局未履行环境信息公开义务的行政救济措施

"克里赞等人诉斯洛伐克环境监察局案"[1]的一方当事人为克里赞先生及其他43名佩济诺克市居民和佩济诺克市（Mesto Pezinok），另一方当事人为斯洛伐克环境监察局（Slovenská inšpekcia životného prostredia），第三人为一家废弃物生态处理公司（Ekologická skládka as）。涉及事项是授予第三方的一项建设和运营垃圾填埋场综合许可决定的合法性问题。因需对《奥胡斯公约》《欧洲联盟运行条约》第191条、1985年《环境影响评价指令》（经2003年修改）和1996年《综合污染预防和控制指令》（经2006年修改）的相关规定进行解释，斯洛伐克最高法院向欧洲法院提请初步裁决。

（一）案件事实

1. 与佩济诺克市垃圾填埋场相关的行政程序

1997年6月26日，佩济诺克市制定了1997年第2号《城市规划一般条例》（General Regulation No 2/1997 on urban planning），其中一项涉及在原砖场所在地（"Nová jama"）建设垃圾填埋场。基于1998年12月16日垃圾填埋场拟议位置评估报告，斯洛伐克环境部于1999年对此项目开展了环境影响评价，并在1999年7月26日给出最终意见。

2002年8月7日，本案第三人Ekologická skládka公司（垃圾填埋场经营者）向佩济诺克市主管部门提出申请，请求后者就在原砖厂所在地建设新垃圾填埋场地。2006年3月27日，斯洛伐克环境部依申请将其1999年7月26日环评意见的有效期延长至2008年2月1日。佩济诺克市在2006年11月30日的决定中作出垃圾填埋场建设许可决定。

2007年9月25日，Ekologická skládka公司向布拉迪斯拉发州环境监察局（Inšpektorát životného prostredia Bratislava）提出综合排污许可。2007年10月17日，该环境监察局同环境保护主管机构依据综合许可程序规定对该申请进行公示，并规定了30天的公示期以便公众和相关公共当局提出意见。

本案原告认为，Ekologická skládka公司的综合许可申请不完整，因为该

---

[1] Judgment of 15 January 2013, *Jozef Križan and Others*, C-416/10, EU：C：2013：8.

申请没有按照 2003 年第 245 号法令的规定将关于垃圾填埋场选址的城市规划决定包括在内。布拉迪斯拉发州环境监察局故在 2007 年 11 月 26 日决定暂停综合许可程序，并要求 Ekologická skládka 公司补交材料。

2007 年 12 月 27 日，Ekologická skládka 公司将上述城市规划决定提交至布拉迪斯拉发州环境监察局，但同时表示该决定属于商业秘密。鉴于此，布拉迪斯拉发州环境监察局并未将此文件向本案原告公开。2008 年 1 月 22 日，布拉迪斯拉发州环境监察局向 Ekologická skládka 公司授予了佩济诺克市垃圾填埋场建设和运营许可。

随后，本案原告针对上述 2008 年许可决定向斯洛伐克国家环境监察局（inšpekcia）提出复议申请。斯洛伐克国家环境监察局决定，将垃圾填埋场地址相关城市规划决定在 2008 年 3 月 14 日至 4 月 14 日期间公开。原告认为垃圾填埋场综合许可程序中存在法律适用错误，并在行政复议程序中提出两点理由：一是申请文件中未包括有关垃圾填埋场地址的城市规划决定；二是在该决定提交到布拉迪斯拉发州环境监察局后，州监察局却以其为商业秘密为由未予公开。2008 年 8 月 18 日，原告的复议申请被驳回。

2. 与佩济诺克市垃圾填埋场相关的国内司法程序

2008 年 8 月 18 日，本案原告就斯洛伐克国家环境监察局的综合许可复议决定向布拉迪斯拉发地区法院（Krajský súd Bratislava）提出的诉讼请求被驳回。原告随后上诉至斯洛伐克最高法院。

2009 年 4 月 6 日，斯洛伐克最高法院中止了本案中存在争议的综合许可。在 2009 年 5 月 28 日的判决中，最高法院认为主管当局（布拉迪斯拉发州环境监察局）违反了综合许可程序中的公众参与规则，也未能对垃圾填埋场建设项目进行充分的环境影响评价，因此对布拉迪斯拉发地区法院一审判决予以改判，并同时撤销布拉迪斯拉发州环境监察局于 2008 年作出的综合许可授予决定和 2008 年 8 月 18 日斯洛伐克国家环境监察局作出的驳回申请人请求的复议决定。

2009 年 6 月 25 日，因不服最高法院的中止综合许可决定以及之后的判决，Ekologická skládka 公司向斯洛伐克宪法法院（Ústavný súd Slovenskej republiky）提出上诉。

2010 年 5 月 27 日，斯洛伐克宪法法院作出判决，认定最高法院侵害了 Ekologická skládka 公司受法律保护的财产权、安全享受私人财产权等基本权利。最高法院未能充分考虑行政程序适用的所有基本原则，并且越权审查综合许可程序和环评决定的合法性（即使上诉人没有针对此点提出异议）。宪法法院因此撤销了最高法院的中止综合许可决定，并将案件发回最高法院重审。

斯洛伐克最高法院对本国宪法法院的判决是否符合欧盟法相关规定仍存有疑虑，故就相关问题提请欧洲法院初步裁决。

（二）主要法律问题

（1）在成员国宪法法院对争议事项作出判决后，本国最高法院是否仍有权向欧洲法院提请初步裁决？

（2）在综合许可程序中未公开城市规划决定，是否影响该许可的有效性？

（3）欧盟 1985 年《环境影响评价指令》是否允许在没有进一步评估和进行公众参与的情况下，将原环评结论的有效性延长？

（三）法院判决

1. 案件的可受理性

欧洲法院重申，是否向欧洲法院提请初步裁决，完全由审理案件的成员国法院或对后续司法决定负责的法院根据案件的具体情况来决定。只要成员国提交的问题与欧盟法相关，欧洲法院原则上必须给出判决。[1]但在下列情况下，欧洲法院有权拒绝作出初步裁决：①请求解释的欧盟法与主要诉讼程序中的行动和目的无关；②提请的问题是臆想的；③欧洲法院没有收到足够的事实或法律材料以使其就相关问题作出回答。[2]因此，欧洲法院认为，成员国法律是否完整与成员国法院能否请求欧洲法院进行欧盟法解释并无任何关系，特别是在成员国法院适用的法律规定为转化欧盟法的部分措施时。同时，欧盟指令虽然对成员国不具有直接效力，但这并不影响欧洲法院对欧盟机构相关行为进行解释的初步裁决管辖权。[3]依据上述标准，欧洲法院认为斯洛伐克最高法院提出的问题具有可受理性。

---

〔1〕 Case C-169/07 *Hartlauer* 〔2009〕 ECR I-1721, paragraph 24, and Case C-470/11 *Garkalns* 〔2012〕 ECR, paragraph 17.

〔2〕 See joined Cases C-570/07 and C-571/07 *Blanco Pérez and Chao Gómez* 〔2010〕 ECR I-4629, paragraph 36, and Case C-509/10 *Geistbeck* 〔2012〕 ECR, paragraph 48.

〔3〕 See Case C-373/95 *Maso and Others* 〔1997〕 ECR I-4051, paragraph 28; Case C-254/08 *Futura Immobiliare and Others* 〔2009〕 ECR I-6995, paragraph 34; and Case C-370/12 Pringle 〔2012〕 ECR, paragraph 89.

2. 斯洛伐克最高法院请求欧洲法院进行初步裁决的权利和义务

此问题主要涉及三个具体争议点：①对主审程序中双方当事人没有申请的问题，提请法院可否依职权请求欧洲法院进行初步裁决；②斯洛伐克国内法规定，本国最高法院应依据宪法法院的判决进行审判，那么在宪法法院就相关问题提出法律意见后，斯洛伐克最高法院是否仍有权力向欧洲法院提请初步裁决；③依据《欧洲联盟运行条约》第 267 条的规定，斯洛伐克最高法院是否必须请求欧洲法院进行初步裁决，即使其决定可能通过宪法法院程序予以救济。

欧洲法院指出：

首先，依据判例法确定的规则，《欧洲联盟运行条约》第 267 条授予了成员国法院在是否提请初步裁决问题上非常大的自由裁量权。只要该法院认为欧盟法律条款的解释和有效性判断是其审判的必要条件，即可请求欧洲法院进行初步裁决。[1]因此，不论是依案件当事人申请还是依职权申请，成员国法院都有权或有义务就涉及欧盟法解释的事项向欧洲法院提请初步裁决。[2]这也是在主程序当事人没有援引欧盟法的情况下成员国法院仍可以就相关事项请求欧洲法院进行解释的原因。[3]

其次，初步裁决是欧洲法院和成员国法院间的交流，该程序的启动完全取决于成员国法院对提请问题适当性和必要性的评估。[4]因此，只要成员国法院对欧盟法的适用存有疑虑即可提出请求，成员国的程序法律制度并不能影响该国法院向欧洲法院提请初步裁决的自由裁量权。[5]所以，即使成员国国内法规定上级法院判决对下级法院的审判具有约束力，也不影响下级法院提请初步裁决的自由裁量权。此外，若成员国法院认为上级法院的判决会导致其作出违反欧盟法的判决，该法院必须有权就相关问题提请初步裁决。[6]在本

---

〔1〕　See Case C-348/89 *Mecanarte*〔1991〕ECR I-3277, paragraph 44, and Case C-173/09 *Elchinov*〔2010〕ECR I-8889, paragraph 26.

〔2〕　See Case C-261/95 *Palmisani*〔1997〕ECR I-4025, paragraph 20, and Case C-104/10 *Kelly*〔2011〕ECR I-6813, paragraph 61.

〔3〕　See Case 126/80 *Salonia*〔1981〕ECR 1563, paragraph 7, and Case C-251/11 *Huet*〔2012〕ECR, paragraph 23.

〔4〕　See Case C-210/06 *Cartesio*〔2008〕ECR I-9641, paragraph 91, and Case C-137/08 *VB Pénzügyi Lízing*〔2010〕ECR I-10847, paragraph 29.

〔5〕　See Case C-173/09 *Elchinov*〔2010〕ECR I-8889, paragraph 25, and Case C-396/09 *Interedil*〔2011〕ECR I-9915, paragraph 35.

〔6〕　See Case C-378/08 *ERG and Others*〔2010〕ECR I-1919, paragraph 32; and Elchinov, paragraph 27.

案中，斯洛伐克最高法院已依据《欧洲联盟运行条约》第 267 条就相关问题请求欧洲法院作出解释，该最高法院即必须受欧洲法院解释的约束。必要时，如果斯洛伐克最高法院认为该国宪法法院判决所作出的解释与欧盟法相违背，则应搁置宪法法院的判决。

最后，作为最高法院的成员国法院认为案件争议问题的解决与欧盟法相关，则有义务请求欧洲法院作出初步裁决，其国内法院判决在最高法院作出判决后仍有向宪法法院提起上诉的可能性。因为宪法法院的审查范围只限于可能侵犯宪法或国际条约所保障的基本权利和自由，故成员国最高法院仍可能被认定为《欧洲联盟运行条约》第 267 条第 3 段规定的必须提请初步裁决的法院，即"依据国内法，对该法院或法庭的裁决不存在司法救济"的法庭或法院。

综上，欧洲法院裁定《欧洲联盟运行条约》第 267 条规定应被解释为：类似斯洛伐克最高法院的成员国法院，有义务依职权向欧洲法院提请初步裁决，即使其所处理的案件是由本国宪法法院发回重审，且本国程序法要求争议解决应遵守宪法法院的法律意见。

3. 综合许可程序中公众获取设施选址相关城市规划决定的权利

首先，本案争议决定所涉及的是一个日均接收废弃物超过 10 吨或总容量超过 25 000 吨的废弃物垃圾填埋场。因此，该垃圾填埋场属于欧盟 1996 年《综合污染预防和控制指令》[1]的适用范围。该指令第 15 条规定，新设施综合许可程序应保障公众参与，并指明此类参与应遵守该指令附件 5 规定的条件，其中包括公众从主管当局处获取相关信息的权利，以及主管部门须向公众说明提供信息的时间和地点。

同时，对 1996 年《综合污染预防和控制指令》予以部分修订的 2003 年《公众参与和诉诸法律指令》立法说明第 5 项提出，欧盟公众参与规则的解释必须结合《奥胡斯公约》，并应依条约规定作"适当调整"。[2]《奥胡斯公约》第 6 条第 6 款规定，有利害关系的公众必须有权获得与公约附件 1 规定的活动相关的所有授权决策信息，其中即包括日接受量超过 10 吨或总处理量超过

---

[1] Council Directive 96/61/EC of 24 September 1996 concerning integrated pollution prevention and control, *OJ L* 257, 10. 10. 1996.

[2] See Case C-115/09 *Bund für Umwelt und Naturschutz Deutschland*, *Landesverband Nordrhein-Westfalen* [2011] ECR I-3673, paragraph 41.

25 000吨废弃物的垃圾填埋场。因此，与 1996 年《综合污染预防和控制指令》规定的授权程序相关的利害关系人，原则上有权获得与该程序相关的所有信息。

其次，涉及垃圾填埋场位置的城市规划决定是综合许可决策程序的相关信息。现有证据表明，本案争议城市规划决定不仅是垃圾填埋场能够获得许可的基础之一，还含有垃圾填埋场项目的环境影响信息、运营者应进行的减轻项目环境影响措施、项目反对意见、主管部门决策原因等信息。而成员国的相关法律也要求与垃圾填埋场相关的城市规划决定应在综合许可申请中被提交至主管部门。因此，涉及垃圾填埋场位置的城市规划决定必须被认定为 1996 年《综合污染预防和控制指令》附件 5 规定的相关信息，有利害关系的公众原则上有权在垃圾填埋场综合许可程序中获得此文件。

最后，本案中被垃圾填埋场选址相关城市规划决定不得以商业秘密保护为由而不被公开。结合 1996 年《综合污染预防和控制指令》、2003 年《公众获取环境信息指令》和《奥胡斯公约》的相关规定，如果信息公开会对成员国或欧盟法保护的商业秘密产生不利影响，那么成员国可以拒绝提供相关信息。但在本案中，考虑到垃圾填埋场地址在一系列行政程序中的重要性以及相关城市规划决定文件涉及的具体内容，该城市规划决定本身并不属于商业秘密。即使城市规划决定本身可能含有商业秘密相关内容，也不可以商业秘密保护为由拒绝公开规划决定中不涉及商业秘密的部分信息。因此，布拉迪斯拉发州环境监察局在其综合许可授权程序中未向有利害关系的公众公开相关信息的行为，不能通过保护商业秘密正当化。因此，斯洛伐克最高法院应判断在行政复议程序中，斯洛伐克国家环境监察局向相关公众公开城市规划决定的行为是否可纠正综合许可授予程序中的程序性缺陷，足以排除前者违反 1996 年《综合污染预防和控制指令》第 15 条的不法行为。

依据判例法，在欧盟法尚未作规定的领域，保障欧盟法授予的个人权利的程序规则应由成员国根据本国法律体系具体确定。但是，成员国对源于欧盟法的个人权利的保护，不得弱于国内法上相似权利的保护（平等原则），并且也不得使其在实际适用上较国内法权利更难（有效性原则）。[1]一方面，

---

〔1〕　Case C-312/93 *Peterbroeck* 〔1995〕ECR I-4599, paragraph 12, and Case C-378/10 *VALE Építési* 〔2012〕ECR, paragraph 48 and the case-law cited.

平等原则要求成员国不得对违反欧盟法和国内法行为区别适用法律，[1]故成员国法院应判断，其国内法是否允许在行政复议程序中纠正具有内部性的程序缺陷。另一方面，尽管欧盟法不能禁止成员国在某些情况下采取违反欧盟法的措施或行动的可能性，但有效性原则要求此种可能性必须满足以下条件：成员国没有为相关人员提供规避或免除适用欧盟法律的机会，并且这种可能性仅能作为例外情况。[2]

1996年《综合污染预防和控制指令》第15条要求成员国为有利害关系的公众提供尽可能早和有效的参与机会，使其参与到许可授权程序中。欧洲法院认为此条必须结合该指令立法说明第23项和《奥胡斯公约》第6条的规定作出解释。其中，该指令立法说明第23项要求在授权许可决定作出前，公众应有权获取与新设施综合许可申请相关的所有信息。《奥胡斯公约》第6条规定成员国应保障尽可能早的公众参与，这包含两方面含义：一是当所有选项开放和有效时，公众即可参与其中；二是主管机构一旦获得相关信息，公众即可申请获得相关信息。所以，在综合排污许可决定作出前，只要相关信息在许可程序中存在，有利害关系的公众即有权获取该信息。

至于通过行政复议程序使相关公众获得其在授权程序中即应获得的信息，在是否违反有效性原则问题上，欧洲法院认为，虽然成员国法律允许复议机构纠正行政许可程序中的过错，但是斯洛伐克最高法院仍有权判断：第一，在行政复议程序中的所有选择和解决措施是否仍符合1996年《综合污染预防和控制指令》第15条第1款的规定（就行政决定提起诉讼的权利）；第二，在行政复议阶段向公众公开的相关文件，是否仍能够保障公众有效影响综合许可决策结果。若上述两个问题的答案都为肯定，那么有效性原则并不排除成员国通过行政复议程序来纠正许可程序中的过错的可能性。

综上，欧洲法院认为1996年《综合污染预防和控制指令》：①要求有利害关系的公众在设施许可程序开始时，即有权获取与设施选址相关的城市规划决定；②禁止成员国主管部门以保护商业秘密为由拒绝向有利害关系的公众公开如本案中的城市规划决定这般的信息；③不禁止成员国通过行政复议

---

〔1〕 See, inter alia, Case C-591/10 *Littlewoods Retail and Others* 〔2012〕ECR, paragraph 31, and Case C-249/11 *Byankov* 〔2012〕ECR, paragraph 70.

〔2〕 Case C-215/06 *Commission v Ireland* 〔2008〕ECR I-4911, paragraph 57.

程序来纠正许可程序，但需保障所有选择和解决措施仍向公众公开，并且有利害关系的公众在此阶段仍可影响最终的决策结果。

4. 1985 年《环境影响评价指令》的适用

依据判例法规则，若项目申请是在成员国对《环境影响评价指令》的转化期届满之前提出的，有环境影响的项目则不受该指令约束。鉴于 1985 年《环境影响评价指令》主要适用于耗时较长的大型项目，如果指令转化期尚未届满，则不宜使本就复杂的国内法程序因为指令特别要求以及已受项目影响等情况而变得更加复杂和耗时。[1]

首先，从本案现有的证据材料可以看出，1998 年 12 月 16 日垃圾填埋场项目环评申请的提出是经营者申请获取项目建设和运营许可程序的起点。而依据相关规定，1985 年《环境影响评价指令》需在斯洛伐克加入欧盟之日起生效，即 2004 年 5 月 1 日。然而，需要注意的是，完成垃圾填埋场的行政许可被分为三个连续程序，并且每一个程序都需要作出一个行政决定。在本案中，经营者的前两个程序申请分别在 1998 年和 2004 年作出，即上述指令转化期届满之前。但是，综合许可的申请则是在 2007 年 9 月 25 日提出的，也就是指令的转化期届满后。因此，需首先明确的是，前两个阶段中的申请不应与非正式的接触（informal contacts）相混淆，因为后者无法作为授权程序正式启动的标志。[2]

其次，本案中 1999 年环境影响评价的开展是使应获取综合许可的垃圾填埋场项目得以完成的基础。正如本案佐审官所言，斯洛伐克的环评程序是独立于实际的授权许可程序的，不能对 1985 年《环境影响评价指令》的适用时间予以延长。同样，与垃圾填埋场位置相关的城市规划决定不仅是经营者得以开展争议项目所不可或缺的，还是经营者在开展项目时必须遵守的条件。由于项目审查的各个阶段紧密联系导致具体操作非常复杂，所以欧洲法院认为，判断 1985 年《环境影响评价指令》是否适用于一个项目的日期，应是项目申请正式提交的日期。[3]

最后，从已有判例法来看，若成员国程序法规定开发者开工建设的授权

---

[1] See, Case C-431/92 *Commission v Germany* [1995] ECR I-2189, paragraphs 29 and 32, and Case C-81/96 *Gedeputeerde Staten van Noord-Holland* [1998] ECR I-3923, paragraph 23.

[2] See, to that effect, Case C-431/92 *Commission v Germany*, paragraph 32.

[3] See, Case C-209/04 *Commission v Austria* [2006] ECR I-2755, paragraph 58.

包括几个连续步骤，那么 1985 年《环境影响评价指令》规定下的项目授权可以由几个相互独立的决定构成。[1]在此情况下，项目许可申请正式提交的时间应被认定为开发者提交启动第一个阶段程序申请的时间。也就是说，本案中的争议垃圾填埋场项目的综合许可申请时间应在 1985 年《环境影响评价指令》转化期届满前。因此，1985 年《环境影响评价指令》在本案中并不适用。

（四）案件总结

除其他请求解释的问题外，欧洲法院在"克里赞等人诉斯洛伐克国家环境监察局案"中主要处理了三个重要问题：一是欧洲法院对欧盟法律解释的专属管辖权以及欧盟法的优先性（《欧洲联盟运行条约》第 267 条）；二是在综合许可程序中主管部门的环境信息公开义务；三是公共当局未履行信息公开义务的行政救济措施。

第一，欧洲法院通过本案重申：成员国的国内宪法规则不能影响欧洲法院作为欧盟法唯一权威解释者的地位。《欧洲联盟运行条约》第 267 条规定，若认为欧盟法律的解释或有效性确认对其判决是必需的，成员国法院或法庭则有权请求欧洲法院初步裁决（第 2 款）；若需要解释的欧盟法问题涉及的案件判决在国内法中不存在司法救济，则该法院或法庭必须向欧洲法院提请初步裁决（第 3 款）。在本案中，欧洲法院不仅进一步明确成员国法院在提请初步裁决问题上享有广泛自由裁量权，还强调其在欧盟法规范领域内拥有高于成员国宪法法院的解释权。欧洲法院认为，即使成员国法律规定本国宪法法院作出的法律意见应当为其他法院所遵守，其他法院若认为依据上级法院意见的判决可能导致违反欧盟法，也应有权自行决定是否向欧洲法院提请初步裁决。

此外，"克里赞等人诉斯洛伐克国家环境监察局案"在一定程度上扩大了欧洲法院的管辖权。如上文所述，《欧洲联盟运行条约》第 267 条规定了两类提请初步裁决的法院：一类是享有自由裁量权的成员国法院；另一类是必须提请初步裁决的案件的终审法院。在本案中，对于可就其判决上诉至本国宪法法院的斯洛伐克最高法院，欧洲法院以宪法法院的审查范围仅限于审查宪法或国际条约所保障的基本权利和自由事项为由，认定斯洛伐克最高法院原

---

〔1〕 See, to that effect, Case C-201/02 *Wells* 〔2004〕 ECR I-723, paragraph 52, and Case C-508/03 *Commission v United Kingdom* 〔2006〕 ECR I-3969, paragraph 102.

则上为必须提请初步裁决的法院。然而，对于案件量已严重超负的欧洲法院，此判决似乎会继续增加其案件压力。[1]

第二，项目建设和运营综合许可程序中主管部门的信息公开义务。1996年《综合污染预防和控制指令》(IIPC)(现已失效) 的内容已被规定在 2010年《工业排放指令》[2]中。许可程序中的公众获取环境信息和参与制度作为新指令的主要修改内容之一，也是欧盟履行《奥胡斯公约》义务的主要措施之一。因此，对成员国主管部门信息公开义务的解释，必须结合《奥胡斯公约》和 2003 年《公众获取环境信息指令》进行。

整体而言，成员国有义务保证有利害关系的公众在许可授予、重大变更和更新决策程序早期即能有效参与。故在信息公开时间方面，主管部门应在综合污染许可程序开始时即公开相关信息；如果此程序包含多个阶段，则应在第一阶段开始时即公开相关信息。在公开内容方面，原则上应公开所有与许可决策程序相关的信息。如本案中之涉及垃圾填埋场地址的城市规划决定，其作为综合许可获取的基础条件之一，也因含有项目的环评信息、环境影响减轻措施、项目选址反对意见、主管部门决策原因等与项目许可相关的信息而被欧洲法院认定为应当公开的信息。

当然，2010 年《工业排放指令》第 24 条第 4 款同时规定，属于 2003 年《公众获取环境信息指令》第 4 条第 1、2 款规定的信息类型，主管部门可不予公开。这主要是基于此类信息公开本身的不合理、不必要以及保护公共利益的考虑，其中包括受欧盟法和成员国国内法保护的商业秘密。但对于本案中的城市规划决定，欧洲法院认为不论是其本身还是具体内容都不能被视为商业秘密，主管部门不能以此为由拒绝信息公开申请。并且，即使城市规划决定中包含了商业秘密，也应对其不涉及保密性的部分进行公开，而不是直接全部拒绝。

第三，若综合许可程序中公共当局未依法进行环境信息公开，通过行政复议程序的信息公开是否足以履行欧盟指令和《奥胡斯公约》规定的环境信

---

[1] CJEU Puts a Noose around its Neck: Again on Hypertrophy of Art. 267 TFEU (C-416/10), http://www.howtocrackanut.com/blog/2013/01/cjeu-puts-noose-around-its-neck-again.html, last visited at November 24, 2018.

[2] Directive 2010/75/EU of the European Parliament and of the Council of 24 November 2010 on industrial emissions (integrated pollution prevention and control), *OJ L* 334, 17.12.2010.

息公开义务？对此问题，欧洲法院给出了附条件的肯定意见。也就是说，行政复议机构可代替综合许可机构履行环境信息公开义务，但须满足两项条件：其一，成员国法律允许此类程序性过错在复议程序中被纠正，并且需同时保证有利害关系公众就许可决定提起诉讼的权利。其二，需保障有利害关系的公众在此阶段仍可影响最终的行政决策结果，如公众咨询、听证会等在许可程序中保障公众更早且有效参与的措施应在复议程序中存在。通过此种妥协方式，欧洲法院期待在保障公众获取环境信息权和成员国程序自主权之间实现平衡。

第五章　欧盟环境非政府组织参与环境决策和诉诸法律的权利

本章导读

欧盟以《奥胡斯公约》及相关指令和条例确立了环境非政府组织参与环境行政决策、提起环境行政公益诉讼的权利。第五章将对欧洲法院作出的五个环境非政府组织行政公益诉讼相关判例进行评析。欧洲法院在 2008 年"Djurgården 案"中明确，对于可能具有环境行政公益诉讼原告资格的环境非政府组织，成员国不得规定过于严苛的认定条件。2011 年"Trainel 案"确立了在欧盟环境法适用范围内，环境非政府组织提起行政公益诉讼的当然原告资格，促使德国修改了"个人公法权利受损"的原告认定规则。2009 年的"斯洛伐克棕熊案Ⅰ"虽然否定了《奥胡斯公约》第 9 条第 3 款的直接效力，但却为环境非政府组织就环境信息、公众参与事项外的行政决定、作为或不作为提起公益诉讼提供了法律基础，也为欧盟范围内的环境民事公益诉讼的实施提供了可能的法律依据。2017 年"斯洛伐克棕熊案Ⅱ"解决了《奥胡斯公约》《欧洲联盟基本权利宪章》第 47 条是否可作为环境非政府组织提起环境诉讼法律依据的问题，并对"斯洛伐克棕熊案Ⅰ"中论证欠缺之处予以完善。

一、"Djurgården 案"：环境非政府组织诉讼资格的限制

"Djurgården 案"[1]的双方当事人是瑞典环境保护组织 Djurgården-Lilla

---

〔1〕 Judgment of 15 October 2009, *Djurgården-Lilla Värtans Miljöskyddsförening v Stockholms kommun genom dess marknämnd*, C-263/08, EU：C：2009：631.

Värtans（DLV）和斯德哥尔摩市政府，涉及前者的环境诉讼资格问题。因需对欧盟 1985 年《环境影响评价指令》（经 2003 年修改）相关条款进行解释，瑞典最高法院向欧洲法院提请初步裁决。

（一）案件事实

斯德哥尔摩市政府与一电力公司签订了一份隧道建设合同，欲在尤尔格丹岛北部建设一条近 1 公里长的穿山隧道用于铺设电缆，从而替换原地上高压电缆。这项工程的实施，首先需要抽取渗漏到电缆管道和通行隧道的地下水，其次需在该区域的特定地点建设相关设施用于抽水，并在此后将抽取的水重新注入地下或岩石中，以抵消地下水量的减少。

2004 年 5 月 27 日，斯德哥尔摩区域管理局（länsstyrelsen i Stockholms län）依据本国《环境法》第 6 章规定做出环评结论：本案争议项目的环境影响评价表明，相关工程可能对环境（特别是地下水）产生重大影响。

2006 年 12 月 13 日，斯德哥尔摩地区环境法庭（miljödomstolen vid Stockholms tingsrätt）依据《环境法》第 11 章的规定，决定授予斯德哥尔摩市政府争议项目的开发许可。

2006 年 12 月 13 日，瑞典的一家环境非政府组织，即本案主程序的原告 DLV，就斯德哥尔摩地区环境法庭的开发许可决定向环境上诉法庭（Miljööverdomstolen of the Svea Hovrätt）提起上诉，但却以无诉讼资格为由被裁定驳回。因为瑞典《环境法》第 16 章第 13 条规定只有成员在 2000 人以上（包括 2000 人）的环境保护组织才有权对依《环境法》作出的判决或决定提起上诉。随后，DLV 就上诉法庭的驳回裁定向瑞典最高法院（Högsta domstolen）提起上诉。

本案涉及的隧道项目属于欧盟 1985 年《环境影响评价指令》附件 2 第 10 点第 1 项所规定的项目，即可由成员国自主决定是否需要进行环评的项目。而瑞典的相关国内法规定，只有为了商业目的而进行抽取地下水的项目才需进行环境影响评价。故在瑞典最高法院的上诉程序中，DLV 的上诉权是否属于《奥胡斯公约》所保护的内容、瑞典法律对上诉条件的规定是否过于严格等问题同时被提起。鉴于此，瑞典最高法院决定暂停案件审理，就相关问题向欧洲法院提请初步裁决。

（二）主要争议问题

（1）1985 年《环境影响评价指令》第 10a 条规定，有利害关系的公众（包括符合成员国法律规定的环境非政府组织）享有在特定环境事项上就相关行政决定的实体和程序合法性提请司法审查的权利。然而，此类权利是否包括成员国法院作出的建设开发许可决定以及就其向上级法院提出上诉的权利？

（2）成员国允许规模小、地区性的环境非政府组织参与决策程序但否定其诉讼权利的规定，是否违反欧盟 1985 年《环境影响评价指令》第 10a 条关于公众诉权的规定？

（三）法院判决

1. 本案争议项目是否适用 1985 年《环境影响评价指令》

欧洲法院认为，虽然瑞典法律规定只有出于商业目的的抽取地下水项目才属于应当进行环境影响评价的项目。但从欧洲法院以往的判例来看，为了保障欧盟法律的统一性，在存疑情况下，欧盟法律条款内容的解释不能孤立，而应结合已有的其他官方语言版本进行解释。[1]若不同语言版本间存在差异，则应依据立法目的和规则整体进行解释。[2]

从 1985 年《环境影响评价指令》附件 2 第 10 点第 1 项的其他语言版本看（尤其是荷兰语、英语、法语、芬兰语等），该项都应被解释为包括除附件 1 规定外的地下水抽取和地下水人工注入项目，不管其工程的目的以及抽取地下水后是否重新抽取或注回地下。而已有判例同时表明，《环境影响评价指令》具有适用范围广、目的宽等特征。[3]因此，该指令附件 2 第 10 点第 1 项应被解释为，包括所有非附件 1 中的地下水抽取和地下水人工注入项目，而不论其目的为何，也就是说，不管抽取的地下水后续如何使用。鉴于此，本案中瑞典的管道项目属于《环境影响评价指令》附件 2 第 10 点第 1 项的规范范围。

2. 有利害关系的公众对建设项目许可决定诉诸法律和表达意见的权利

1985 年《环境影响评价指令》第 10 条第 1 款[4]规定，符合成员国法律规定的有利害关系的公众，有权对指令范围内的决定、行为或不作为的实质

---

〔1〕 See Case C174/05 *Zuid-Hollandse Milieufederatie and Natuur en Milieu*〔2006〕ECR I2443, paragraph 20, and Case C311/06 *Consiglio Nazionale degli Ingegneri*〔2009〕ECR I0000, paragraph 53.

〔2〕 See Case C449/93 *Rockfon*〔1995〕ECR I4291, paragraph 28.

〔3〕 See Case C-2/07 *Abraham and Others*〔2008〕ECR I-1197, paragraph 32

〔4〕 1985 年《环境影响评价指令》（经 2003 年修改）第 10 条第 1 款："成员国应当依据本国法律制度，保障有充分利益或权利受到侵害（当成员国法律要求以此作为前提条件）的有利害关系公众，通过司法审查程序或其他法律规定的独立且中立的机构的审查程序，针对涉及本指令中公众参与的决定、行为或不作为的实质或程序合法性提出异议的权利。"

或程序合法性诉诸法律。在如何认定有利害关系公众的问题上，成员国有权在国内法选择使用"具有充分利益"或"权利受到侵害"两种认定标准。但不论成员国选择何种认定标准，环境非政府组织都应被认定为满足条件的有利害关系的公众。1985年《环境影响评价指令》第6条第4款同时规定，在可能对环境产生重大影响的项目决策程序中，应保障有利害关系的公众的有效参与权利。

因为本案中的电缆安装和地下水抽取的开发许可决定属于1985年《环境影响评价指令》第10条第1款规定的决定，所以，即使该决定是由法院作出，但因法院事实上行使的是行政权力，故不能妨碍满足条件的环境非政府组织行使其诉诸法律的权利，对法院的许可决定提出质疑。首先，规定于1985年《环境影响评价法》第10条第1款的诉诸法律权利，并不受作出决定或行动的机构性质（行政机关或法院）的影响。其次，参与环境决策程序与诉诸法律是两个独立且具有不同目的的权利，后者是在合适的条件下直接针对决策程序结束时所作出的决定，故参与决策程序并不是享有诉诸法律权利的前提条件。

鉴于此，欧洲法院认定，不论作出开发许可决定的机构性质为何，都不影响符合条件的相关公众就此诉诸法律的权利。

3. 成员国法律可否对享有诉讼权利的环境非政府组织规定更严格的条件

《瑞典环境法》规定，只有成员在2000人或以上的环境公益组织才有权对环境事项相关决定提起上诉。而1985年《环境影响评价指令》则是将相关公众分为两类：一类是广义上受项目影响的公众；另一类是因与项目之间具有特别关系而受影响的自然人或法人。依据《环境影响评价指令》第10条第1款的规定，只有后者才享有就相关决定或行为诉诸法律的权利。

1985年《环境影响评价指令》将确定诉讼资格的权利留给了成员国。成员国可以选择"具有充分利益"标准或"权利侵害"标准，也可两者兼用。具体至环境非政府组织的原告资格，该指令第1条第2款及第10条第1款规定，不论采取何种标准，符合成员国法规定的环境组织都应享有诉讼权利。换言之，尽管成员国享有确定环境非政府组织原告资格规则的自由裁量权，但不得侵害相关组织的"广泛诉讼权利"（wide access to justice），进而为《环境影响评价指令》相关规定的有效性提供了支持。

一方面，在认定有原告资格的非政府组织问题上，对有权就1985年《环境影响评价指令》适用范围内的项目提起诉讼的组织，成员国法律若要求该组织需有自然和环境保护目的，并不违反欧盟法律。同时，成员国法律对环境保护组织的最低成员数作出规定，可能是为了保证此类组织在事实上存在或活跃。但是，这个最低会员数目并不能定得太高，从而违反 1985 年《环境影响评价指令》的立法目的，尤其是促使相关项目决定受司法审查的目标。

另一方面，1985 年《环境影响评价指令》虽然允许成员国自主选择原告资格认定标准，但绝不是允许成员国以已享有参与环境决策程序权利为由排除有利害关系的公众诉诸法律的权利。因此，瑞典国内法所规定的在作出许可决定早期的广泛参与权利，并不能为其就程序最终决定提起诉讼的资格设置非常严格的条件。

更进一步，1985 年《环境影响评价指令》的适用范围并不仅限于区域或一国范围内的项目，还包括一些规模较小的项目。对于后者，地方环境保护组织显然处于更好的环保护地位。正如本案佐审官所言，瑞典现行法律规定完全排除了地方性环境非政府组织提起诉讼的权利。因为依据瑞典政府提供的信息，案件发生时会员不少于 2000 人的环境保护组织在瑞典全国范围内只有两家。虽然瑞典政府提出，地方组织可以联系这两家环境保护组织并由其提起诉讼，但这种解决方式并不符合 1985 年《环境影响评价指令》的要求。首先，享有诉讼资格的环境组织可能对规模有限的项目有兴趣。其次，这些组织可能接到大量类似请求，会导致他们依据自己确定的标准进行选择性的诉讼，不可能接受所有请求。最后，这种请求其他组织进行诉讼的机制，在实质上发挥了筛选诉讼的作用，与《环境影响评价指令》实现《奥胡斯公约》规定的"广泛诉讼权利"的立法目的直接相对。

综上，欧洲法院判定，本案中瑞典相关法律规定违反了 1985 年《环境影响评价指令》第 10 条第 1 款的规定。

（四）案件评论

《奥胡斯公约》及欧盟《环境影响评价指令》等相关环境法律都明确规定了环境非政府组织应被认定为有利害关系的公众（public concerned），享有就欧盟环境法规范范围内的行政决定、作为或不作为诉诸法律的权利。但是，此诉权并非赋予所有非政府组织，只限于经成员国法律认定的组织。由于欧盟各成员国法律传统对环境公益诉讼的态度不同，故对享有诉讼原告资格的非政府组织的认定条件也不尽相同。

一般而言，欧盟成员国通过下列条件（部分或全部）认定具有原告资格的环境非政府组织：①公益组织的目的。大多数成员国要求非政府组织需以环境保护为目的，其中德国、瑞典等国还要求将环境保护目的明确规定于组织章程中。②登记或注册。多数成员国都要求环境组织依法进行注册，如奥地利、法国、德国、意大利、波兰、罗马尼亚、斯洛伐克等。③存续时间。多数欧盟成员国对环境非政府组织的有效期和活跃期进行限制，但在存续时间要求上区别很大，有1年（斯洛伐克）、2年（西班牙、克罗地亚）、3年（奥地利、比利时、法国、德国、卢森堡及瑞典）以及5年（斯洛文尼亚）不等。存续时间、有效期或活跃期要求是使用最普遍、争议性最大的一项具有原告资格的组织认定要件，因为在实践中，较长的存续时间要求是环境非政府组织获取诉讼资格的最大障碍。[1]④最低成员人数。一些成员国法律规定，只有成员人数达到最低法定标准的环境非政府组织才有权提起诉讼或就特定事项提起上诉。如斯洛伐克法律规定，对综合污染许可进行上诉的环境非政府组织的会员人数不得少于250人。丹麦法律规定，只有符合最低人数要求的非政府组织才能对法律规划提起诉讼。会员人数要求问题，这也是瑞典"Djurgården案"的核心问题。⑤非营利性要求。如比利时、德国、奥地利、波兰、斯洛文尼亚等成员国，均要求作为环境公益诉讼原告的非政府组织不得以营利为目标。除上述五个标准外，活动区域、开放和民主的组织结构、财政状况等条件也是一些成员国所使用的认定条件。

然而，成员国确定环境公益组织作为适格原告要件的权利是否完全无限制？欧洲法院在瑞典"Djurgården案"中对此问题给出了否定回答。欧洲法院指出，成员国认定非政府组织的自由权利不应损害公众在环境事项上的"广泛诉诸法律"的权利。瑞典"Djurgården案"是在欧盟环境法（尤其是公众参与和公益诉讼方面）具有里程碑式意义的案件，探寻了成员国在环境保护组织诉讼权利方面的自主权与保障欧盟指令赋予公众的广泛环境诉讼权利之间的平衡。其重要意义主要体现在三个方面：

第一，欧盟成员国对具有原告资格的环境非政府组织规定认定条件的合

---

〔1〕 See J. Darpö, "Article 9.2 of the Aarhus Convention and EU Law: some Remarks on CJEUs Case-law on Access to Justice in Environmental Decision-making", *Journal for European Environmental & Planning Law*", 2014, 11（4）: 367~391.

法性。首先，成员国法律可要求相关组织需有保护环境的目的要求。虽然欧洲法院并没有明确要求此类组织只以环境保护为唯一目的是否违反欧盟法，但要求保护环境构成非政府组织的主导和基本目标类的规定并不违反欧盟法。其次，在环境公益组织的成员人数方面，成员国法律可以规定最低人数，以确保该组织处于活跃状态。但人数限制不得过高，在事实上损害《奥胡斯公约》和欧盟相关法律所保障的环境非政府组织在环境问题上的广泛诉诸法律权利，尤其是地区性或在特定领域具有重要作用但规模较小的环境非政府组织。[1]

第二，欧盟成员国对具有原告资格的环境非政府组织认定条件进行规定的自主权需受限制。实践中，绝大多数成员国都对有权提起环境公益诉讼的非政府组织规定了特殊的认定条件，如存续时间、独立性、非营利性等。尽管"Djurgården 案"只涉及了成员国人数问题，但欧洲法院在本案中的论证应类推适用于其他条件，即成员国的法律规定必须遵守《奥胡斯公约》和欧盟相关指令所保障的有利害关系公众在环境事项上的"广泛诉诸法律"权利。例如，斯洛伐克法律关于环境公益组织需存续 5 年才具有环境公益诉讼原告资格的规定一直为欧盟委员会所谴责，委员会认为这一条件应被视为对环境组织的过度限制，事实上拒绝认可活跃的非政府组织的原告资格。

第三，环境非政府组织的环境公益诉讼原告资格不以参与决策程序为前置条件。很多欧盟成员国的法律都规定，参与环境行政决策是获取诉权的前置条件。也就是说，只有在环境决策程序中表达自己意见的主体才有权就最终的行政决策结果提出质疑。一些成员国对此作出了更严格的解释，只允许在参与阶段提出否定意见的主体就行政决定进行诉讼。[2]对于此类规定是否构成对环境非政府组织组织原告资格的限制，欧盟法并没有明确的规定。

"Djurgården 案"在一定程度上解决了此回答。欧洲法院在本案判决中明确指出："环境行政决策程序……具有独立性并且与法律救济程序具有不同目的，因为后者一般情况下直接针对该程序最终阶段所指定的决定。"[3]因此，

---

〔1〕 Commission Notice on access to justice in environmental matters，C/2017/2616，paragraph 80.

〔2〕 See J. Darpö，"Article 9. 2 of the Aarhus Convention and EU Law：Some Remarks on CJEUs Case-law on Access to Justice in Environmental Decision-making"，*Journal for European Environmental & Planning Law*，2014，11（4）：367~391.

〔3〕 Judgment of 15 October 2009，*Djurgården-Lilla Värtans Miljöskyddsförening v Stockholms kommun genom dess marknämnd*，C-263/08，EU：C：2009：631，paragraph 38.

有利害关系的公众不论是否参与决策程序以及在此程序中发挥何种作用、表达何种意见，都应当具有针对行政决定、作为或不作为提起诉讼权利。[1]尽管欧洲法院没有明确表达参与是否是有利害关系公众原告资格的前提条件，但大多数学者以及欧盟委员会均认为，欧洲法院"Djurgården案"判决已对此作出肯定了回答。[2]

后　记

"Djurgården案"判决作出后，瑞典最高法院基本遵循了欧洲法院对相关条款的解释，认为1985年《环境影响评价指令》适用于本案，且在指令适用范围内，瑞典国内法将原告资格只赋予成员人数不少于2000的环境非政府组织的规定违反了欧盟指令。瑞典最高法院据此判定，瑞典环境法典中的相关规定将不适用于本案，并进一步指出，为履行欧洲法院的判决，本国相关法律应同时予以审查。最后，瑞典最高法院搁置本案原告DLV的上诉，并将其发回上诉法院重新审理。[3]

二、"Trainel案"：非政府组织的环境公益诉讼原告资格

"Trainel案"[4]的双方当事人是环境非政府组织德国环境与自然保护联盟[5]与阿恩斯贝格行政区政府（Bezirksregierung Arnsberg）[6]，涉及该行政区政府作出的一项批准Trainel公司（本案第三人）建设燃煤发电站的许可决定。因需对欧盟1985年《环境影响评价指令》（经2003年修订）相关规定进行解释，德国北莱茵-威斯特法伦州高级行政法院向欧洲法院提请初步裁决。

（一）案件事实

Trainel公司，即本案的第三人，欲在德国吕嫩市（Lünen）建设一家燃煤

〔1〕　Judgment of 15 October 2009, *Djurgården-Lilla Värtans Miljöskyddsförening v Stockholms kommun genom dess marknämnd*, C-263/08, EU：C：2009：631, paragraph 39.

〔2〕　See Commission Notice on access to justice in environmental matters, C/2017/2616, paragraph 85~86.

〔3〕　See J. Reichel, "Judicial Control in a Globalised Legal Order-A One Way Track? An Analysis of the Case C-263/08 Djurgården-Lilla Värtan", *Review of European Administrative Law*, 2010, 3（2）：69~87.

〔4〕　Judgment of 12 May 2011, *Bund für Umwelt und Naturschutz Deutschland, Landesverband Nordrhein-Westfalen*, C-115/09, EU：C：2011：289.

〔5〕　德国环境与自然保护联盟是国际地球之友的北莱茵-威斯特法伦州分部（Bund für Umwelt und Naturschutz Deutschland, Landesverband Nordrhein-Westfalen eV）。

〔6〕　阿恩斯贝格行政区是德国北莱茵-威斯特法伦州下辖的五个行政区之一。

发电站。该电站将于 2012 年投入使用，提供最大 1705 兆瓦的热量输出和 750
兆瓦的电力输出。但在发电站的拟建地点 8 公里范围内，有五个区域被认定
为欧盟《栖息地指令》规定下的特别保护区。

2008 年 5 月 6 日，阿恩斯贝格行政区就 Trianel 发电厂项目的环境影响评
价作出初步决定和部分许可。环评初步决定并未对该项目提出法律上的反对
意见。2008 年 6 月 16 日，德国环境与自然保护联盟向北莱茵-威斯特法伦州
高级行政法院提起诉讼，请求撤销阿恩斯贝格行政区的上述决定，该组织认
为上述决定违反了转化《栖息地指令》的德国国内法，尤其是该指令的第
6 条。

德国法院认为，发电厂项目相关决定的确违反了《栖息地指令》的相关
规定，因为争议项目环评并不能证明该项目不会对距离如此之近的特殊保护
区不产生重大影响。但是，德国《水和自然保护法》或《联邦污染防治法》
并没有授权非政府组织提起环境公益诉讼，德国环境与自然保护联盟因此不
能依据风险预防原则提起诉讼。因此，该环境保护组织只能依据行政诉讼法
规定的一般撤销规则，即只有行政措施侵害申请人权利（或个人公法权利）
的情况下才享有诉讼资格。该法院同时指出，本案的争议项目并不属于《自
然和农村保护法》第 61 段规定的在特定情况下可以允许被认可的环境组织提
起诉讼的适用范围。

然而，鉴于成员国对公众诉诸法律的权利的限制不得损害 1985 年《环境
影响评价指令》相关规定有效性的欧盟法要求，北莱茵-威斯特法伦州高级行
政法院故就环境与自然保护联盟是否可直接依据《环境影响评价指令》第
10a 条的规定提起诉讼问题，向欧洲法院提请初步裁决。

（二）主要争议问题

若成员国行政诉讼法规定，行政诉讼原告资格取决于个人权利是否被侵
犯，那么环境非政府组织是否可以直接依据 1985 年《环境影响评价指令》第
10a 条[1]的规定，就建设项目许可违反环境法律规定事项提起诉讼，即使相
关环境规定是为了保护公共利益而非个人权利？

---

［1］ 为方便读者理解本案，该条款原文为：Under Article 10a of Directive 85/337, also inserted by
Directive 2003/35：

（三）法院判决

1. 环境非政府组织是否可以直接依据《环境影响评价指令》第 10a 条，就只涉及公共利益的、需进行环境影响评价的项目审批决定提起诉讼？

这个问题是因德国行政诉讼法的原告资格规定而产生的。德国法规定，只有在因行政决定承担了现实不利并且使其原本所具有的法律地位受到不利影响的情况下，个人才具有行政诉讼的原告资格。

对此，欧洲法院首先指出，欧盟 1985 年《环境影响评价指令》第 10a 条规定，本指令第 10 条所规定的行政决定、行为或不作的程序或实质违法性必须可提请司法审查，并且无任何额外的限制条件。在原告资格认定问题上，《环境影响评价指令》第 10a 条规定了两种标准：一是有提起诉讼的充分利益（a sufficient interest in bringing the action）；二是申请人认为自身权利被侵害（the impairment of a right）。成员国有权根据本国法确定适用何种原告资格标准。但是，该款第 3 项第一句进一步规定，成员国对充分利益的构成和权利受侵害的认定必须符合保障有利害关系公众"广泛诉诸法律"（wide access to justice）权利的规定。

其次，对于由环境非政府组织提起的诉讼，1985 年《环境影响评价指令》第 10a 条第 2 项和第 3 项补充规定，依据成员国法适用的原告资格，环境非政府组织应被认定为具有充分利益或权利被侵害。并且，上述规定的解释必须结合《奥胡斯公约》的目标，保证欧盟法的有效履行。换言之，依照

（接上页）'Member States shall ensure that, in accordance with the relevant national legal system, members of the public concerned:

（a）having a sufficient interest, or alternatively,

（b）maintaining the impairment of a right, where administrative procedural law of a Member State requires this as a precondition, have access to a review procedure before a court of law or another independent and impartial body established by law to challenge the substantive or procedural legality of decisions, acts or omissions subject to the public participation provisions of this Directive.

…

What constitutes a sufficient interest and impairment of a right shall be determined by the Member States, consistently with the objective of giving the public concerned wide access to justice. To this end, the interest of any non-governmental organisation meeting the requirements referred to in Article 1（2）shall be deemed sufficient for the purpose of subparagraph（a）of this Article. Such organisations shall also be deemed to have rights capable of being impaired for the purpose of subparagraph（b）of this Article.

…'

《环境影响评价指令》第 10a 条的规定，成员国不论选择何种原告资格标准，环境公益组织都必然有权对本指令范围内的行政决定、行为或不作为的实质或程序合法性提起司法审查。

最后，在欧盟法没有对某一事项作出明确规定的情况下，成员国应在国内法中制定详细的诉讼程序规则，保障源于欧盟法的个人权利的保护不比源于国内法的相似权利的保护弱（平等原则），并且不得使欧盟法权利在实际适用上较国内法权利更难（有效性原则）。因此，尽管成员国有权确定在何种权利被侵害时可以采取环境相关行动，但是不能损害符合 1985 年《环境影响评价指令》第 1 条第 2 款规定的环境非政府组织行使指令和《奥胡斯公约》授予其的权利。

在本案中，虽然德国法律规定只有个人公法权利被侵犯的个人可以就相关行政决定、行动或不作为提出诉讼，但是，不能因此忽视 1985 年《环境影响评价指令》的相关规定，限制环境非政府组织的诉讼权利。因为从欧盟环评指令的规定可以看出，环境非政府组织应享有与个人相同的权利。如果不允许此类保护公共利益的组织依据欧盟法规定提起诉讼，将违反保障公众广泛诉诸法律权利和有效性原则。正如本案的争议事项，鉴于相关法律绝大部分的内容都是强调保护公共利益而非保护个人利益，如果完全依照德国行政诉讼法规定的原告资格，将导致环境非政府组织在绝大多数情况下失去对行政决定提起异议的机会。

因此，"权利受侵犯"（impairment of a right）的概念不能设定为只有特定的自然人或法人（如或多或少受建设项目或者在某一方面因为建设项目的运营遭受损害的自然人或法人）才能满足。1985 年《环境影响评价指令》第 10a 条第 3 项规定的"可能被侵害的权利"（rights capable of being impaired）应被理解为，同时包括来源于欧盟法在成员国的转化法以及具有直接效力的欧盟环境法的权利。为给提请初步裁决的法院提供最明确的答案，欧洲法院提出，环境非政府组织必须被允许依据欧盟法律规定对违反转化《栖息地指令》第 6 条的成员国法律的行为提起诉讼。

综上，欧洲法院裁定，1985 年《环境影响评价指令》第 10a 条禁止成员国法律仅以相关法律只保护公共利益而非个人利益为由，否定符合条件的环境非政府组织就可能产生重大环境影响的项目许可决定提起诉讼的资格。

2. 环境非政府组织行政诉讼原告资格的法律依据是《环境影响评价指令》第 10a 条，抑或转化《栖息地指令》第 6 条的国内法？

欧洲法院首先指出，成员国有义务实现欧盟指令所期实现的效果，以及采取所有适当措施，不论是一般性还是特别规定，保证成员国主管当局充分履行指令义务，其中包括涉及司法问题时的法院。[1]如果成员国未能在指令转化期届满后履行转化义务或者未能正确执行指令，那么，不论指令如何规定，只要涉及的内容没有附加条件且足够明确，个人即可在本国法院直接援引指令规定对抗成员国（欧盟指令的直接效力）。[2]

从整体来看，在确定权利受侵害的构成要件、原告资格认定标准以及可以采取此类行动的机构等方面，1985 年《环境影响评价指令》第 10a 条赋予了成员国充分的自主权，但该条款第 3 项的后两段内容并不是此种情况。通过规定满足指令第 1 条第 2 款规定条件的任何环境非政府组织都应被认定为具有充分利益或权利可能受到侵害，上述两段规定确定的规则足够具体且没有其他附加条件。据此，环境非政府组织不仅可以援引欧盟法的规则还可以依据转化《栖息地指令》第 6 条的国内法规定，针对《环境影响评价指令》第 10a 条规定事项提起诉讼。

综上，环境非政府组织可以直接援引《环境影响评价指令》第 10a 条第 3 项后两段的规定，就可能产生重大环境影响的项目审批决定提起诉讼，即使在成员国国内法规定只保护公共利益而非个人利益的情况下，该组织不符合国内程序法规定的原告资格。

（四）案件评述

环境非政府组织的公益诉讼原告资格问题，在欧盟成员国间一直存在较大争议，尤其是在行政诉讼制度中采用"个人主观权利"和"保护性规范理论"的德国。德国法规定的"主观原告资格"概念，要求只有"因行政机关的'侵害'行为而承受了现实的不利，并且使其原本具有的法律地位受到了不利影响"[3]的个人才具有提起行政诉讼的资格，从而极大地限制了环境非政府组织在环境行政方面的诉权。但随着 2001 年《奥胡斯公约》的生效以及

---

[1] See, to that effect, Case C-555/07 *Kücükdeveci* [2010] ECR I-0000, paragraph 47 and the case-law cited.

[2] See, inter alia, Case C-138/07 *Cobelfret* [2009] ECR I-731, paragraph 58.

[3] 刘飞：《行政诉讼制度专题研究：中德比较的视角》，法律出版社 2016 年版，第 173 页。

欧盟 2003 年《公众参与和诉诸法律指令》的颁布，德国狭义的环境非政府组织原告资格被逐步扩展。通过 2006 年《环境救济法》，德国引入了相对宽泛的针对相关决策和法律的法定社团诉讼（statutory association suit），授权符合法律规定的社团"提起有关违反个人权利规范的指控"。[1]也就是说，如果相关法律规范保护的利益是个人权利，那么环境非政府组织便可以对违反此法律的行政决定、行为或不作为提起诉讼。

但这一奇怪的混合型规定被"Trianel 案"改变。欧洲法院在该案中认定了德国关于环境非政府组织行政诉讼规则的违法性，指出不论是违反旨在保护公共利益的法律还是旨在保护个人利益的法律，环境非政府组织都应被认定为享有充分利益或具有可被侵犯的权利，进而享有针对相关行政行为提起诉讼的资格。

欧洲法院提出，环境非政府组织只有在可能有违反授予个人主观权利规定的情况下才能提诉讼资格的程序规则，应被认定为过于严格，进而违反了欧盟《环境影响评价指令》的相关规定。尽管成员国有权规定只有个人公法权利（individual public-law rights）受侵害时个人才能通过法律程序对抗项目环评相关行政决定、作为或不作为。但是，这种限制并不能被适用于环境非政府组织的行政诉讼原告资格。1985 年《环境影响评价指令》第 10a 条明确表示，环境非政府组织需同个人适用同样的"公法权利受侵害"规则，以最大限度地保障环境组织诉诸法律的权利。但考虑到绝大多数环境监管方面的法律保护的都是公共利益而不仅仅是个人利益，故仅因相关法律保护的是公共利益即不允许环境非政府组织提起诉讼，会在很大程度上限制环境组织监督行政机构履行职责的权利，从而违反有效保障欧盟法权利原则。此外，欧洲法院在本案中同时明确，环境非政府组织可以直接依据欧盟 1985 年《环境影响评价指令》第 10a 条第 3 项（现 2011 年《环境影响评价指令》第 11 条第 3 款）的规定，在本国法院提起指令适用范围内事项的行政诉讼，即使此类诉讼不为成员国程序法律规则所允许。

对于德国"Trianel 案"的判决结果，有学者评论称其是环境非政府组织的胜利，成员国国内程序法自主权的失败。因欧盟环境法及相关判决对德国

---

〔1〕［德］艾卡·雷斌德："欧盟和德国的环境保护集体诉讼"，王曦译，载《交大法学》2015年第 4 期。

国内法的影响，德国行政诉讼制度正在逐渐放宽社会团体的诉讼原告资格。这主要通过两种途径实现：一是德国联邦行政法院在裁判中谨慎地扩张可通过诉讼救济的主观权利范围。即"在审查时关键性的问题是：原告所主张遭行政机关违反的法律仅在维护公共利益，或者除此之外，还有以保护原告个人的利益为目标；只有在后者的情形，始赋予原告根据该法律有所主张的主观权利"。[1]也就是说，通过对法律规定的目的解释来赋予被认可的环境非政府组织以诉讼资格。二是受外在力量所驱动。但此种方式并不是放宽个人的诉讼资格，而是对相关人员诉讼权利的补充。其原因在于某项情况下，主观权利不充分而导致法院无法对行政活动进行审查，并且，行政机关的内部控制机制又无法发挥或留有空白之处。[2]

　　总而言之，德国"Trianel 案"是继瑞典"Djurgården 案"后欧洲法院作出的，另一个在环境非政府组织环境诉讼原告资格方面具有里程碑意义的案件。该案确定了环境非政府组织在欧盟环境法规范事项上的当然环境公益诉讼原告资格，对以德国、奥地利为代表的对公益诉讼采取保守态度的成员国产生了极大的影响。"Trianel 案"后，符合成员国法律规定的环境非政府组织可直接依据欧盟《环境影响评价指令》的相关规定就相关问题提起诉讼，而不论依据该国国内法是否承认其诉讼地位。当然，欧洲法院也通过本案重申了欧盟法律对成员国程序自主权的限制权力，强化了欧盟法的优先性。[3]

---

　　〔1〕 ［德］克劳斯·瑞内特："德国行政程序法与行政诉讼法之新发展"，吕理翔译，载 https://www. judicial. gov. tw/work/work03/2016 - 04 - 01% E5% BE% B7% E5% 9C% 8B% E8% A1% 8C% E6% 94% BF%E7%A8%8B%E5%BA%8F% E6% B3%95% E8%88%87% E8% A1%8C% E6%94% BF% E8% A8% B4% E8% A8%9F% E6% B3%95% E4% B9% 8B% E6%96% B0% E7% 99% BC% E5% B1% 95 （% E4% B8% AD% E8%AD%AF%E6%96%87）. docx，访问日期：2019 年 3 月 29 日。

　　〔2〕 ［德］克劳斯·瑞内特："德国行政程序法与行政诉讼法之新发展"，吕理翔译，载 https://www. judicial. gov. tw/work/work03/2016 - 04 - 01% E5% BE% B7% E5% 9C% 8B% E8% A1% 8C% E6% 94% BF%E7%A8%8B%E5%BA%8F% E6% B3%95% E8%88%87% E8% A1%8C% E6%94% BF% E8% A8% B4% E8% A8%9F% E6% B3%95% E4% B9% 8B% E6%96% B0% E7% 99% BC% E5% B1% 95 （% E4% B8% AD% E8%AD%AF%E6%96%87）. docx，访问日期：2019 年 3 月 29 日。

　　〔3〕 M. Eliantonio, "Case Note on Case C - 240/09 Lesoochranárske Zoskupenie and Case C - 115/09 Trianel Kohlekraftwerk", *Common Market Law Review*, 2012：791.

三、"斯洛伐克棕熊案 I"：公众可诉环境事项范围的扩大

"斯洛伐克棕熊案 I"〔1〕的双方当事人是斯洛伐克环境非政府组织（Lesoochranáske zoskupenie VLK，LZ）和斯洛伐克环境部（Ministerstvo životného prostredia Slovenskej republiky），因 LZ 申请以当事人身份参与环境部一项许可减损包括棕熊在内的物种保护行政程序被拒而引发争议。因涉及《奥胡斯公约》第 9 条第 3 款〔2〕、《栖息地指令》以及《代表欧洲共同体缔结〈在环境问题上获得信息、公众参与决策和诉诸法律的公约〉的决定》〔3〕（以下简称《〈奥胡斯公约〉缔结决定》）等欧盟法的解释，斯洛伐克最高法院故就相关问题请求欧洲法院进行初步裁决。

（一）案情介绍

斯洛伐克环境保护组织 LZ，申请斯洛伐克环境部告知任何可能减损特定物种或区域保护的行政授权决策程序。2008 年初，LZ 被告知一项由狩猎组织和个人提出的行政提案。该提案要求放宽包括棕熊在内的物种保护、可进入的受保护农村地区或在这些地区使用的化学物质等。2008 年 4 月 21 日，斯洛伐克环境部依狩猎组织申请，作出对棕熊不加保护的决定。

在此过程中，LZ 向环境部申请以本国行政诉讼法规定的"当事人"（party）身份加入该行政决策程序，但被环境部驳回。斯洛伐克环境部认为，LZ 并不具备行政程序法规定的当事人资格，只能作为参与人或有兴趣的一方（interested parties）。因为依据斯洛伐克最新法律规定，环境非政府组织应被认定为"有兴趣方"而不是"程序当事人"（parties to the proceeding）。因此，环境非政府组织不能直接就行政决定合法性提请法院审查，只能申请检察机关代为行动。

2008 年 6 月 26 日，斯洛伐克环境部就 LZ 的行政复议申请作出同样认定，

---

〔1〕 Judgment of 8 March 2011, Lesoochranárske zoskupenie VLK v Ministerstvo životného prostredia Slovenskej republiky, Case C-240/09, EU：C：2011：125.

〔2〕《奥胡斯公约》第 9 条第 3 款："除此之外，在不影响本条第 1 款和第 2 款所指的复议程序的条件下，每个缔约方应确保，只要符合国家法律规定的标准，公众即可诉诸行政程序或司法程序，以便就违反与环境有关的国家法律规定的个人和公共当局的作为和不作为提出质疑。"

〔3〕 2005/370/EC：Council Decision of 17 February 2005 on the conclusion, on behalf of the European Community, of the Convention on access to information, public participation in decision-making and access to justice in environmental matters, *OJ L* 124, 17.5.2005.

指出 LZ 不具有对其 2008 年 4 月 21 日的授权决定提起诉讼的资格，并认为《奥胡斯公约》作为一项国际条约，需被转化为国内法后才具有约束力。

LZ 故就环境部上述两个决定向法院提起诉讼并最终上诉至斯洛伐克最高法院。LZ 认为，《奥胡斯公约》第 9 条第 3 款应在斯洛伐克具有直接法律效力，环境部的相关决定侵害了公约赋予其的诉讼权利。斯洛伐克最高法院决定暂停国内诉讼程序，就《奥胡斯公约》第 9 条第 3 款的法律效力向欧洲法院提请初步裁决。

（二）主要法律问题

（1）《奥胡斯公约》第 9 条第 3 款在成员国是否具有直接效力？

（2）个人和环境非政府组织可否直接依据该条款对国内行政机构作出的环境保护减损决定提出异议？

（三）法院判决

1. 欧洲法院对《奥胡斯公约》第 9 条第 3 款的解释权问题

《奥胡斯公约》是欧盟共享权能（shared competence）领域的"混合"条约，即欧盟及其成员国（全部或多数）均是缔约方的条约。《欧洲联盟运行条约》第 2 条第 2 款规定，在共享权能领域，欧盟及其成员国都可以进行立法和采取其他行动。但是，成员国只有在欧盟没使用其权力或已经决定停止使用其权力的情况下才能在该领域采取行动。依据判例法，欧洲法院有权就欧盟依条约所需承担的义务以及只由成员国承担的义务进行解释。

根据上述规则，首先应明确在《奥胡斯公约》第 9 条第 3 款规定的事项上，欧盟是否使用其制定法律权力来履行该条规定的义务。如果欧盟尚未在此领域进行立法，成员国则有权通过国内法来履行其条约义务。在此种情况下，应由成员国依据本国法律自主决定个人是否有权直接援引国际条约以及法院是否可以直接依条约内容进行裁判。因此，虽然欧盟法并没有要求或禁止成员国法律承认或否定《奥胡斯公约》的直接效力，但若欧盟已经采取行动履行条约义务并就《奥胡斯公约》第 9 条第 3 款规定事项进行立法，欧盟法必须适用，欧洲法院也就有权就条约规定是否具有直接效力问题作出解释。

在明确了欧盟在环境领域的对外权能的基础上，欧洲法院紧接着指出，欧盟虽然没有就《奥胡斯公约》第 9 条第 3 款所规定的内容进行专门立法，但上述条款的内容却被涵盖在欧盟已有立法中。特别是本案涉及的棕熊类物种保护，欧盟《栖息地指令》对其规定了严格的保护制度。

综上所述，本案属于欧盟法的适用范围，欧洲法院享有解释权。

此外，欧洲法院认为，即使本案争议问题并没有被规定在欧盟法中，法院同样有管辖权。正如欧洲法院通过"Giloy 案"[1]和"Hermès 案"[2]确立的规则，不论争议问题属于国内法范围还是欧盟法范围，为了避免未来法律解释上的差异，相关规则无论在何种情况下都应进行统一解释。以此类推，欧洲法院应对《奥胡斯公约》第 9 条第 3 款享有解释权，特别是关于该款的直接效力问题。

2. 《奥胡斯公约》第 9 条第 3 款是否具有直接效力

对于欧盟和非欧盟成员国缔结的协议，在考虑协议的措辞以及目的和性质的基础上，如果协议包括明确、具体的义务规定，且其实施或效力不需要制定后续措施，该规定则应具有直接法律效力。[3]而《奥胡斯公约》第 9 条第 3 款并没有对个人的法律地位给出明确的、具体的规定，故需要成员国对该款内容进行细化，依照本国法律来确定符合条件的公众。因此，该款并不具有直接效力。

然而，《奥胡斯公约》第 9 条第 3 款的规定尽管比较概括，但其目的是为了实现有效的环境保护。依据判例法，在缺少欧盟法规制的情况下，成员国应对源于欧盟法律的个人权利的保护不得比国内法上相似权利的保护弱（平等原则），并且也不得使其在实际适用上较国内法权利更难（有效性原则）。[4]也就是说，如果认定欧盟法没有被违反，则《奥胡斯公约》第 9 条第 3 款规定的、为欧盟法所确认的权利也不会在实践中无法或极难适用。鉴于此，为保护受欧盟法，尤其是《栖息地指令》保护的物种，成员国法院应给予有效的司法保护，以与《奥胡斯公约》第 9 条第 3 款规定的目标尽可能一致的方式对本国法律进行解释，保障环境保护组织（如本案原告 LZ）就违反欧盟环境法的行政决定提起诉讼的权利。[5]

综上，欧洲法院裁定，《奥胡斯公约》第 9 条第 3 条在欧盟法中并不具有

---

〔1〕　See Case C-130/95 *Giloy*〔1997〕ECR I-4291, paragraph 28.

〔2〕　See Case C-53/96 *Hermès*〔1998〕ECR I-3603, paragraph 32.

〔3〕　See, in particular, Case C-265/03 *Simutenkov*〔2005〕ECR I-2579, paragraph 21, and Case C-372/06 *Asda Stores*〔2007〕ECR I-11223, paragraph 82.

〔4〕　See, in particular, Case C-268/06 *Impact*〔2008〕ECR I-2483, paragraphs 44 and 45.

〔5〕　See, to that effect, Case C-432/05 *Unibet*〔2007〕ECR I-2271, paragraph 44, and *Impact*, paragraph 54.

直接效力。但是，斯洛伐克最高法院必须尽最大可能，以使其与公约该款目的相符合并充分保障欧盟法权利的方式解释本国法律，保障环境保护组织（如本案原告 LZ）对与欧盟法规定相违背的行政程序决定提出质疑的权利。

（四）案件简评

《奥胡斯公约》是欧盟法中最典型的"混合条约"，即欧盟及其成员国均为该公约的缔约方，均为公约义务的承担者。《奥胡斯公约》也是欧盟在环境问题上公众信息获取、参与决策和诉诸法律的基本法，对欧盟及其成员国相关领域法律规定产生了极大影响。因此，在《奥胡斯公约》生效后，如何平衡保障公众就环境诉诸法律的权利和尊重成员国在程序法上的自主权，就成了欧洲法院需要解决的重点和难点。

"斯洛伐克棕熊案 I"即发生在此背景下，涉及欧盟法和欧盟环境法中的两个基础问题：一是"混合条约"实施过程中欧盟和成员国间的权能划分问题，在本案中表现为欧洲法院对《奥胡斯公约》第 9 条第 3 款的解释权争议。二是"混合条约"规定的直接法律效力，在本案中表现为《奥胡斯公约》第 9 条第 3 款可否作为环境非政府组织提起环境公益诉讼的法律依据。因为该公约第 9 条第 3 款的内容非常宽泛，故对这两个问题的回答将直接关系到公众可诉诸行政程序或司法程序的环境事项范围，进而极大地影响成员国的诉讼制度。

1. 欧洲法院明确其对《奥胡斯公约》第 9 条第 3 款的解释权，扩大欧盟
   环境法对成员国程序法的影响力

《奥胡斯公约》第 17 条第 4 款规定，当组织及其成员国都是该公约的缔约方时，该组织及其成员国应确定各自履行公约义务的责任，但不得同时行使公约权利。在《〈奥胡斯公约〉缔结决定》的附件中，欧盟对该款内容进行了进一步明确："……当现行法律工具中未完全包括《奥胡斯公约》第 9 条第 3 款规定的保障公众以行政和司法程序质疑行政行为和不作为的权利，那么将由该公约第 2 条第 2 款第 4 项规定的成员国当局负责。因此，成员国有责任在欧盟批准《奥胡斯公约》时履行这些义务，直至欧盟根据条约授权制定欧盟层面的法律履行上述义务。"然而，这一附件内容却引发了欧洲法院解释混合条约规定权能争议，在本案中具体表现为《奥胡斯公约》第 9 条第 3 款。实质上，这是一个关于《奥胡斯公约》第 9 条第 3 款的法律效力问题，欧洲法院和成员国法院谁处于更好的判断地位？

欧洲法院在其以往判例[1]中确定的基本规则是：混合条约的直接效力取决于该条约规定是否被包括在欧盟已有立法范围内，如果是，则欧盟法律应当首先被适用，欧洲法院因此享有解释权；如果不是，则成员国有权承认或拒绝个人可否直接以条约内容为依据。实践中，为了保障《奥胡斯公约》规定的公众在环境事项上诉诸法律的权利，欧盟制定了 2003 年《公众获取环境信息指令》和《环境影响评价中公共参与指令》以及 2006 年《欧盟机构〈奥胡斯公约〉履行条例》[2]等法律，分别规定了公众就环境信息获取、环评和综合污染防治管理相关行政决定、作为或不作为诉诸法律的权利以及针对欧盟机构决定诉诸法律的权利。但这些立法履行的是《奥胡斯公约》第 9 条第 1 款和第 2 款规定的义务，而非第 9 条第 3 款规定的事项。事实上，欧盟委员会曾就第 3 款内容向部长理事会和欧洲议会提交了立法提案，[3]但因争议较大未能通过。因此，欧盟目前尚能就该款进行专门立法。

综上所述，若正常解读《〈奥胡斯公约〉缔结决定》中关于第 9 条第 3 款的声明，欧洲法院应无权对此条款的直接法律效力作出解释。但欧洲法院在本案中却用极其勉强的逻辑作出了相反的判决，即斯洛伐克环境部减损保护棕熊的决定，违反了欧盟现行《栖息地指令》保护棕熊的义务，而《栖息地指令》的规定内容体现了《奥胡斯公约》第 9 条第 3 款所涉及的环境事项，所以欧盟在事实上就该公约的相关条款进行了立法行动，因此有权对该条款进行解释。此论证逻辑也可被简化理解为：具体环境相关事项（棕熊）→欧盟是否存在相关立法（《栖息地指令》）→存在欧盟层面履行《奥胡斯条约》义务的立法行动→具有解释相关条约条款的权利。

然而，本案的核心争议问题并不是棕熊是否应当受保护，而是环境保护组织 LZ 是否有针对行政决定诉诸法律的权利，这一点上《栖息地指令》并没有相关规定。正因如此，有的学者指出，欧洲法院的判决并不具有说服力，

---

〔1〕　See Judgment of 11 September 2007, *Merck Gene ' ricos Produtos Farmace ' uticos*, Case C-431/05, EU：C：2007：496.

〔2〕　Regulation （EC） No 1367/2006 of the European Parliament and of the Council of 6 September 2006 on the application of the provisions of the Aarhus Convention on Access to Information, Public Participation in Decision-making and Access to Justice in Environmental Matters to Community institutions and bodies, *OJ L* 264, 25. 9. 2006.

〔3〕　Proposal for a Directive of the European Parliament and of the Council on access to justice in environmental matters, COM/2003/0624 final.

因为几乎所有的环境争议都可以被认为是在很大程度上与欧盟指令适用范围相关。这也就意味着《奥胡斯公约》第9条第3款可以在所有受欧盟法规制的领域适用，从而将导致该公约关于组织（欧盟）及其成员国履行责任的划分形同虚设。[1]从另一个角度来讲，欧洲法院似乎是将本案棕熊保护的实体问题交给《栖息地指令》，程序问题交给《奥胡斯公约》，后者成了前者的补充。这种否定该公约本身独立价值的观点也被学者所批判。[2]

2.《奥胡斯公约》第9条第3款的直接效力：环境公益诉讼事项范围的可能扩展

《奥胡斯公约》第9条是公众在环境事项上诉诸法律的基本依据。欧盟已就该公约第9条第1款（环境信息申请和获取）和第2款（强制公众参与的特定活动）分别制定和修改了相关指令，明确了相关主体就这两类事项诉诸法律的权利，并随着欧盟环境法的实施和欧洲法院判例而推进，实践中，对此问题的争议越来越小。

然而，与上述两款不同，《奥胡斯公约》第9条第3款首先在内容方面更宽泛，具体表现为：其一，此款赋予的原告主体要宽于第2款，不限于"有利害关系"的公众；其二，可诉被告不仅包括公共机构还包括私人，为民事公益诉讼创造了可能性；其三，成员国可选择行政救济或司法救济，并不必须是司法救济。其次，在适用方面，欧盟并未就此条款的内容进行专门的立法，该条款也未就主体资格判断标准做出规定，留给了成员国充分的决定权利。根据欧盟法的一般规则，不具体且不明确的法律规定，不对成员国具有直接效力。因此，在履行《奥胡斯公约》第9条第3款规定的义务上，成员国是唯一的义务主体。

本案中，欧洲法院首先阐明，欧盟签订的国际条约若需满足以下条件则可能具有直接约束力：条约条款规定了明确且具体的权利，其实施或效力不需要制定后续措施。《奥胡斯公约》第9条第3款的条文内容并不明确，缺少对"公众"的准确界定，故并不具有直接效力。但欧洲法院同时要求成员国法院以能够保证条约目标的方式解释环境保护组织的诉讼资格。换言之，欧

---

〔1〕 See J. H. Jans, "Who is the Referee? Access to Justice in a Globalised Legal Order", *Review of European Administrative Law*, 2011, 4（1）：85~97.

〔2〕 See J. H. Jans, "Who is the Referee? Access to Justice in a Globalised Legal Order", *Review of European Administrative Law*, 2011, 4（1）：85~97.

洲法院不仅要求成员国法院的解释与条约目的一致，还清楚地指明了其解释的结果。那么，若成员国程序法并不允许这种解释，该国法院该如何完成争议解释任务呢？欧洲法院似乎又从事实上否定了成员国法院在第9条第3款的自主解释权。[1]最后，欧洲法院在本案判决中模糊了"直接效力"和"一致解释"的界限。欧洲法院一方面认为《奥胡斯公约》第9条第3款的规定不够充分和具体，故不具有直接效力；另一方面却认为该条款足够充分和具体，使得成员国法院所做的解释必须是确保环境保护组织的诉讼地位。若此种判断是正确的，则意味着《奥胡斯公约》第9条第3款实际上在欧盟环境法范围内都可适用。[2]

"斯洛伐克棕熊案Ⅰ"的判决虽然存在较大争议，但其结果却在事实上扩大了环境非政府组织在环境事项上的诉讼权利，为更完善的集体诉讼（actio popularis）制度提供了法律依据。例如采取保护规范理论的德国，一直以来规定只有"证明某项决策或不作为关于个人利益或主观公法权利"的申请者才具有原告资格。[3]但在2013年，德国联邦行政法院将欧洲法院关于"斯洛伐克棕熊案Ⅰ"的判决适用于"虽不受《奥胡斯公约》第9条第2款制约，但至少在一定程度上受欧盟环境法制约的行政决定"。[4]

后　记

在等待欧洲法院判决的同时，斯洛伐克最高法院暂停了国内几个与本案核心法律问题类似的案件。在欧洲法院作出判决后，斯洛伐克最高法院遵循欧洲法院的判决，继续国内原程序并作出一系列判决，对原审程序中环境部否定环境保护组织在相关行政程序中当事人地位决定的判决全部撤销，要求斯洛伐克环境部重启许可程序并做出新决定。斯洛伐克最高法院不仅确认了LZ在环境行政程序中的当事人资格，还进而保障了LZ能将上述行政决定诉

---

〔1〕　M. Eliantonio, "Čase Note on Case C-240/09 Lesoochranárske Zoskupenie and Case C-115/09 Trianel Kohlekraftwerk", *Common Market Law Review*, 2012: 791.

〔2〕　J. H. Jans, "Who is the Referee? Access to Justice in a Globalised Legal Order", *Review of European Administrative Law*, 2011, 4（1）: 85~97.

〔3〕　J. Darpö, "Effective Justice? Synthesis Report of the Study on the Implementation of Articles 9. 3 and 9. 4 of the Arhus Convention in the Member States of the European Union", *Scandinavian Studies in Law*, 2014（59）: 351~398.

〔4〕　［德］艾卡·雷斌德："欧盟和德国的环境保护集体诉讼"，王曦译，载《交大法学》2015年第4期。

至法院的权利，以完全履行《奥胡斯公约》第 9 条第 3 款的义务、实现有效保护环境的目的。[1]

四、"斯洛伐克棕熊案Ⅱ"：环境非政府组织提起环境公益诉讼的欧盟基本法依据

"斯洛伐克棕熊案Ⅱ"[2]的原告仍是"斯洛伐克棕熊案Ⅰ"的原告——环境保护组织 LZ，被告是斯洛伐克特伦钦地方当局（ObvodnÝ úrad Tren č ín），争议问题是在后者授权建设位于自然保护区的围场项目程序中，前者是否具备行政程序的当事人地位。因涉及《欧洲联盟基本权利宪章》第 47 条、《奥胡斯公约》第 9 条的解释，斯洛伐克最高法院向欧洲法院提请初步裁决。

由于欧洲法院已于"斯洛伐克棕熊案Ⅰ"中阐明其对环境非政府组织在环境行政公益诉讼中原告资格的基本立场，本案是在此基础上判断在国内法存在前置行政救济程序的情况下，环境保护组织是否可直接依据欧盟基础法律规定提请司法审查。基于此联系，本案被通称为"斯洛伐克棕熊案Ⅱ"。

（一）案件事实

"斯洛伐克棕熊案Ⅱ"的原告是"斯洛伐克棕熊案Ⅰ"中的环境保护组织 LZ。2004 年 4 月 28 日，斯洛伐克通知欧盟委员会，为实现具有共同体重要性的某些鸟类（如游隼）的保护和繁殖，其境内 Strážov 山有一个整体面积近 59 000 顷的区域被认定为欧盟 1979 年《野生鸟类保护指令》[3]规定的特殊保护区。随后，在欧盟委员会依据《栖息地指令》于 2008 年 1 月 25 日作出的"阿尔卑斯生物区域具有共同体重要性的清单更新决定"[4]中，Strážov 山的此部分即被列入清单。

---

〔1〕 European Network of Environmental Law Organizations, "The VLK Case: Application of Art. 9 Para. 3 of the Aarhus Convention According to the Decision of the Court of Justice of the European Union", http://www. justiceandenvironment. org/_ files/file/2011%20ECJ%20SK. pdf, 访问日期：2019 年 4 月 1 日。

〔2〕 Judgment of 8 November 2016, *Lesoochranárske zoskupenie VLK v ObvodnÝ úrad Tren č ín*, Case C-243/15, EU: C: 2016: 838.

〔3〕 Council Directive 79/409/EEC of 2 April 1979 on the conservation of wild birds, *OJ L* 103, 25. 4. 1979.

〔4〕 2008/218/EC: Commission Decision of 25 January 2008 adopting, pursuant to Council Directive 92/43/EEC, a first updated list of sites of Community importance for the Alpine biogeographical region (notified under document number C (2008) 271), *OJ L* 77, 19. 3. 2008.

Biely potok a. s.（以下简称"Biely 公司"）是一家位于 Strážov 山特殊保护区附近的鹿养殖公司，其养殖的鹿主要供狩猎使用。2008 年 11 月 18 日，LZ 接到地方政府通知，Biely 公司申请在特殊保护区内建设一个旨在保护鹿的围场项目。在获知进一步消息后，LZ 依据斯洛伐克国家自然保护机构（自然保护区服务机构）在 2008 年 12 月 3 日发布的观察报告，请求主管当局停止此项目的行政许可程序。2009 年 4 月 23 日，LZ 申请以行政程序当事人的身份参加到行政许可程序中，但被特伦钦地区当局以其只能作为"有兴趣方"（interested person）为由拒绝。在 LZ 的行政复议申请被特伦钦大区环境局以同样理由驳回后，Biely 公司于 2009 年 6 月 1 日获得了围场项目建设许可，许可决定在 10 日后正式生效。

2009 年 6 月 11 日，LZ 主要依据《奥胡斯公约》第 9 条第 3 款在地区法院就特伦钦地区政府的上述决定提起诉讼，申请获得行政程序当事人地位。2011 年 8 月 23 日，特伦钦大区法院依据欧洲法院"斯洛伐克棕熊案 I"的判决，撤销了本案中公共当局的争议决定。

2012 年 1 月 26 日，斯洛伐克最高法院作出撤销特伦钦地区法院 2011 年 8 月 23 日判决的决定，并将案件发回重审。最高法院认为：①特伦钦地方当局的行政决定已于 2009 年 6 月 10 日生效，根据斯洛伐克法律，不得再以当事人法律地位等程序权利规定提请司法审查，因为该问题只限于行政程序进行过程中。②斯洛伐克法律对于遗漏当事人问题规定了救济方式，被遗漏的申请人有权在相关决定生效后 3 年内向法院提起诉讼。

2012 年 12 月 12 日，特伦钦地区法院第二次判决撤销相关当局的决定。地区法院认为，本案的行政许可决定作出过早，因为在许可程序中，关于 LZ 申请作为许可程序当事人的法律问题尚未得到最终解决，相关当局应当在 LZ 法律地位争议解决后才能作出许可决定。

2013 年 2 月 28 日，斯洛伐克最高法院以同样的理由再次撤销特伦钦地区法院的判决并发回重审。

2013 年 11 月 23 日，特伦钦地区法院最终作出驳回授予 LZ 作为行政程序当事人申请的判决，并同时判定 LZ 依照《民事程序法》规定提起诉讼的 3 年诉讼时效也已届满。

随后，LZ 依据《奥胡斯公约》第 9 条、《欧洲联盟基本权利宪章》第 47 条、《栖息地指令》第 6 条第 3 款以及欧洲法院的"斯洛伐克棕熊案 I"判决，就特伦钦地区法院的第三次判决向最高法院提出上诉。斯洛伐克最高法院认为，在当事人地位存在争议的情况下，行政程序应当暂停，因为类似 LZ 的环境保护组织的参与能够为行政决策提供帮助，实现更高水平的环境保护。但是，在当事人地位问题未解决的情况下继续进行相关程序，却能够保障许可审批的效率，避免对行政许可申请人的不平等对待。在国内法存在救济程序情况下，斯洛伐克最高法院就环境非政府组织就环境行政决定诉诸法律权利保护问题，请求欧洲法院进行初步裁决。

（二）主要争议问题

在适用《栖息地指令》的建设项目的许可程序中，《欧洲联盟基本权利宪章》第 47 条和《奥胡斯公约》第 9 条是否禁止成员国法律允许行政当局在相关主体（本案中的环境保护组织）参与行政决策程序的法律地位未确定的情况下作出立即生效的行政决定，但同时通过另一诉讼程序也为相关主体提供救济方式以维护其合法权利？若可以，那么上述规定是否能够有效地保障《栖息地指令》第 6 条第 3 款〔1〕所规定的特殊保护区内适当评价公众参与义务？

（三）法院判决

1. 环境非政府组织应享有《栖息地指令》第 6 条第 3 款规定的适当评价程序的参与权利

依据斯洛伐克法律规定，只有被认定为行政程序"当事人"（a party to an administrative authorisation procedure）的环境非政府组织，才可就国内相关当局违反《栖息地指令》第 6 条第 3 款的行为提请司法审查。

《栖息地指令》第 6 条第 3 款规定，在作出可能影响特别保护区的计划或项目批准决定前，应依据最先进的科学知识对该计划或项目进行评价。国内审批机构只有在确信不会对保护区域的整体性存在不利影响的条件下，才能审批通过项目或计划。这一条款是《栖息地指令》的核心条款之一，旨在保护具有共同体重要性的自然栖息地以及野生动植物，促进实现欧盟提供高水平环境保护的总体目标。而依据《欧洲联盟运行条约》第 288 条的规定，欧

---

〔1〕《栖息地指令》第 6 条第 3 款："任何不与保护区管理直接相关或必需但可能对其产生重大影响的计划或项目，不论单独还是与其他计划或项目结合，都应当以生态保护区目标为参考适当评价其对保护区的影响。在考虑对保护区的影响结论和本条第 4 款的基础上，国内当局只能在确定相关保护区的整体性不会被影响以及合适情况下征求公众意见的条件下，才能审批通过计划和项目决定。"

洲法院认为《栖息地指令》第 6 条第 3 款尽管没有创建权利，但仍具有结果约束力，在满足适当条件的情况下，应当允许个人在国内程序中予以援引，法院也应将其视为欧盟法的一部分，对成员国计划或项目许可行为进行司法审查。[1]此外，《栖息地指令》第 6 条第 3 款规定，国内审批部门在审批通过上述计划或项目前，在合适情况下，应当征求公众意见。此条款也是欧盟落实《奥胡斯公约》的措施之一，是欧盟法律体系的一部分。《奥胡斯公约》第 6 条对虽未被列入公约附件，但可能对环境产生重大影响的行政决策中的公众参与进行了规定。因此，欧洲法院应结合《奥胡斯公约》对《栖息地指令》第 6 条进行解释，进而判定 LZ 的权利以及地方政府的义务范围。

欧洲法院指出，对符合《奥胡斯公约》第 2 条第 5 款规定的"有利害关系公众"（the public concerned）（如本案中的环境保护组织 LZ），有权参与《栖息地指令》规定的对环境有影响的行政决策程序中。本案中的围场项目虽不属于《奥胡斯公约》附件 1 中的强制公众参与项目，但当地方当局启动一项《栖息地指令》第 6 条第 3 款范围内的授权程序时，《奥胡斯公约》第 6 条第 1 款第 2 项则应适用。即使成员国在制定本国的公众参与制度方面有非常大的自主权，但这只涉及参与程序实施的方式，而非参与权利本身。

综上，欧洲法院认定原告 LZ 享有参与本案争议围场项目行政许可程序的权利。

2. 环境非政府组织就相关当局违反《栖息地指令》第 6 条第 3 款行为诉诸法律的权利

依据欧洲判例法以及《欧洲联盟条约》第 4 条第 3 款规定的真诚合作原则，成员国有义务保障个人源于欧盟法的权利。《欧洲联盟条约》第 19 条第 1 款要求成员提供充分赔偿，以保障欧盟法适用范围内的权利得到有效保障。[2]对适用《栖息地指令》第 6 条第 3 款规定的行政决定，成员国同时需承担保护《欧洲联盟基本权利宪章》第 47 条[3]规定的"有效救济和公正审判"义务。

〔1〕 See, to that effect, judgment of 7 September 2004, *Waddenvereniging and Vogelbeschermingsvereniging*, C-127/02, EU：C：2004：482, paragraphs 66 and 69.

〔2〕 See judgment of 19 November 2014, *ClientEarth*, C-404/13, EU：C：2014：2382, paragraph 52.

〔3〕《欧盟基本权利宪章》第 47 条，有效救济和公正审判的权利："与欧盟法律所保障的权利与自由受到侵害时，人人具有符合本条规定的法庭前获得有效救济的权利……"

该宪章第 51 条第 1 款[1]规定，当成员国实施欧盟法时即应承担第 47 条所规定的义务，这也肯定了欧洲法院判例法所确定的"欧盟法保障的基本权利适用于欧盟法适用范围内，而非欧盟法适用范围外"观点。[2]因此，当成员国程序法涉及环境保护组织源于《栖息地指令》第 6 条第 3 款所赋予的权利时，结合《奥胡斯公约》第 6 条第 1 款第 2 项的规定，则应认定成员国是在实施欧盟相关法律，欧洲法院据此享有与《欧洲联盟基本权利宪章》第 47 条相关事项的管辖权。

《欧洲联盟基本权利宪章》第 47 条规定了有效救济和公正审判的权利，尤其强调有效司法救济权利。如果一项决定属于《奥胡斯公约》第 9 条第 2 款的范围，有效救济则意味着赋予符合公约条件的环境组织（如 LZ）就该款范围内的决定提请审查的权利。而成员国监管当局作出的任何涉及《栖息地指令》第 6 条第 3 款规定事项的决定，不论是参与授权程序、评估是否需要计划或项目适当评价，还是依据评估结论作出的决定合适性等，都属于《奥胡斯公约》第 9 条第 2 款规定的"决定"。

尽管《奥胡斯公约》第 9 条第 2 款规定成员国有权决定本国原告资格的确定规则，但需同时保障相关公众（包括符合条件的环境保护组织）就环境事项"广泛诉诸法律"的权利。适格环境保护组织提起公益诉讼的法律依据，不仅包括转化欧盟环境法的国内法，还包括具有直接效力的欧盟环境法规则。[3]而此类组织就《奥胡斯公约》第 9 条第 2 款规定事项提起诉讼的法律依据，必须包括转化《栖息地指令》第 6 条的国内法。[4]因此，如 LZ 的环境保护组织不仅应当有权对无需开展计划或项目适当评价的行政决定提起诉讼，还

---

〔1〕《欧盟基本权利宪章》第 51 条（适用范围）："本宪章适用于：当欧盟各机构与组织在遵守辅助性原则而进行行动时，以及当成员国执行欧洲联盟法时。各机构部门及成员国在各自职权范围内，应尊重此等权利，遵守各项原则，并促进各项规定的适用。"

〔2〕 See, in particular, judgment of 30 June 2016, *Toma and Biroul Executorului Judecătoresc Horaţiu-Vasile Cruduleci*, C-205/15, EU：C：2016：499, paragraph 23 and the case-law cited.

〔3〕 See by analogy, in respect of Article 10a of Directive 85/337, judgment of 15 October 2015, *Commission v Germany*, C-137/14, EU：C：2015：683, paragraph 92.

〔4〕 See by analogy, in respect of Article 10a of Directive 85/337, judgment of 12 May 2011, *Bund für Umwelt und Naturschutz Deutschland*, *Landesverband Nordrhein-Westfalen*, C-115/09, EU：C：2011：289, paragraphs 49 and 58.

应当有权就该项评估执行中存在的缺陷而提起诉讼。[1]此外,《奥胡斯公约》第9条第4款进一步规定,该公约第9条第2款所规定的程序应该获得"充分和有效"(adequate and effective)的救济。

因此,欧洲法院认为斯洛伐克最高法院的提请欧洲法院裁定的问题,必须结合《欧洲联盟基本权利宪章》第47条、《奥胡斯公约》第9条第2款和第4款予以回答。首先,对缺少欧盟法规范的事项,应由成员国制定详细的国内程序法规则以充分保障个人的欧盟法权利,尤其是《欧盟基本权利宪章》第47条规定的充分救济和公平审判权利。[2]结合风险预防原则、在严格的授权标准,《栖息地指令》第6条第3款确立了涉特别保护区项目或计划审批程序的事先评价制度,以有效避免对特殊保护区的不利影响。[3]本案中,尽管原告LZ能够以"有兴趣者"的身份在一定程度上参加许可程序,但与行政程序"当事人"的身份相比,远不能发挥有效保护特别保护区的作用。在此背景下,LZ对斯洛伐克法律规定提出质疑,认为在行政程序当事人地位存在争议的情况下,行政机构仍可作出行政决定,并且争议问题在行政决定生效后则会自动被驳回,并不能有效保障(如LZ这类)环境保护组织被规定于《奥胡斯公约》第6条的参与权。

欧洲法院根据现有证据指出,如果LZ获得了"程序当事人"(party to the procedure)地位,则能够在许可程序中发挥更为积极的作用,其意见也更有效被审批机构在作出审批决定前所考虑。并且,斯洛伐克最高法院也已提出,只有许可申请人才能当然被认定为程序当事人,故在缺少环境保护组织的有效参与时,环境很可能完全不被考虑,《栖息地指令》第6条第3款实现的更高水平的环境保护这一根本目标将不会达成。更近一步,LZ依国内法认定的"有兴趣方"(interested person)地位,不能使其获得对抗行政授权决定的法律地位,因为斯洛伐克法律规定只有"程序当事人"才有此权利。

---

[1] See by analogy, in respect of Article 10a of Directive 85/337, judgment of 7 November 2013, *Gemeinde Altrip and Others*, C-72/12, EU: C: 2013: 712, paragraph 37.

[2] See, to that effect, judgments of 8 March 2011, *Lesoochranárske zoskupenie*, C-240/09, EU: C: 2011: 125, paragraph 47, and of 15 September 2016, *Star Storage and Others*, C-439/14 and C-488/14, EU: C: 2016: 688, paragraph 46.

[3] See, to that effect, in particular, judgments of 7 September 2004, *Waddenvereniging and Vogelbeschermingsvereniging*, C-127/02, EU: C: 2004: 482, paragraphs 57 and 58, and of 14 January 2016, *Grüne Liga Sachsen and Others*, C-399/14, EU: C: 2016: 10, paragraph 48.

因此，上述法律规定不能有效保障环境非政府组织涉及《栖息地指令》第6条第3款以及《奥胡斯公约》第6条第1款第2项事项上的广泛诉诸法律权利。

综上，欧洲法院对斯洛伐克最高法院提请初步裁决的问题作出否定回答。

（四）案件评述

"斯洛伐克棕熊案Ⅱ"处理了《奥胡斯公约》第9条第2款、《欧洲联盟基本权利宪章》第47条、《栖息地指令》第6条第3款以及成员国法律在公众参与环境决策和诉诸法律问题上的复杂关系。欧洲法院通过本案形成了判断成员国在此问题上是否遵守欧盟法的"有效性测试"规则（the effectiveness test），强化了《奥胡斯公约》规定的程序性权利。

首先，受《栖息地指令》保护的特别保护区内新建项目的许可授权，属于《奥胡斯公约》第6条规定的应保障公众参与的具体活动决策。《奥胡斯公约》第6条第1款规定了两类必须适用公约公众参与规定的事项：一是该公约附件1规定的拟议活动；二是除第1款规定范围外，成员国法律规定的、可能对环境产生重大影响的拟议活动；1992年《栖息地指令》第6条第3款规定，可能对自然保护区的整体性产生不利影响的拟议活动的审批程序，应进行公众参与。因欧盟指令对成员国具有结果约束力，所以指令要求公众参与的事项必然应为成员国法律规定的公众参与事项，故也是应适用《奥胡斯公约》规则的第二类事项。

本案中，在涉及受《栖息地指令》保护的特别保护区内新建项目许可程序中，环境非政府组织LZ对其参与身份（"有兴趣方"还是"当事人"）提出质疑时，首先可以依据本国法律规定进行处理，若本国法律可能违反欧盟法，则可在满足适当条件下援引《栖息地指令》和《奥胡斯公约》的相关规定获得司法救济。依据斯洛伐克最高法院在"斯洛伐克棕熊案Ⅰ"后的判决，LZ应有权以"当事人"的身份参与到围场项目的许可程序中。

其次，在涉及强制公众参与的行政决策事项上，成员国是否履行保障公众"广泛诉诸法律"权利的义务，应以"有效性测试"为判断标准。虽然1992年《栖息地指令》未进一步规定须进行公众参与的环境行政决定、作为或不作为的救济问题，但《奥胡斯公约》第9条第2款要求，在不影响行政复审程序的情况下，成员国应提供"充分和有效"的司法救济。同时，《欧洲联盟基本权利宪章》第47条要求成员国在实施欧盟法时，应保障人人有"有效救济"的权利。

本案中，斯洛伐克相关主管部门认定环境非政府组织 LZ 只能以"有兴趣方"身份参与围场项目的许可程序。LZ 对此决定有异议，继而提出复议。然而，在 LZ 身份认定结果未决的情况下，主管部门以保障行政效率为由作出授予项目许可决定。依据斯洛伐克法律的规定，在许可决定生效之日，LZ 在许可程序中的身份异议会自动被驳回，但可另行通过民事诉讼程序对其参与身份问题进行救济。针对这样的规定，欧洲法院法提出，如果 LZ 直接获得"程序当事人"地位，则能够在许可程序中发挥更为积极的作用，其意见也更有效地被审批机构在作出审批决定前考虑，符合《栖息地指令》第 6 条第 3 款规定的适当评价制度的预防价值。若只作为"有兴趣方"，不能使其获得对抗行政授权决定的法律地位。因此，斯洛伐克的法律规定不能有效地保障环境非政府组织涉及《栖息地指令》第 6 条第 3 款以及《奥胡斯公约》第 6 条第 1 款第 2 项事项上的广泛诉诸法律权利。

从欧洲法院在本案中的说理来看，成员国能否通过在保障环境非政府组织诉诸法律的权利方面的"有效性测试"，关键在于判断是否有必要让环境非政府组织经历第二个程序才能获得在初始程序中的法律地位。在本案中即体现为，LZ 是否需要通过额外的民事诉讼程序才能获得"程序当事人"身份，以保障其就围场项目许可决定提起诉讼的权利。欧洲法院的回答显然是不需要。因此，有学者认为，欧洲法院以两个"斯洛伐克棕熊案"在事实上实现了公众环境诉讼问题上的欧盟法统一。[1]

最后，本案中欧洲法院适用《欧洲联盟基本权利宪章》第 47 条来保障公众在欧盟适用范围内获得有效救济的权利，其影响力在将来可能扩大到环境领域外。此前，欧洲法院对使用宪法性方式保障非政府组织在欧盟法院的诉讼权利持否定态度。例如，在"密封产品案"[2]中，欧洲法院认为，《欧洲联盟基本权利宪章》第 47 条的目的不是改变《里斯本条约》规定的司法审查制度，特别是向欧盟法院提起诉讼的原告必须具有直接利害关系；2016 年，

---

〔1〕 See M. van Wolferen ，"Case C-243/15 Lesoochranárske zoskupenie vlk v Obvodný úrad Trenčín"，2017.

〔2〕 See Judgment of 3 October 2013, *Inuit Tapiriit Kanatami and Others v Parliament and Council*, Case C-583/11 P, EU：C：2013：625.

综合法院依据这一判决在"泛欧洲农药行动网络案"[1]中,以环境保护组织不具有相当的直接利害关系为由,裁定其不具备原告资格。[2]"斯洛伐克棕熊案Ⅱ"后,这一现状可能发生转变,非政府组织可能依本案获得更大的诉讼权利。

---

〔1〕 Order of 28 September 2016. *PAN Europe*, Case T-600/15, EU:T:2016:601.

〔2〕 See Laurens Ankersmit,"Brown Bears Ⅱ: Aarhus and the Charter Show Their Teeth", http://europeanlawblog. eu/2017/03/24/brown-bears-ii-aarhus-and-the-charter-show-their-teeth,访问日期:2019年4月1日。

第六章　欧盟环境影响评价制度

本章导读

欧盟通过 2011 年《环境影响评价指令》和 2001 年《战略环境影响评价指令》建立了环境影响评价制度，并经数次修改以及欧洲法院判例不断予以完善，尤其是在跨境环评、环评信息公开、公众参与和司法审查等方面独具特色。本章将介绍六个涉及欧盟环评制度不同内容的重要判例。"格鲁伯案"确认了有利害关系的公众就无需进行环评的项目审查决定提起诉讼的权利；"阿尔特里普案"明确了评价内容不充分的环评结论的可诉性；"欧盟委员会诉爱尔兰案"提供了公众付费参与环评程序规定的合法性判断标准；"勒思案"解决了未履行环评义务主体的赔偿责任和方式问题；"奥地利环境监察官诉卡林西亚省案"阐释了欧盟跨境环评制度对项目拆分的规制；"比利时环境保护组织诉布鲁塞尔首都大区案"界定了战略环评的司法审查范围。

一、"格鲁伯案"：无需进行环评的项目审查决定的可诉性

"格鲁伯案"[1]的一方当事人是格鲁伯女士，另一方是奥地利卡林西亚州独立行政参议院（Unabhängiger Verwaltungssenat für Kärnten）、EMA 贸易咨询有限公司和联邦经济事务、家庭和青年部（Bundesminister für Wirtschaft, Familie und Jugend），涉及一项在格鲁伯女士所有的土地边界上建设和运营一

---

[1] Judgement of 16 April 2015, *Gruber*, C-570/13, EU：C：2015：231

家零售公园的授权决定。因需对 2011 年《环境影响评价指令》[1]第 11 条进行解释，奥地利行政法院就相关问题请求欧洲法院作出初步裁决。

（一）案件事实

2012 年 2 月 21 日，奥地利卡林西亚州独立行政参议院依据《工业法典》（Gewerbeordnung）的相关规定，授予 EMA 贸易咨询有限公司在克拉根福（Klagenfurt am Wörthersee）建设和运营一家零售公园的开发许可。这个零售公园总占地面积为 1143.58 平方米，与原告格鲁伯女士所有的土地相邻接。格鲁伯女士向奥地利行政法院提起诉讼，请求撤销 EMA 贸易咨询有限公司的建设和运营许可。她认为，依据奥地利《环境影响评价法》（Umweltverträglichkeitsprüfungsgesetz）的规定，零售公园项目的开发许可决定必须在考虑环境影响评价结论的基础上做出。

为支持其诉讼，格鲁伯女士依据本国《环境影响评价法》第 3 条第 7 款，请求法院确认克林西亚州政府于 2010 年 7 月 21 日作出的零售公园无需进行环评的决定（以下简称"无需进行环评决定"）无效。格鲁伯女士指出，由于零售公园可能造成健康风险的计算数据和方法不准确，故主管部门做出的无需进行环评的决定应允许被质疑。

但奥地利法律规定，作为相邻人的格鲁伯女士无权对无需进环评决定等类似行政决定提起诉讼，只需此类决定做出后告知即可。卡林西亚州独立行政参议院辩称，因为具有质疑资格的主体在规定的时间内并未提出异议，无需进行环评决定已经生效。鉴于此决定的约束力，参议院无法在对建设项目开发许可的审批程序阶段对该决定相关内容进行评估。

奥地利行政法院认为，《工业法典》规定，当商业设施危及相邻人生命、健康或财产时，相邻人有权在商业设施建设和运行许可程序中提出异议，或者就建设或运营许可决定提起诉讼。但是，相邻权人并无权直接就项目是否需要进行环评这一前置决定提起诉讼。对于是否需要进行环评的项目审查决定，只有审查程序当事人才有权提出质疑。奥地利《环境影响评价法》第 3 条第 7 款规定，环评项目审查程序的当事人资格仅限于项目申请人、参与的

---

[1] Directive 2011/92/EU of the European Parliament and of the Council of 13 December 2011 on the assessment of the effects of certain public and private projects on the environment, *OJ L* 26, 28.1.2012. 2011 年《环境影响评价指令》撤销了 1985 年《环境影响评价指令》，并部分修改了 2003 年《公众参与和诉诸法律指令》。

行政当局、环境监察员以及相关市政。这种规定限制了可介入无需进行环评
决定作出的项目审查程序主体，进而限制了就此决定提起诉讼的主体范围。
然而，如格鲁伯女士等建设项目的相邻人不仅无权参与项目审查程序，且该
程序做出的环评审批决定在生效后对其具有约束力。因此，奥地利行政法院
决定就无需进行环评决定在后续程序具有约束力的规定是否符合欧盟法问题，
请求欧洲法院作出初步裁决。

（二）主要争议问题

若成员国法律规定，主管当局做出的无需进行环评的项目审查决定对不
享有参与权的相关公众具有约束力，但相关公众并无对此行政决定提起诉讼
的资格，仅能在此后的项目开发许可程序中提处异议，此种规定是否违反欧
盟 2011 年《环境影响评价指令》第 11 条公众参与环评权利的相关规定？

（三）法院判决

欧洲法院认为，本案的核心问题是：无需进行环境影响评价的行政决定
对相邻权人具有约束力，但相邻权人却无权就此行政决定提起诉讼的国内法
规定，是否违反欧盟 2011 年《环境影响评价指令》第 11 条的规定。

2011 年《环境影响评价指令》第 11 条第 1 款规定，成员国应在本国的法
律体系中保障满足"具有充分利益"（a sufficient interestin bringing the action）
或"权利受到侵害"（the impairment of a right）条件的"有利害关系公众"
（public concerned），有权对指令适用范围内的行政决定、作为或不作为的实
质或程序合法性提起司法审查。[1]为履行《奥胡斯公约》，1985 年《环境影
响评价指令》第 10 条第 1 款第 1 项以及立法说明第 5 点直接复制了《奥胡斯
公约》第 9 条第 2 款第 1 项所使用的术语，并为修改后的 2011 年《环境影响
评价指令》第 11 条第 1 款所继受。因此，在解释欧盟环评相关条款时，必须
考虑《奥胡斯公约》的立法目的。[2]可作为欧洲法院解释相关条款参考的
《〈奥胡斯公约〉执行指南》指出，鉴于缔约国不同的法律制度，[3]公约第 9
条第 2 款规定的两类原告资格认定标准，是同等实现公约目标的机制。2011

〔1〕　See, to that effect, judgment in *Bund für Umwelt und Naturschutz Deutschland*, *Landesverband Nordrhein-Westfalen*, C115/09, EU：C：2011：289, paragraph 38.

〔2〕　See, to that effect, judgment in *Bund für Umwelt und Naturschutz Deutschland*, *Landesverband Nordrhein-Westfalen*, C115/09, EU：C：2011：289, paragraph 41.

〔3〕　See, to that effect, judgment in *Solvay and Others*, C-182/10, EU：C：2012：82, paragraph 28.

年《环境影响评价指令》第11条第3款规定，成员国不管选择何种模式，都需保障有利害关系的公众享有广泛诉诸法律的权利。《奥胡斯公约》第9条第2款第2项规定，"充分利益"或"权利受损"需依据国内法的规定确定，但必须与公约为公众提供广泛诉诸法律权利规定相一致。鉴于此，可就环评决定提起诉讼的原告资格认定问题受成员国的国内法律规范。

但需注意的是，在缺少欧盟法律规定的情况下，成员国有义务通过本国的司法系统保障源于欧盟法的个人权利，成员国应为个人的欧盟法权利提供不低于相似国内法权利的保护（同等对待原则），并且，确保前者的实施不得较后者更为困难（有效性原则）。[1]因此，尽管成员国在"充分利益"或"权利损害"的构成要件选择上具有自主权，但其裁量权必须受《奥胡斯公约》保障"广泛诉诸法律"权利目标的限制。也就是说，奥地利有权在国内法中规定只有权利受损的个人才能针对2011年《环境影响评价指令》第11条规定的行政决定、作为或不作为提起诉讼，但"权利受损"个人的范围不得比指令所规定的"有利害关系的公众"范围更小。

本案中，格鲁伯女士属于奥地利《工业法典》界定的"相邻人"，即项目建设、存在或运行可能对其个人权利造成影响范围内的主体，有权对项目建设和运行的行政许可提起诉讼。但是，相邻人并不是项目环评审查程序的当事人，无权对项目无需进行环评的审查决定提起诉讼。因奥地利《环境影响评价法》规定，只有建设单位、参与的权力机构、环境监察员以及有利害关系的市政可以对项目审查决定提起诉讼，从而排除符合了2011年《环境影响评价指令》第11条第1款规定的相邻人诉讼权利。这种近乎整体性的排除规定将限制欧盟环评指令规定的"有利害关系公众"的范围，故违反了2011年《环境影响评价指令》。因此，相邻人作为满足2011年《环境影响评价指令》第11条规定的具有充分利益或权利受损的有利害关系公众，应有权对无需进行环境影响评价的行政决定以及后续的开发许可决定提起司法审查。

但欧洲法院同时指出，本案中成员国的相关法律虽然违反了2011年《环境影响评价指令》，但这并不能限制成员国确定本国法律中"充分利益"或"权利受损"判断标准的自主权，即使该国法律排除原则上应有权提起诉讼、

---

[1] Judgment in *Bund für Umwelt und Naturschutz Deutschland*, *Landesverband Nordrhein-Westfalen*, C-115/09, EU: C: 2011: 289, paragraph 43.

作为有利害关系公众一部分的相邻人，个人诉讼是否能够被受理，也必须由法院依国内法裁定。若成员国法院认为原告具有诉讼资格，则应同时裁定无需进行环评决定对其不具有约束力。

最后，2011 年《环境影响评价指令》第 2 条第 2 款规定，成员国有权将欧盟环评指令的相关规定转化至国内现行项目开发许可程序中，或者通过能够保证环评指令目标得以实现的其他程序替代实施。但是，奥地利《工业法典》所规定的相邻人对项目建设和运行许可诉诸法律的程序规定并不符合欧盟《环境影响评价指令》的要求，因为此种诉讼程序主要是为了防止建设设施危及相邻人的生命、健康、财产以及可能的其他损害，而非具有明确的公共环境利益保护目的。尽管奥地利有权将环评制度合并至国内其他行政程序中，但需完全履行 2011 年《环境影响评价指令》的相关要求。并且，无论何种情况，"有利害关系的公众"在满足"有充分利益"或"权利受损"的情况下都必须有权就无需进行环境影响评价的项目审查决定请求法律救济。

综上，欧洲法院裁定，对相邻人具有约束的无需进行环评的行政决定，相邻人在符合 2011 年《环境影响评价指令》第 1 条第 2 款规定的"具有充分利益"或"权利受损"的条件时，应有权对此行政决定提请法院审查。至于相邻人是否满足"有利害关系的公众"的问题，应由成员国法院具体判定。若成员国法院认定申请人是有利害关系的公众，便应裁定不进行环境影响评价的行政决定对相邻人没有约束力。

（四）案件评述

"格鲁伯案"是关于欧盟环评制度和公众环境诉讼权利的重要判例之一。"格鲁伯案"对 2011 年《环境影响评价指令》第 11 条和《奥胡斯公约》第 9 条第 2 款予以进一步阐释，并回答了欧盟环评司法审查制度中的重要问题：谁可以就环评中何事提请司法审查？

第一，欧盟环评制度中提请司法审查的主体是"有利害关系的公众"（public concerned），包括如本案原告的相邻人。首先，《奥胡斯公约》第 9 条第 2 款整体性地规定，缔约国应保障有利害关系的公众在需公众参与的特定事项上诉诸法律的权利。2011 年《环境影响评价指令》第 11 条则是欧盟履行公约义务的具体措施之一。该条第 1 款规定，有利害关系的公众有权就指令规定的、需公众参与的行政决定、作为或不作为的合法性提请法院审查。在对"有利害关系的公众"的界定上，2011 年《环境影响评价指令》第 11

条几乎完全复制了《奥胡斯公约》第 9 条第 2 款的内容。依据上述两条款，"有利害关系的公众"是具有充分利益或权利受损的主体。

其次，"有利害关系的公众"的具体认定规定，是由成员国根据本国法律体系确定的。成员国可单独适用"充分利益"（sufficient interest）模式或"权利受损"（impairment of a right）模式，也可同时适用两种模式。但成员国的此项自由权并非无界限，而是必须遵守《奥胡斯公约》和《环境影响评价指令》所期实现的公众"广泛诉诸法律"（wide access to justice）权利的立法目的。

因此，欧洲法院在本案中指出，作为相邻人，格鲁伯女士是欧盟法意义上的"有利害关系的公众"，有权就欧盟环评指令规定下的相关行政决定提起诉讼。但她是否是奥地利国内诉讼程序的适格原告，则应先由国内法院判定她是否具有充分利益或权利受损。如果国内法院认为格鲁伯女士是有利害关系的公众，那么未开展环评即作出的行政决定对她及其他相邻人没有约束力。

第二，有利害关系的公众应有权对无需进行环境影响评价的行政决定提请法院审查。结合《奥胡斯公约》第 9 条和《环境影响评价指令》第 11 条保障公众广泛诉诸法律权利的立法目的，成员国在转化实施环评指令相关条款时，不应对有利害关系的公众就指令适用范围内的行政决定、作为或不作为诉诸法律的权利做限制解释。因此，若成员国法律只授权项目申请者、参与当局、环境监察员以及相关市政，就是否需进行环评的项目审查（screening）决定提起诉讼，那么将排除绝大多数欧盟法上的"有利害关系的公众"（如本案中的相邻人格鲁伯女士），导致这些主体无法实施《环境影响评价指令》第 11 条授予的环评诉讼权利。因此，为了充分履行其《奥胡斯公约》第 9 条第 2 款和欧盟环评指令第 11 条的义务，成员国应保障如格鲁伯女士等"有利害关系的公众"就无需进行环评的行政决定提起诉讼的权利。

二、"阿尔特里普案"：基于瑕疵环评作出的许可决定的可诉性

"阿尔特里普案"[1]的原告当事人是德国阿尔特里普市（Gemeinde Altrip）、一家有限责任公司（Gebrüder Hört GbR）和施耐德先生（Willi Schneider），被

---

〔1〕 Judgment of 7 November 2013, *Gemeinde Altrip and Others v Land Rheinland-Pfalz*, Case C-72/12, EU: C: 2013: 712.

告是莱茵兰–普法尔茨州政府（Land Rheinland-Pfalz），涉及后者作出的一项建立洪水淹没区保留计划批准决定。因需对《公众参与和诉诸法律指令》和 1985 年《环境影响评价指令》第 10 条第 1 款关于公众环评诉讼权利规定进行解释，德国最高行政法院就相关问题向欧洲法院提请初步裁决。

（一）案情介绍

莱茵兰–普法尔茨州作出了一项在原莱茵河泛滥平原建立洪水淹没区保留计划决定。因受此决定影响，作为土地所有权人或租户的阿尔特里普市、GebrüderHört 公司和施耐德先生故向地区行政法院（Verwaltungsgericht）起诉，请求撤销洪水淹没区保留项目的建设许可，其理由是此项目在开工之前进行的环境影响评价不充分。在地区法院驳回了诉讼请求后，三位原告向莱茵兰–普法尔茨高等行政法院提起上诉，但同样被驳回。上诉法院认为，依据相关法律的规定，只有在环境影响评价完全没有执行的情况下才能对其提起诉讼，而不包括已经进行环评但可能存在违规行为的情形。随后，三位原告向德国联邦行政法院提起上诉。在不确定德国法律关于公众诉诸法律权利的规定是否符合欧盟《环境影响评价指令》的情况下，联邦行政法院请求欧洲法院进行初步裁决。

（二）主要争议问题

若争议项目已进行环评但却存在不规范之处，1985 年《环境影响评价指令》第 10 条第 1 款是否要求成员国保证公众有权对据此环评结论作出的行政决定的程序合法性提请司法审查？若答案为肯定，那么是否所有此类行政决定都可诉？

（三）法院判决

1. 欧盟环评指令规定的公众诉诸法律权利的适用范围

1985 年《环境影响评价指令》第 10 条第 1 款规定，成员国应当在本国相关法律体系中保障"有充分利益"或者"权利受损"的有利害关系的公众，有权通过司法程序对指令规定的、需公众参与的行政决定、行为或不作为提起异议。因此，对于有利害关系的公众就行政决定、作为或不作为的实质或程序合法性提请司法审查的权利，1985 年《环境影响评价指令》第 10 条第 1 款并未做出任何限制。[1]

---

〔1〕 See, Case C-115/09, *Bund für Umwelt und Naturschutz Deutschland, Landesverband Nordrhein-Westfalen*〔2011〕ECR I-3673, paragraph 37.

基于此，成员国在将此款内容转化至国内法时，不得将司法审查的范围限制于未进行环境影响评价即作出的行政决定。如果仅以已进行环评为由排除公众就相关行政决定诉诸法律的权利，而不考虑环评程序的违法程度，那么实质上就是在很大程度上否定了《环境影响评价指令》中公众参与制度的价值，与指令第 10 条第 1 款规定的保障公众最大限度诉讼权利的目标相违背。因此，本案中德国法律排除公众对存在违规行为的环评基础上作出的行政决定提出质疑的规定，违反了 1985 年《环境影响评价指令》第 10 条第 1 款的规定。

2. 有利害关系的公众针对瑕疵环评的行政决定起诉权利的认定

欧洲法院明确：

第一，在原告资格问题上，1985 年《环境影响评价指令》规定了有利害关系公众的两种判断标准：具有充分利益和权利受损，成员国可依据本国法律制度选择适合的认定模式。[1]该指令第 10 条第 1 款进一步规定，不论成员国如何确定"权利受损"的认定规则，都应符合保障有利害关系公众的广泛诉诸法律权利的立法目标。[2]因此，成员国关于具有原告资格的"有利害关系的公众"的规定必须考虑此目标，以保持与欧盟法的一致性。而在公众参与环评问题上，如果欧盟没有明确规则，那么将由成员国在国内法律体系中制定具体的程序规则，保障个人源于欧盟法的权利。这些国内法的具体规定应当依照平等原则，给予欧盟法上的权利和国内权利同等地位；依照有效原则，使欧盟权利的实施不得比国内权利更困难。因此，尽管成员国有权在本国法中规定，只有权利受损害的申请人才能对环境相关行政行为提起诉讼，但是，法律规定的条件不得使得指令赋予公众的诉诸法律权利不可能或非常难实施，进而无法实现保存、保护和改善环境质量以及保护人类健康的目标。

第二，公众原则上应有权针对存在环评瑕疵的行政决定起诉。本案中，德国法律规定，有利害关系的公众在提起诉讼时必须证明环评瑕疵和最终的行政决定内容存在联系（因果关系要件，the condition of causality）。但正如判决上文所指出的，欧盟对要求成员国保障的公众对环评指令适用范围内的

---

〔1〕 See, Case C-115/09, *Bund für Umwelt und Naturschutz Deutschland, Landesverband Nordrhein-Westfalen* [2011] ECR I-3673, paragraph 37, paragraph 38.

〔2〕 See, Case C-115/09, *Bund für Umwelt und Naturschutz Deutschland, Landesverband Nordrhein-Westfalen* [2011] ECR I-3673, paragraph 37.

行政决定、作为或不作为的诉讼权利没有规定其他限制条件。在任何情况下，欧盟环评指令的立法目的都不是将程序瑕疵需对结果产生影响规定为针对环评瑕疵起诉权利的前提条件。此外，1985 年《环境影响评价指令》的立法目的之一是保证公众更好地知晓、更有效地参与到对环境有重大影响的项目之中，所以，只要是为了实现指令广泛诉诸法律权利目的，公众就必须被允许对指令适用范围内的、任何存在程序违法性的行政决定提起诉讼。

第三，并不是所有程序性违法行为都必然能够影响政府机构作出决定的意愿，所以并不是所有环评瑕疵都会造成申请人权利受损。欧洲法院认为，如果以起诉人所依据的瑕疵不构成权利侵害为由，排除相关公众对环评相关行政决定的起诉资格，1985 年《环境影响评价指令》赋予公众广泛诉诸法律权利的目的并没有被侵犯。因为该指令第 10 条第 1 款明确规定，成员国享有确定"权利受损"规则的自主权。[1]若根据德国法院能够认定，该程序瑕疵并不会对之后的建设许可决定有实质性的影响，则不构成对欧盟环评指令的违反。

然而，德国法律规定，一般情况下应由起诉人证明权利损害的存在。也就是说，本案的三位原告需要证明，若环评没有瑕疵，主管当局会作出不同的项目建设许可决定。考虑到争议程序的复杂性以及环评的技术性，这种因果关系的证明责任将导致公众难以实施欧盟指令赋予他的诉讼权利。因此，1985 年《环境影响评价指令》第 10 条第 1 款的规定应当理解为：成员国法院只有在在不对起诉人施加举证责任，并充分考虑建设单位或审批机构的证据以及提交至法律的案件材料的基础上，认为瑕疵环评不会对争议项目建设许可决定产生实质性影响时，才能排除排除权利损害的存在。

（四）案件评述

"阿尔特里普案"不仅强化了《奥胡斯公约》第 9 条第 2 款和 1985 年《环境影响评价指令》第 10 条第 1 款（现 2011 年《环境影响评价指令》第 11 条第 1 款）所规定的有利害关系公众环境行政诉讼原告资格，还提出了环境司法审查中的实质性标准。

一方面，欧洲法院通过本案明确了有利害关系的公众就基于瑕疵环评作

---

〔1〕 See, to that effect, Case C-115/09, *Bund für Umwelt und Naturschutz Deutschland*, *Landesverband Nordrhein-Westfalen*, paragraph 55.

出的项目许可决定提起诉讼的权利，并重申了上述公约和指令保障的公众在环境事项上"广泛诉诸法律"权利的立法目的。1985 年《环境影响评价指令》第 10 条第 1 款对其所规定的有利害关系公众能够对指令适用范围内的、涉及公众参与的行政决定、作为或不作为向法院提出质疑的权利，没有做出任何限制。也就是说，所有需公众参与且与环评相关的程序错误或瑕疵，原则上都不应被排除在司法审查范围外。德国法将申请人的诉讼事项限定在未进行环评即作出的行政决定范围内，排除所有针对基于瑕疵甚至错误环评作出的行政决定的诉讼可能性，这不仅使有利害关系的公众无法对绝大多数欧盟环评指令规定的行政决定的程序合法性进行审查，损害了其"广泛诉诸法律"的权利，还将导致决策机构在环评程序上只需"走过场"即可，无法实现环境风险预防和民主决策的环评制度目的。欧洲法院因此认定，有利害关系的公众原则上享有对所有基于瑕疵环评作出的相关行政决定的诉权。

另一方面，"阿尔特里普案"同时明确，只有在环评瑕疵可能改变行政决定时才属于可诉事项，从而确立了欧盟环境司法审查中的实质性标准。由于德国法在有利害关系公众的认定上采用了"权利受损"标准，因此欧洲法院提出，只有在瑕疵环评能够对决策产生实质性影响时，才能被认定为损害申请人权利。因此，若瑕疵环评不会改变其后的建设许可决定，成员国可以认定相关公众不具有原告资格。但为避免过重的举证责任损害有利害关系公众的诉讼权利，欧洲法院要求成员国必须同时规定，对上述实质性影响的证明责任应由相关当局或建设单位来承担。此外，对环评瑕疵严重程度的认定，欧洲法院认为应当考虑是否导致有关公众无法获取信息以及参与到决策决策这两项欧盟环评指令的立法目的。

三、"欧盟委员会诉爱尔兰案"：公众付费参与环评规定的合法性

"欧盟委员会诉爱尔兰案"[1]的双方当事人是欧盟委员会（原欧共体委员会，Commission of the European Communities）和爱尔兰共和国。欧盟委员会认为爱尔兰法律关于公众需事先支付环评参与的规定违反了 1985 年《环境影

---

〔1〕 Judgment of 9 November 2006, *Commission of the European Communities v Ireland*, C-216/05, EU：C：2006：706.

响评价指令》（经 1997 年、2003 年两次修订）第 6 条〔1〕和第 8 条〔2〕，故将其诉至欧洲法院，请求确认爱尔兰相关法律的违法性。

（一）案件事实和诉前程序

爱尔兰环境影响评价程序是作为其规划许可程序的一部分而非单规定。2000 年《规划和开发法》和 2001 年《规划和开发条例》对爱尔兰公众参与规则作出部分修改，其中包括向地方规划审批机关提交意见的个人或组织，需交纳 20 欧元的规划参与费；若向上诉委员会就项目开发许可提交意见，需交纳 45 欧元的参与费。上述费用规定将于 2002 年 3 月 11 日生效，而修改前的法律却无此规定。

2000 年，欧盟委员会在接到爱尔兰环境非政府组织关于《规划和开发法》修订提案的指控后，通过 2000 年 8 月 29 日函件要求爱尔兰政府对立法提案的相关方面作出评价，尤其是公众只有在付费后才能在开发许可程序中提交部分意见。其后，欧盟委员会在其正式通知函中要求爱尔兰政府就公众参与需交费用的规定是否遵守 1985 年《环境影响评价指令》问题提交意见。2003 年 1 月 23 日，欧盟委员会正式发出附理由意见书，要求爱尔兰自接到此意见书起 2 个月内采取必要措施履行上述义务。因对爱尔兰的答复并不满意，欧盟委员会向欧洲法院提起诉讼。

（二）主要法律问题

在环评程序中，若成员国法律规定公众只有在交付费用后才能就项目或规划提交意见，是否违反欧盟 1985 年《环境影响评价指令》第 6 条和第 8 条关于公众参与权利的规定？

----

〔1〕 1985 年《环境影响评价法》（经 1997 年、2003 年两次修订）第 6 条："1. 成员国应当采取必要措施保证因其特殊环境职责而可能与项目相关的权力机构，有权就开发者提供的信息和开发许可申请表达自己的意见。为此，成员国应当或通过一般条款，或通过个案明确规定，上述权力机构必须被咨询。依据第 5 条收集的信息应转发给这些权力机构。成员国同时应制定详细的咨询制度。2. 成员国应当保证任何开发许可申请和依据第 5 条收集的信息应在合理的时间内向公众公开，以便有利害关系公众在开发许可授予前有机会表达意见。3. 成员国应当依据项目或相关场所的特征，制定前款信息和咨询的详细制度，可包括：（1）界定有利害关系的公众；（2）明确可以查阅信息的场所；（3）明确公众被通知的方式，例如在一定范围内发放传单，在当地报纸上发布，组织有计划、图标、表格、表格和模型的展览；（4）确定公众参与的方式，例如书面意见、公众咨询；（5）确定环评程序不同阶段的适当期限以保障决定在合理期间内作出。"

〔2〕 1985 年《环境影响评价法》（经 1997 年、2003 年两次修订）第 8 条："依据第 5、6、7 条进行的咨询结果和收集的信息必须在开发许可程序中予以考虑。"

（三）双方当事人意见

1. 欧盟委员会的理由

欧盟委员会认为，爱尔兰法律关于公众需付费参与某些环评程序的规定，违反了1985年《环境影响评价指令》第6条，进而违反了该指令的第8条。

欧盟委员会提出四项理由，论证爱尔兰对《环境影响评价指令》第6条的违反。①《环境影响评价指令》没有明确授权成员国收取此类费用的条款规定。而与此相关的欧盟其他指令（如1990年《获取环境信息自由指令》[1]）则明确规定成员国可以征收公众参与费用。②征收公众参与费用违反了1985年《环境影响评价指令》的制度价值和目的。欧盟环评制度意在为环评程序提供补充信息，而公众是信息的主要来源之一。若成员国要求公众在开发许可程序中支付费用，会产生阻却公众参与决策程序或使公众参与更为困难的效果。③1985年《环境影响评价指令》第6条第2款并不能作为爱尔兰意见的支撑。向公众征收参与费用并不能被解释为"详细安排"（detailed arrangements）的一部分，因为征收费用并不构成"利于有利害关系公众在开发许可授予前有机会表达意见"的合理要件。④爱尔兰征收参与费用的规定，将成为潜在参与者参与环评的障碍，尤其是对于低收入人群。

欧盟委员会认为爱尔兰违反了1985年《环境影响评价指令》第8条的原因在于，收取第6条禁止的参与费用会使成员国无法保障没有支付能力的公众在对环境产生重大影响的项目开发许可程序中表达意见的权利。

2. 爱尔兰的反驳意见

针对欧盟委员会对其违反1985年《环境影响评价指令》第6条的指控，爱尔兰同样提出四项反驳意见。①作为欧盟环评指令立法依据的《欧洲经济共同体条约》第235条（现《欧洲联盟运行条约》第288条），欧盟权能及其范围应由指令的明确措辞所界定，而不能从指令的条文规定中进行推定。欧盟权利实施时应遵守的辅助性原则以及成员国在转化欧盟指令中享有的自主权都与此观点相一致。②收取公众参与费用的规定并不违反《环境影响评价指令》，因为该规定意在促进公众参与，地方主管机构收取的费用实际用于向

---

[1] Council Directive 90/313/EEC of 7 June 1990 on the freedom of access to information on the environment, *OJ L* 158, 23.6.1990. 该指令现已失效，相关内容现规定于2000年《公众获取环境信息指令》。

公众公开信息和咨询所需的行政费用。③1985 年《环境影响评价指令》第 6 条第 3 款特别规定，成员国有权确定向公众公开信息和咨询的具体制度安排，因此应由欧盟委员会就违法性举证。④收取参与费用并不会对低收入人群产生阻却参与的效果，因为此收费是出于行政目的，并具有整体上和数量上的合理性。鉴于欧盟委员会对《环境影响评价指令》第 8 条违反的认定是建立爱尔兰违反第 6 条的基础上，故无需再进行反驳。

（四）法院判决

首先，欧洲法院否定了欧盟委员会的第一个理由，即爱尔兰无权在指令无明文规定的情况下收取费用。《欧洲经济共同体条约》第 249 条（现《欧洲联盟运行条约》第 288 条）第 3 款规定："就其所期实现的结果，指令对其规范的所有成员国均具有约束力，但成员国权力机构有权选择实施指令的方式和方法。"该条款应该被解释为，在将指令转化为国内法时，成员国有义务保障指令的结果有效性，但在实施方式上享有很大的自主权。[1]特别是，欧盟委员会不能仅因同一主题的另一指令中有收取费用的明文规定，就推定欧盟法希望只有在立法明文规定的情况下才能收取费用。鉴于此，欧盟委员会针对违反 1985 年《环境影响评价指令》第 6 条提出的第一项理由不能成立。

其次，对欧盟委员会针对《环境影响评价指令》第 6 条违法性提出的第三项理由，即收取费用规定超出了该条第 2 款和第 3 款授予的自主权范围，欧洲法院同样不予支持。1985 年《环境影响评价指令》第 6 条第 2 款规定，成员国应保障有利害关系的公众在项目开发许可决定作出前发表自己意见的权利。第 3 款规定，成员国有权决定公众咨询的具体制度安排，并列举了供成员国参考的几个方面，但未穷尽所有方面。从上述条款的文意可得出，欧盟法律并未限制成员国在公众参与制度安排方面的自主权，相反授予了他们在此问题上非常大的自主空间。因此，在公众参与制度的安排上，成员国原则上有权规定本案中存在争议的参与费用，只要这种规定不构成对《环境影响评价指令》第 6 条规定的公众参与权利实施的限制。欧洲法院据此认定，1985 年《环境影响评价指令》并没有要求对第 6 条第 3 款授予成员国的自主权进行必要性审查，故欧盟委员会提出的收取费用并不是《环境影响评价指令》第 6 条第 2 款的必要条件这一理由与本案无关。

---

〔1〕　See, to that effect, Case C-208/90 *Emmott* ［1991］ECR I-4269, paragraph 18.

最后，欧盟委员会针对《环境影响评价指令》第 6 条提出的第二个和第四个理由，欧洲法院同样不予支持。欧洲法院指出，1986 年《环境影响评价指令》立法说明第 6 项表示，有环境影响的项目的事先评价，应 "基于开发者提供的适当信息、补充以与项目有利害关系的权力机构和个人提供的信息"进行。结合此立法说明以及第 6 条第 2 款规定不难得出，环评指令的目的之一是为有利害关系的公众提供，在有重大环境影响的项目开发许可授予前表达自己意见的机会。同时，《环境影响评价指令》第 6 条第 3 款允许成员国对与项目有利害关系的公众的参与设置条件。所以，成员国有权确定信息公开、咨询的具体制度安排，特别是有利害关系公众的界定以及向公众公开信息和咨询的具体方式。

与欧盟委员会的意见相反，欧洲法院认为此种解释为与 1986 年《环境影响评价指令》密切相关的欧盟立法所支持。1990 年《公众获取环境信息指令》和 2003 年《公众参与和诉诸法律指令》的立法说明均阐释了保障欧盟内自然人或法人获取公共当局信息权利的必要性。上述两指令第 5 条都规定，成员国可以对提供信息收取费用，但这个费用不应超过合理数额。由此可见，在欧盟法中，收取合理数额的费用并不损害获取信息权利。

因此，本案中爱尔兰法律关于收取公众参与费用的规定本身并不违反 1985 年《环境影响评价指令》的立法目的。但依据指令的立法目的，此种费用的数额不应当构成指令充分实施的阻碍。[1]爱尔兰相关法律规定的参与费分别为 20 欧元（地方主管部门程序）和 45 欧元（上诉委员会层面），欧洲法院认为此数额并不构成公众参与的阻碍。针对爱尔兰法律中授权主管部门部长和委员会确定数额的规定，在欧盟委员会没有进一步证据的情况下，欧洲法院认为应属于国内法院判断的问题，但应当遵守 1985 年《环境影响评价指令》的相关规定。

综上，欧洲法院判决，爱尔兰相关法律并不违反 1985 年《环境影响评价指令》第 6 条规定的义务，故也未违反该指令第 8 条。

（五）案件评述

"欧盟委员会诉爱尔兰案" 的重要意义可以从两个方面来解读：

其一，在具体的欧盟环评法律制度方面，欧洲法院明确成员国享有在环

---

[1] See, to that effect, Case C-97/00 *Commission v France* [2001] ECR I-2053, paragraph 9.

评程序中要求公众付费参与的权利，只要收费的数额合理且不构成对公众有效参与的阻碍，即原则上不违反欧盟法。而对于"合理"（reasonable）的理解，欧洲法院在以往的判决中曾作出规定：成员国不能将检索信息所发生的全部费用转移到信息申请者身上，尤其是成员国进行信息调查时已纳入国家预算的间接成本。若主管部门拒绝公众信息申请时仍收取费用则不能被认为是合理的。[1]鉴于2001年《战略环境影响评价指令》同样存在授予成员国确定公众参与具体制度的自主权，故给成员国在战略环境影响评价公众参与程序中收取类似费用留下了空间。[2]

其二，在成员国实施欧盟环境法方面，欧洲法院通过本案进一步明确了成员国转化欧盟指令的义务和自由裁量权。《欧洲联盟运行条约》第288条第3款在规定成员国转化指令并保障其有效性有的义务的同时，也在转化方法上留给了成员国非常大的自主权。在本案判决中，欧洲法院明确表示，即使其他欧盟相关指令对收取公众参与费用予以明文规定，也并不能以此成立欧盟法律只有在明文规定时才允许成员国收取费用的一般性推定。

然而，认可成员国收取公众参与费用的合法性，事实上的确会在一定程度上限制公众参与，尤其是环境保护组织。正如有学者所指出的，20欧元虽然是小额费用，几乎不会阻碍相邻人或有经济或其他利益关系者的参与意愿，但是却会给环境保护组织等社会团体带来极大的打击，因为小额费用的累积效果将会极大地限制自身资源有限的公益组织积极参与环评的能力。[3]欧洲法院在其过往判例中始终强调，成员国不能制定不利于欧盟环境指令核心目标实现的措施。环境保护组织和有利害关系的个人一直是参与欧盟环境决策最重要的主体，也是主管了部门环评程序中信息的主要提供者，若将来能够确定小额费用在实践中确实成了环境保护组织参与环境行政决策程序的障碍，那此类收费规定是否构成对欧盟环评指令核心目标的违反？欧洲法院在本案中表现出的态度，不同于其在以往案件中对环境信息公开或公众参与更为积

---

〔1〕　See，Judgment of 9 September 1999，*Commission of the European Communities v Federal Republic of Germany*，C-217/97，EU：C：1999：395，paragraphs 48~52.

〔2〕　See R. Kennedy，"Charging for Public Participation：Fees for Submissions or Observations on Environmental Impact Assessment：Case C-216/05 Commission v Ireland［2006］ECR 2006 I-10787"，*Environmental Law Review*，2007，9（4）：285~291.

〔3〕　See Á. Ryall，"The EIA Directive and the Irish Planning Participation Fee"，*Journal of Environmental Law*，2002：317~329.

极和宽容的态度，所以，这种限制环境事项上公众参与的做法能否成为未来趋势，有待于未来判例来确认。

四、"勒思案"：公共当局未履行环评义务的损害赔偿责任

"勒思案"[1]的当事人一方为勒思女士，另一方为奥地利共和国及下奥地利州（Land Niederösterreich）。勒思女士认为自己的房屋价值会因维也纳–施韦夏特机场（Vienna-Schwechat airport）的扩大而减损，故诉请奥地利及下奥地利州为其将来的损害承担赔偿责任。因涉及 1985 年《环境影响评价指令》（经 1997 年、2003 年两次修订）第 3 条的解释，奥地利最高法院（Oberster Gerichtshof）就此向欧洲法院提请初步裁决。

（一）案件事实

自 1997 年起，勒思女士就成了维也纳–施韦夏特机场安全区内一处土地的所有人。勒思女士在该块土地上建造了房屋并居住生活。1995 年 1 月 1 日，奥地利加入欧盟。此后，奥地利及下奥地利州在未进行环境影响评价的情况下批准并建设完成了几个与维也纳–施韦夏特机场发展和扩大相关的项目。下奥地利州州长在其 2001 年 8 月 21 日的决定中明确表示，该机场的后续发展和某些相关扩建项目无需进行环境影响评价。

2009 年，勒思女士在维也纳地区民事法院（Landesgericht für Zivilrechtssachen Wien）提起诉讼，请求奥地利和下奥地利州赔偿其因机场噪音造成的房产损失 12 万欧元，同时要求两被告对包括她的健康在内的未来损害负赔偿责任。勒思女士的主要诉讼理由是，两被告未能及时、完全转化欧盟 1985 年《环境影响评价指令》及其 1997 年和 2003 年的两个修订指令，并且在未开展环评的情况下即审批通过维也纳–施韦夏特机场开发项目。奥地利和下奥地利州认为，相关主管部门的行为合法且无过失，且原告勒思女士的损害赔偿请求权已过诉讼时效。

维也纳地区民事法院基于勒思女士相关权利已过诉讼时效，驳回了她的全部诉讼请求。在之后的上诉程序中，维也纳高级地区法院（Oberlandesgericht Wien）支持原审法院关于驳回 12 万损害赔偿的部分判决，但撤销原审法院驳

---

[1] Judgment of 14 March 2013, Jutta Leth v Republik Österreich, Land Niederösterreich, C-420/11, EU：C：2013：166.

回原告基于未来损害赔偿请求的判决，并将案件发回重审。维也纳地区高级法院认为，12 万欧元的纯经济损失并不属于欧盟法律以及国内法的保护目标，因此应当不予支持。而勒思女士基于未来损失的赔偿请求权并没有过诉讼时效。随后，原告就地区高级法院驳回其 12 万欧元经济损失赔偿请求权的法律观点以及发回重审决定上诉至奥地利最高法院。

奥地利最高法院认为，对原告的诉讼请求的判决并不取决于诉讼时效，而是成员国主管机构是否履行欧盟法和国内法规定的环评义务，以实现保护相关个人免受未进行环评的项目造成的纯粹经济损失。鉴于此，奥地利最高法院决定暂停诉讼程序，并就相关问题向欧洲法院提请初步裁决。

（二）主要争议问题

（1）1985 年《环境影响评价指令》第 3 条规定："环境影响评价应当依据个案具体情况以及第 4 至 7 条的规定，以合适的方式认定、描述和评估一个项目对下列因素的直接和间接影响：①人类、动物和植物；②土壤、水、空气、气候和景观；③物质资产和文化遗产；④第一至第三项规定的因素之间的相互作用。"其中，"物质资产"（material assets）仅指物质的实体方面抑或包括其价值？

（2）欧盟环评制度是否保护个人因财产减值而导致的财产损失？

（三）法院判决

1. "物质资产"（material assets）的范围

欧洲法院首先指出，在对 1985 年《环境影响评价指令》第 3 条规定的"物质资产"进行界定时，应当符合欧盟判例法确定的规则，即为保证欧盟法的统一适用，欧盟法律中的术语若没有明确规定需参考成员国法律，则通常应当在考虑条文上下文和立法目的的基础上确定其含义和范围，在欧盟范围内作出独立、统一的解释。[1]

1985 年《环境影响评价指令》第 3 条规定，除审查项目对人类和物质资产的直接和间接影响外，环境影响评价还需审查项目对上述因素间相互作用的直接和间接影响。据此，有必要特别审查争议项目对人类使用的物质资产的影响。所以，在本案中，在评估存在增加飞机噪音风险的项目时，有必要

---

〔1〕　See Case C-287/98 *Linster* 〔2000〕 ECR I-6917, paragraph 43, and Case C-497/10 *PPU Mercredi* 〔2010〕 ECR I-14309, paragraph 45.

评估飞机噪音对人类使用的建筑的影响。

但是，欧洲法院认为，从 1985 年《环境影响评价指令》第 3 条的文意和该指令的立法目的来看，环境影响评价的范围并不能扩大至物质资产的财产价值。1985 年《环境影响评价指令》的立法目的是实现欧盟保护环境和生活质量的目标。该指令第 5 条第 1 款规定的项目申请人必须提供的信息、附件 4 规定的帮助成员国确定是否需进行环评项目的审查标准、附件 3 规定的必须进行环评的项目特征等信息都同保护环境或生活质量相关。因此，环评中有必要的考虑的是，因项目性质而对物质资产有影响，同时也可能对环境产生影响的因素。故在本案中，环评主体应当依据指令第 3 条的规定，认定、描述、评估噪声对使用受项目噪音影响的建筑所有人的直接和间接影响。

综上，欧洲法院裁定，1985 年《环境影响评价指令》第 3 条规定的环境影响评价的评价范围，不包括评估建设项目对物质资产价值的影响。

2. 1985 年《环境影响评价指令》可否作为财产损害赔偿的法律依据

欧洲法院指出，1985 年《环境影响评价指令》第 3 条不必然被解释为：在违反指定规定未履行环评义务，尤其是未评估项目对除物质资产外的因素影响的情况下，个人不能因为其物质资产价值的减少而申请任何损害赔偿。欧洲法院在其早先的判例中已经明确，个人可以在合适的情况下，依据 1985 年《环境影响评价指令》第 2 条第 1 款以及第 1 条第 2 款、第 4 条规定的环评义务规定提起诉讼。[1] 而指令的上述条款赋予了有利害关系的公众，要求主管部门对环境有影响的项目开展环评以及就此被咨询的权利。

1985 年《环境影响评价指令》立法说明第 3 项和第 11 项规定，本指令的目的是实现欧盟在保护环境和生活质量方面的目标，而为实现此目标，必须在考虑好环境对生活质量的影响的基础上，开展项目的环境影响评价。在本案中，依据指令规定必须进行环评的项目产生的噪声对个人有重大影响。具体而言，勒思女士所有的房屋功能将因为噪声不能完全实现。同时，个人的生活环境和质量、潜在的健康威胁以及房屋价值的减少都应当被视为项目环境影响所导致的直接经济损失，因此必须对本案进行个案审查。

预防因公共或私人项目环境影响导致的直接经济损失，是 1985 年《环境影响评价指令》的目标之一。但直接经济损失应当区别于非直接经济损失，

---

〔1〕 See Case C-201/02 *Wells*〔2004〕ECR I-723, paragraph 61.

后者（如某些竞争优势）并不属于该指令的保护范围。在直接经济损失赔偿问题上，判例法确定的规则是：基于《欧洲联盟条约》第 4 条第 3 款规定的真诚合作原则，成员国必须消除违反欧盟法的非法后果。欧洲法院已在判例中明确，1985 年《环境影响评价指令》第 2 条第 1 款范围内的、未进行环评的项目，成员国法院应当判决该项目进行环评，或在个人同意的情况下，判决是否需对个人因此遭受的损害进行赔偿。具体的程序规则按照成员国国内法确定，但不得使其比国内同等情况适用的程序规则更为复杂（平等原则），也不得使源于欧盟法的权利的实施比国内法权利的实施更为困难（有效原则）。[1]因此，成员国应在遵守上述平等原则和有效原则的基础上，依本国的相关责任制度对造成的损失或损害进行赔偿。

3. 个人因公共当局违反欧盟法行为所致损害的赔偿请求权

成员国需对违反欧盟法行为导致的个人损失或损害承担赔偿担责是欧盟条约的内在制度。[2]欧洲法院反复声明，受损害的个人在满足下列三个条件的情况下享有求偿权：①被违反的欧盟法必须授予个人权利；②违反欧盟法的行为必须足够严重（sufficiently serious）；③违法行为和个人所受损害之间必须具有直接因果关系。[3]若同时满足上述三个条件，个人可以直接依据欧盟法律向国家求偿，当然，成员国也有权通过国内法律就此设定更为宽松的条件。

在本案中，1985 年《环境影响评价指令》授予了利害关系人要求主管机构评价有环境影响的项目的权利，所以如果原告所受的财产损失是由争议项目的环境影响所导致的直接经济损失，则应为指令所保护。但正如本案判决前文所述，除需证明存在严重违反欧盟法的行为外，还需证明损害和行为间存在直接因果关系。至于是否存在直接因果关系，应由成员国法院依据欧洲法院确定的原则来判断。

而成员国法院在认定直接因果关系时，必须将被违反的法律性质考量在内。在本案中，相关规定要求评价公共或私人项目的环境影响，但并没有确定实质性的规则以平衡环境影响和其他因素，或者禁止可能对环境产生负面

---

〔1〕　See Case C-201/02 *Wells* [2004] ECR I-723, paragraph 61, paragraph 66~69.

〔2〕　See Case C-429/09 *Fuβ* [2010] ECR I-12167, paragraph 45 and the case-law cited.

〔3〕　See *Fuβ*, paragraph 47, and Case C-568/08 *Combinatie Spijker Infrabouw-De Jonge Konstruktie and Others* [2010] ECR I-12655, paragraph 87 and the case-law cited.

影响的项目的建设。这些特征表明，本案中存在违反 1985 年《环境影响评价指令》第 3 条的行为，即未依该条规定开展环评，但是未进行环评行为本身原则上并不构成财产价值减少的原因。

综上，欧洲法院判定，未开展环评的行为违反了 1985 年《环境影响评价指令》第 3 条，但仅凭该行为本身并不能授予个人请求赔偿因有环境影响的项目导致的财产价值减损的权利。然而，最终的认定应由成员国法院判断本案是否满足欧盟法下的损害赔偿请求权的适用要件，尤其是被诉行为与损失间的直接因果关系。

（四）案件总结

"勒思案"的核心问题是，个人能否因成员国未履行 1985 年《环境影响评价指令》规定的环评义务而就其财产损失向成员国申请损害赔偿。欧洲法院通过"Francovich v Italy[1]案"确立了国家责任原则（也被称为"Francovich 规则"），成员国对因违法欧盟法给个人造成的损害应承担欧盟法上的国家赔偿责任。正如欧洲法院在本案中强调的，个人依国家责任原则请求赔偿需满足三个条件：①被违反的欧盟法必须赋予个人权利；②成员国违反欧盟法义务的行为必须足够严重；③成员国违反欧盟法义务的行为与个人损害之间存在直接因果关系。

在本案中，欧洲法院判决首先明确，《环境影响评价指令》授予个人要求本国主管部门对环境产生影响的项目进行评价的权利。其次，勒思女士因飞机噪音产生的财产以及未来的健康损害，属于需进行环评的项目导致的直接经济损失，也为指令所保护的目标之一。但欧洲法院同时强调，若经济损失为间接的或由竞争劣势所导致的，则不受 1985 年《环境影响评价指令》保护。

但是，欧洲法院并未回答本案最关键的问题，即成员国未进行环评的违法行为和个人损失间是否存在直接因果关系问题。相反，欧洲法院将因果关系的认定留给了成员国法院，只提出直接因果关系认定时需要考虑被违反的欧盟法的性质（the nature of the rule breached）。考虑到 1985 年《环境影响评价指令》第 3 条只规定主管部门需对公共或个人项目的环境影响进行评估，

---

[1] Judgment of 19 November 1991, *Andrea Francovich and Danila Bonifaci and others v Italian Republic*, Joined cases C-6/90 and C-9/90, EU：C：1991：428.

却没有对平衡环境影响和其他因素或禁止建设对环境有负面影响的项目作出实质性要求，奥地利及下奥地利州未进行环评的行为与勒思女士的财产损失之间可被认定为不存有因果关系，进而否定了她依据此条款提出财产价值损害赔偿请求。

1985 年《环境影响评价指令》第 3 条是该指令的基础条款，要求成员国主管机构需在授予项目许可前对受项目直接或间接影响的身体健康、生物多样性、土壤、物质资产等因素及因素相互间的影响进行评估。[1]这与指令后文规定的收集和公开信息、咨询、公众参与、保障诉诸法律权利等义务并不相同。第 3 条规定的评价义务必须在主管部门的行政决策程序之前完成，仅履行指令后续条文规定的其他义务并不能认为是对第 3 条的完全转化。[2]

此外，"勒思案"判决引发了部分学者对欧盟环境法"程序化"的担忧。欧盟环境法"程序化"是指欧盟环境立法中主要规定了需要成员国遵守的程序，而非设定有环境影响的行政决策应达到的一定环境保护程度。[3]从本案的判决即可看出，欧洲法院更侧重于环评的程序性，完成环评程序即获得了"合法性印章"，即使争议项目会产生环境负面影响，成员国的主管部门仍可授予项目开发许可。[4]

五、"卡林西亚省环境监察官诉卡林西亚省案"：跨国环境影响评价制度和环评项目拆分禁止

奥地利"卡林西亚省环境监察官诉卡林西亚省案"[5]的双方当事人是卡

---

〔1〕 对欧盟《环境影响评价指令》的 2014 年最新修订，第 3 条增加了主管部门需要考量的因素，包括人口、生物多样性、土地以及因项目或相关项目的脆弱性可能导致的重大事件风险或灾害。Directive 2014/52/EU of the European Parliament and of the Council of 16 April 2014 amending Directive 2011/92/EU on the assessment of the effects of certain public and private projects on the environment, Article 3.

〔2〕 See Judgment of 3 March 2011, *Comission v. Ireland*, Case C-50/09, EU：C：2011：109, paragraphs 35, 37~41.

〔3〕 See Maria Lee, "The Ambiguity of Multi-Level Governance and（De-）Harmonisation in EU Environmental Law", *Cambridge Yearbook of European Legal Studies*, 15（2013）：357~381.

〔4〕 See Hans Vedder, "Leth：Court Rules Out Francovich Claim on the Bassis of the Environmental Impact Assessment Directive", https://europeanlawblog.eu/2013/03/27/leth-court-rules-out-francovich-claim-on-the-basis-of-the-environmental-impact-assessment-directive, last visited on 2019. 4. 7.

〔5〕 Judgment of 10 December 2009, *Umweltanwalt von Kärnten v Kärntner Landesregierung*, C-205/08, EU：C：2009：767.

林西亚省环境监察官（Umweltanwalt von Kärnten）和卡林西亚省政府（Kärntner Landesregierung），涉及后者于 2007 年 10 月 11 日作出的一项与 Alpe Adria 电力公司（Alpe Adria Energia SpA）相关的决定（以下简称"争议决定"）。因需对 1985 年《环境影响评价指令》（经 2003 年修订）的相关规定进行解释，奥地利独立环境院（Umweltsenat）就此向欧洲法院提请初步裁决。

（一）案件事实

2007 年 10 月 11 日，奥地利卡林西亚省政府作出一项决定，批准建造并运行额定功率为 300MVA 的架空电线，以连接意大利国家电网公司（Rette Elettrica Nazionale SpA）和奥地利电网公司（VERBUND – Austrian Power Gris AG）的电网。这项工程全长约 49 千米，其中 41 千米在意大利境内，奥地利境内约有 7.4 千米以及附属的变电站。2007 年 7 月 12 日，Alpe Adria 电力公司申请卡林西亚省政府确定该项目的建设和运行是否符合奥地利 2000 年《环境影响评价法》（Umweltverträglichkeitsprüfungsgesetz 2000）第 3 条第 7 款的规定。

卡林西亚省政府认定，Alpe Adria 电力公司建造并运行架空电线项目不需要进行环境影响评。因为该项目在奥地利境内的电线长度不超过 15 千米，故依本国环评法律的规定无需进行环评。卡林西亚省政府补充道，虽然 1985 年《环境影响评价指令》第 7 条规定，如果位于其他成员国境内的项目可能对环境产生重大影响，那么该成员国在环境影响评价程序中应将可能受项目影响的其他国家包括在内，但是该条只适用于完全位于某一成员国的项目而非跨国项目。因此，在 1985 年《环境影响评价指令》缺少针对跨国项目的特殊规定的情况下，每个成员国都可完全依据本国法律认定一个项目是否属于指令附件 1 中规定的必须进行环评的项目。卡林西卡省政府同时提出，奥地利 2000 年《环境影响评价法》也没有任何条款要求以跨国电线或其他项目的电线的总长度作为判断因素。

2007 年 12 月 18 日，卡林西亚环境监察官依申请在奥地利独立环境院提起诉讼，请求法院撤销卡林西亚省政府的争议决定。因涉及欧盟指令的解释，奥地利独立环境院决定暂停本国审理程序并向欧洲法院提请初步裁决。

（二）主要法律问题

1985 年《环境影响评价指令》附件 1 列举规定了必须进行环评的项目，其中包括规定于第 20 项的"建设 220 千伏及以上的架空电线且长度超过 15 千米的项目"。若拟议项目覆盖两个或两个以上成员国，那么在环评项目审查

（screening）时，成员国是否有义务将位于其他成员国的部分长度考虑在内？

（三）法院判决

1. 提请案件的可受理性

（1）奥地利独立环境院（Umweltsenat）作为法院或法庭的地位。本案可受理性的核心争议是，奥地利独立环境院是否属于《欧洲经济共同体条约》第 234 条（现《欧洲联盟运行条约》第 267 条）规定的"法院"（court）或"法庭"（tribunal）。

依据判例法，某一成员国机构是否属于《欧洲联盟运行条约》第 267 条规定的有权提请欧洲法院进行欧盟法解释的法院或法庭，是一个完全属于欧盟法的问题。欧洲法院在确定该机构性质时需要考虑一系列因素，包括该机构是否由法律设立、是否具有永久性、管辖权是否具有强制性、程序是否存在于当事人之间、是否以法律规则为判决依据以及是否具有独立性。[1]

首先，依据奥地利的《联邦宪法》（Bundesverfassungsgesetz）和 2000 年《联邦独立环境院法》（Bundesgesetz über den Umweltsenat 2000）的相关规定，独立环境院毫无疑问满足依法律设立、具有永久性、拥有强制管辖权、适用法律规则以及具有独立性等条件。其次，独立环境院程序是为保障属于参与行政程序的任何人以及 2000 年《环境影响评价法》中规定的机构的上诉权。独立环境院可以自行决定或依一方当事人申请举行听证会，并且任何当事人都有权请求律师代表出庭。独立环境院的决定具有既判力，且必须陈述理由并通过公开庭审作出。最后，结合《联邦宪法》第 133 条第 4 款的规定，2000 年《联邦独立环境院法》和 2000 年《环境影响评价法》要求独立环境院依据行政诉讼法的一般规则保障当事人的法律地位。综上，欧洲法院判定，奥地利独立环境院具有《欧洲联盟运行条约》第 267 条规定的法院或法庭性质，有权向欧洲法院提请初步裁决。

（2）提请解释的问题的可受理性。Alpe Adria 电力公司认为，独立环境院提出的欧盟法相关问题完全出于假设，与本案的争议完全没有相关性。欧洲法院否认了此意见。依据判例法，只有解决争议案件的成员国法院以及对后续司法判决负有责任的法院才有权根据案件的具体情况决定判决是否需要初

---

〔1〕　See Case 61/65 *Vaasen-Göbbels*〔1966〕ECR 261 at 273, and Case C-195/06 *Österreichischer Rundfunk*〔2007〕ECR I-8817, paragraph 19 and the case-law cited.

步裁决以及提交的问题是否具有相关性。[1]因此，若成员国法院提交的问题涉及解释欧盟法，欧洲法院原则上有义务作出初步裁决。[2]在本案中，欧洲法院被请求解释的是 1985 年《环境影响评价指令》的相关规定，故提交的问题具有可受理性。

2. 实体性问题

本案的实质问题是，1985 年《环境影响评价指令》附件 1 第 20 项所规定的项目，即建设 220 千伏以上的架空电线并且长度超过 15 千米的项目，若具有跨国性质且在本国范围的长度少于 15 千米，那么成员国是否仍有环境影响评价义务。

欧洲法院首先明确，建设长度为 48.4 千米、额定功率为 300MVA 的 220 千伏电线的项目，属于 1985 年《环境影响评价指令》规定的必须进行环境影响评价的项目。为回复提请法院，则必须解决以下两个问题：

（1）1985 年《环境影响评价指令》是否适用于跨国项目。欧洲法院对此问题给出了肯定意见。依据判例法，在欧盟法没有明确规定其术语需参考成员国法律时，该术语含义和范围的确定通常应当在考虑上下文和立法目的的基础上，在欧盟范围内作出独立、统一的解释。[3]依据此规则，1985 年《环境影响评价指令》第 2 条第 1 款规定，成员国应对可能产生重大环境影响的项目进行环境影响评价，而审查项目是否需评价的因素包括项目性质、规模或所在地等。欧洲法院已在过去的判例中阐明，欧盟环评指令确定的环评义务，其适用范围和目的都具有广泛性。[4]因此，不论项目是否具有跨国性质，都应对其环境影响做整体性评价。[5]更进一步，成员国必须基于指令的根本目的，以充分满足指令要求的方式实施该指令。所以，因自身性质、规模或所在地等因素可能对环境产生重大影响的项目，都应在开发许可获批前进行环评，不能仅因指令没有明文规定而排除此项目的环评义务。

---

〔1〕 See Case C-545/07 *Apis-Hristovich* 〔2009〕 ECR I-0000, paragraph 28 and the case-law cited.

〔2〕 See Case C-545/07 *Apis-Hristovich* 〔2009〕 ECR I-0000, paragraph 28 and the case-law cited.

〔3〕 See Case C-287/98 *Linster* 〔2000〕 ECR I-6917, paragraph 43, and Case C-290/03 Barker 〔2006〕 ECR I-3949, paragraph 40.

〔4〕 See Case C-72/95 *Kraaijeveld and Others* 〔1996〕 ECR I-5403, paragraphs 31 and 39.

〔5〕 See Case C-142/07 *Ecologistas en Acción-CODA* 〔2008〕 ECR I-6097, paragraph 39 and the case-law cited.

（2）位于他国境内的项目部分是否需在本国项目审查阶段予以考虑。欧洲法院认为，通过项目拆分规避环评义务是严重违反 1985 年《环境影响评价指令》保护环境立法目的的行为。如果一成员国不对位于其他成员国境内部分的项目予以考虑，单纯依据本国范围内的部分项目决定一个项目是否进行环评，将严重损害该指令的有效性。[1]正如本案的佐审官所指出的，1985 年《环境影响评价指令》第 7 条强化了跨国项目环评义务，规定了在可能对其他成员国环境产生重大影响的项目上成员国间的合作制度。因此，尽管本案中的争议项目在奥地利境内不足 15 千米，却不能仅凭此因素免除项目环评义务。奥地利在进行本国项目环境影响评价时，必须考虑该项目的特殊影响。

综上，欧洲法院判定，符合 1985 年《环境影响评价指令》附件 1 第 20 项规定的项目，即使具有跨国属性且在本国境内长度不超过 15 千米，仍应履行该指令规定的环评程序。

（四）案件总结

在奥地利"卡林西亚省环境监察官诉卡林西亚省案"中，欧洲法院重审其在欧盟法和环评制度方面三个重要观点，并明确了环评制度的目的和适用范围上的广泛性。

第一，界定了可向欧洲法院提请初步裁决的成员国法院或法庭。《欧洲联盟运行条约》第 267 条第 2 款和第 3 款规定，成员国的任何"法院"（courts）或"法庭"（tribunals）都可以或必须请求欧洲法院就欧盟法律事项作出裁决。此条款虽看似明确，但由于成员国法律传统不同，司法实践中仍存在很多关于"法院"或"法庭"的争议，如丹麦自然与环境上诉理事会（Natur‐og Miljøklagenævnet）、爱尔兰规划上诉理事会（An Bord Pleanála）、马耳他环境与发展规划法院（Environmental and Development Planning Tribunal）以及本案涉及的奥地利独立环境院（Umweltsenat）。[2]

通过一系列判决，欧洲法院确立了欧盟法上的"法院"或"法庭"的认定标准，包括：①需依法设立；②是一个常设机构；③具有强制管辖权；④程序是存在于当事人间，即使用了对抗辩论程序；⑤决定程序中适用的是

---

〔1〕　See, by analogy, Case C‐227/01 *Commission v Spain* ［2004］ECR I‐8253, paragraph 53.

〔2〕　See J. Darpö , "Effective Justice? Synthesis Report of the Study on the Implementation of Articles 9. 3 and 9. 4 of the Aarhus Convention in the Member States of the European Union", *Scandinavian Studies in Law*, 2014（59）: 351~398.

法律；⑥具有独立性。本案中，欧洲法院依此标准确认了奥地利独立环境院的法庭地位，解决了长期以来关于奥地利独立环境院法律地位的争议。

第二，明确欧盟《环境影响评价指令》应适用于具有跨国性质的建设项目。欧盟《环境影响评价指令》设计了对环境有影响项目的整体评价制度，而不论该项目是否具有跨国属性。为实现欧盟高水平的环境保护，欧洲法院认为应对环评指令的目的和适用范围作扩张解释。虽然该指令没有明文规定指令可适用于跨国项目，但若仅因此便将跨国项目排除，将严重受损该指令保护环境的立法目的。

第三，禁止成员国通过拆过项目规避《环境影响评价指令》所规定的环评义务。对于跨国项目，如果成员国在审查项目时只考虑本国境内部分，将形成事实上的"项目拆分"，忽视整体项目的累积影响。实践中，这将导致本应进行环评、对环境有重大影响的项目被"过滤"，进而损害指令的有效性。欧洲法院的这一观点也为《环境影响评价指令》第7条规定的成员国间合作制度所佐证。完全位于一国境内但可能对其他成员国造成影响的项目，尚且需要通知受影响国，使受影响的公众有机会参与至决策程序中，那么跨国合作项目的环评义务便更不能简单通过变相拆分或条约没有明文规定而免除。

六、"比利时环境保护组织诉布鲁塞尔首都大区案"：欧盟战略环境影响评价制度

"比利时环境保护组织诉布鲁塞尔首都大区案"[1]的双方当事人是依法律设立的三家比利时环境保护组织（Inter-Environnement Bruxelles ASBL, Pétitions-Patrimoine ASBL and Atelier de Recherche et d'Action Urbaines ASBL, 以下简称"Inter-Environnement Bruxelles 等"）和布鲁塞尔首都大区（Région de Bruxelles-Capitale），争议事项是前者请求撤销《修订 2004 年 5 月 13 日〈布鲁塞尔城镇和农村规划法〉的 2009 年 5 月 14 日法令》[2]（以下简称"2009

---

〔1〕 Judgment of 22 March 2012, *Inter-Environnement Bruxelles and Others*, C-567/10, EU：C：2012：159.

〔2〕 Ordonnance du 14 mai 2009 modifiant l'ordonnance du 13 mai 2004 portant ratification du code bruxellois de l'aménagement du territoire；Moniteur belge of 27 May 2009, p. 38913.

年法令")。因需对欧盟《战略环境影响评价指令》[1]第 2 条第 1 款[2]进行解释，比利时宪法法院（Cour constitutionnelle）向欧洲法院提请初步裁决。

（一）案情介绍

Inter-Environnement Bruxelles 等三家环境保护组织向比利时宪法法院起诉，请求撤销"2009 年法令"部分条款。三位原告认为，《布鲁塞尔城镇和农村规划法》第 58 条和第 59 条违反了欧盟《战略环境影响评价指令》，因为这两条法律规定，全部或部分撤销土地利用具体计划（specific land use plan）行为无需提交环境报告。尽管《战略环境影响评价指令》第 2 条第 2 款只规定，制定或修改土地开发计划需进行战略环评，但为保障指令的有效性，该条款必须被类推适用于土地利用具体计划的撤销。因为，本案涉及的土地利用具体计划的撤销将导致规划许可办法内容修改，继而可能改变未来项目许可的框架。此外，欧盟《战略环境影响评价指令》第 2 条第 1 款所规定的"计划和规划"，一般不仅仅是指依据法律或规范性文件制定的计划和规划，还应包括成员国法律或法规要求制定的计划和规划。所以，Inter-Environnement Bruxelles 等认为，尽管成员国享有实施指令的酌情权，但如果将其已适用的措施的撤销排除在《战略环境影响评价指令》的适用范围外，那么最终将与指令的立法目标和所期实现的实际效果相背离。

然而，布鲁塞尔首都大区提出，在撤销土地具体利用计划后，该计划将不再作为相关区域内审批项目的法律框架。特别是本案争议计划撤销后，该土地利用具体计划则不能再被认定为《战略环境影响评价指令》所规定的"为城镇和乡村规划准备的计划"（a plan prepared for town and country planning）。此外，《战略环境影响评价指令》第 2 条第 1 款也并不适用于撤销措施，成员国原则上对此有选择权。

比利时宪法法院指出，本国相关法律规定在土地利用具体计划的准备程

---

[1] 《欧洲议会和欧盟部长理事会 2001 年 7 月 27 日关于某些规划和计划的环境影响评价指令》（Directive 2001/42/EC of the European Parliament and of the Council of 27 June 2001 on the assessment of the effects of certain plans and programmes on the environment），通称为《战略环境影响评价指令》。

[2] 《战略环境影响评价指令》第 2 条第 1 款："就本指令而言：（1）'计划和规划'应指包括欧盟共同资助在内的①由国家、地区或地方当局准备和/或通过的，或者由当局起草但通过议会或政府立法程序通过的计划和规划；②法律、法规或行政规定要求的计划或规划，以及对前两项计划和规划的任何修改。"

序中所要求的公众参与、向各类权力机构和组织咨询和环境报告准备等义务，并不适用于土地利用具体计划的撤销程序。比利时宪法法院认为，尽管《战略环境影响评价指令》第2条第1款并没有关于计划撤销的明确规定，但该指令第3条第2款第1项不仅要求决定城镇和农村计划规则的成员国措施须进行环境影响评价，还要求为未来开发项目设置框架的成员国措施进行环境影响评价。此外，起草阶段的《战略环境影响评价指令》第2条第1款第2项规定，该指令适用于法律、法规或行政规定要求的计划和规划。从《布鲁塞尔城镇和农村规划法》第40条的文义看，该条要求布鲁塞尔首都大区的每个城镇都应通过一项土地利用具体计划，但在某些情况下，市政当局可拒绝制定土地利用具体计划。基于此，比利时宪法法院决定暂停国内审理程序，就相关问题向欧洲法院提请初步裁决。

（二）主要法律问题

欧盟2001年《战略环境影响评价指令》第2条第1款要求应进行战略环评的"计划和规划"是否包括土地利用具体计划的撤销？

（三）法院判决

欧洲法院首先对《战略环境影响评价指令》的基础内容做了简述。《战略环境影响评价指令》第1条规定了指令的根本目标是要求可能对环境产生重大环境影响的计划和规划须在准备阶段和通过之前进行环境评价。[1]该指令第2条不仅定义了主要术语，还规定了指令的适用对象包括：法律、法规或行政文件所要求的计划和规划，由国家、地区或地方权力部门准备但通过议会或政府的立法程序颁布的计划和规划以及上述两类计划和规划的修改。比利时宪法法院请求欧洲法院解释的概念，涉及"撤销措施"（repealing measure）和"由法律、法规或行政规定所要求的"计划和规划两个概念。

1．"法律、法规或行政规定所要求的计划和规划"

欧洲法院认为，首先解决的是，《战略环境影响评价指令》第2条第1款所规定的"法律、法规或行政规定所要求的计划和规划"，是否包括那些虽由国家法律规定，但同时却不强制主管部门适用的计划和规划，如本案中的争议土地利用具体计划。

---

〔1〕 Joined Cases C-105/09 and C-110/09 *Terre wallonne and Inter-Environnement Wallonie*〔2010〕ECR I-5611, paragraph 32.

就此问题，原告 Inter-Environnement Bruxelles 等认为，依《战略环境影响评价指令》第2条第1款的文义，本案中争议土地利用具体计划将会被排除在"由法律、法规或行政规定所要求的计划和规划"范围外。然而，这不仅将使由环境影响的土地开发计划无需进行环评，还会导致不同成员国法律对欧盟指令的差异适用。比利时、捷克和英国政府在提交的意见中均表示，不论是从该条款的文义还是从立法背景来看，欧盟法律都并非意在要求法律规范未规定的行政和立法措施进行环评。欧盟委员会提出，当法律规定主管部门负有准备一项计划或规划的义务时，即满足该指令第2条第2款所指的"要求"（required），故布鲁塞尔首都大区必须制定的计划更应如此。

欧洲法院认为，如果一项法律解释会导致与土地开发相关的计划和规划外的所有计划和规划，仅因其制定并不是国内法律规则所强制，即被排除在《战略环境影响评价》适用范围外，就不应被支持。上述政府对《战略环境影响评价指令》第2条1款的解释会极大地限制该指令规定的与成员国城乡规划相关的计划和规划的范围。考虑到该条款提供高水平环境保护的目标，上述政府的解释是对指令适用范围的明显限制，进而部分影响指令的实际效果。[1]由于指令为土地开发规定了标准和具体规则，并且通常要求综合类项目的实施依照计划规定的规则和程序，上述政府的解释将和指令为可能产生重大环境影响的措施设立审查程序的目的相违背。

据此，欧洲法院认为，若成员国国内法律或行政法规明确规定了制定计划和规划的责任主体和程序，那么该法律或行政法规要求制定的计划和规划，应当被认定为《战略环境影响评价指令》规定中的"要求"（required），即此类计划和规划应开展指令规定的环境影响评价。所以，如本案中的土地利用具体计划也属于该指令的适用范围。

2. 计划和规划的全部或部分撤销是否受《战略环境影响评价指令》规制

原告 Inter-Environnement Bruxelles 等和欧盟委员指出，土地使用计划的撤销会产生事实上和法律上的效果，因此，对此类计划的变动应属于《战略环境影响评价指令》的适用范围。比利时和捷克政府则提出了相反意见，认为该指令只适用于"修改措施"（modifying measures），并未涉及包括土地开发项目的法律框架。英国政府则认为，该指令只有在计划彻底废除的情况下才

〔1〕　See, to this effect, Case C-295/10, *Val č iukienè and Others*〔2011〕ECR I-8819, paragraph 42.

适用。

欧洲法院首先指出，《战略环境影响评价指令》明确规定适用的是"修改计划和规划的措施"（measures modifying plans and programmes），而不是"撤销措施"（repealing measures）。但考虑到指令提供高水平环境保护的目标，则必须从广义上解释指令适用对象，尤其是那些确定指令所涉及的措施的定义。计划或规划的全部或部分撤销可能对环境产生重大影响，因为这可能涉及对规划相关领域设想的修改。一项撤销措施可能导致相关法律框架的修改，改变已经进行过战略环评的计划和规划，进而可能导致重大环境影响的产生。

在编制《战略环境影响评价指令》第5条第1款规定的环境报告时，成员国必须考虑"环境现状的相关方面以及不实施该计划或规划的可能演变"等相关信息。因此，只要撤销计划或规划可能改变计划或规划通过时的环境状况，就必须在对其进行审查时考虑后续环境影响。但需同时明确的是，如果撤销措施与城乡规划措施属于同一级别，那么只要撤销措施规定了足够精确的土地使用规则，其本身就构成环境影响评价的对象，故可以合理地认为《战略环境影响评价指令》所保护的利益已经在该框架下得到了充分考虑。

综上，欧洲法院裁定，土地使用计划的全部或部分撤销程序，如本案中比利时《城镇和农村规划法》第58条至第63条所规定的，原则上属于《战略环境影响评价指令》的规制范围，应适用指令的战略环境影响评价规则。

（四）案件简评

欧盟《战略环境影响评价指令》于2001年7月21生效，要求所有成员国在2004年7月21日前完成国内法转化。该指令规定，可能对环境（如土地使用、交通、能源、废弃物、农业等）产生重大影响的计划和规划，须在准备阶段和通过之前进行环境评价。《战略环境影响评价指令》的目标（规定于第1条）是提供高水平的环境保护并将环境因素融入计划和规划的准备、制定和实施过程之中，以促进可持续发展。为保证指令目标的实现，《战略环境影响评价指令》第3条规定了必须进行环评的两类计划、规划及其修改：一是国家、地区或地方公共当局起草和/或通过的计划和规划，或者由公共当局起草、通过议会或政府立法程序通过的计划和规划；二是法律、法规或行政规定"要求"（required）的计划和规划。当然，对于利用地方小面积区域的符合上述条件的计划和规划或只是对符合条件的计划和规划的微小修改，成员国有权通过个案审查确定是否需进行战略环评。

本案的核心问题即在于界定后一类计划和规划。首先，出于指令实现高水平环境保护的目标，应对"计划和规划"进行广义解释。因此，"法律、法规或行政规定要求的计划和规划"应包括虽规定于相关法律规范中，但不强制要求主管部门采用的具体土地开发计划。也就是说，只要法律法规明确规定了相关计划或规划、确定了其主管部门以及采用的起草程序，即满足指令中"要求"的条件，不需要该计划或规划具有强制性。其次，《战略环境影响评价指令》适用范围内的撤销计划和规划原则上也受指令规制，应进行环境评价。计划或规划的全部或部分撤销本身可能修改原规划或区域安排，故能对环境产生重大影响。换言之，计划或规划的撤销构成了指令意义下的"修改"。但如果此类撤销措施同城乡规划措施处于同一级别，并且充分、详细地规定了土地使用规则，那么这个撤销措施本身就应被视为指令意义下的"计划和规划"，应依照指令规定履行战略环评义务。

欧洲法院在"比利时环境保护组织诉布鲁塞尔首都大区案"的判决中表明，欧盟战略环境影响评价的适用范围要比预想的大，包括了非具有强制力的计划。这一观点也在成员国随后的判决中有所回应。英国法官在一案件〔1〕中建议，只要规定计划的行政法规上具有一定程度的正式性，就足以适用《战略环境影响评价指令》。该法官认为，规定计划的行政规定必须包括一些基础规定，如确定准备和通过计划的主管部门、程序等。〔2〕当然，对"法律、法规或行政规定所要求的计划和规划"作这种广义上的解释，将使更多的计划或规划适用于《战略环境影响评价指令》，实践中对此观点争议较大，故有待欧洲法院的进一步明确。

此外，相较于欧盟项目环评制度，战略环评制度在司法审查等方面的要求要弱化非常多。对于指令中须公众参与才能做出的行政决定、作为或不作为，《战略环境影响评价指令》并未授权有利害关系的公众向法院就其程序或实质合法性进行审查。所以，在实践中，成员国经常会通过将"项目"升级

---

〔1〕　See Walton v The Scottish Ministers〔2012〕UKSC 44.

〔2〕　See R. Moules，"Significant EU Environmental Cases：2012"，*Journal of Environmental Law*，2013，25（1）：145~157.

为"计划或规划",以规避项目环评中的司法审查。为此,欧盟委员会自2018年开始展开的针对《战略环境影响评价指令》的适合性及成效评估〔Regulatory Fitness and Performance Programme（REFIT）〕为指令将来的修改打下了基础。[1]

---

〔1〕 See "REFIT Evaluation of the SEA Directive", http://ec. europa. eu/environment/eia/sea - re-fit. htm, last visited on 2019. 4. 9.

第七章　欧盟废弃物管理制度

本章导读

废弃物管理是欧盟最早进行立法、具体规则最为复杂的环境法内容之一。欧盟废弃物管理制度的目标从早期侧重于废弃物的经济价值、服务于内部市场建设，发展为强调废弃物风险性、提供更高水平的环境保护。本章将对与欧盟废弃物管理制度相关的四个案件予以评析。在早期的"瓦隆垃圾案"中，欧洲法院在确定废弃物"货物"属性的同时，也肯定成员国可为实现环境保护目标可对货物流通自由予以限制。德国"Dusseldorp 案"则对欧盟废弃物处理自给自足原则和就近原则作出了进一步解释，表明上述原则不应成为成员国出于经济目的限制可回收废弃物出口措施的免责依据。"德国包装废弃物案"明确了欧盟包装和包装废弃物"返还、收集和回收系统"的具体要求，以及成员国为提升可重复使用包装使用率而制定替换系统的自主权。最后，"Interseroh 废金属运输案"阐明了欧盟可回收废弃物运输的信息公开义务，支持出于追踪废弃物流向的一般信息要求的监管制度可限制商业秘密保护。

一、比利时"瓦隆垃圾案"：废弃物的"货物"属性和环境保护间的平衡

比利时"瓦隆垃圾案"[1]的双方当事人是欧共体委员会（现欧盟委员会）和比利时王国。欧共体委员会认为，比利时瓦隆大区禁止其他区域废弃物被倾倒至本区域的法律规定，违反了欧盟条约和废弃物相关指令规定的义

---

〔1〕　Judgment of the Court of 9 July 1992, *Commission of the European Communities v Kingdom of Belgium*, C-2/90, EU：C：1992：310.

务，故将比利时诉至欧洲法院，请求法院确认该国违反了欧盟法。

（一）案件事实

《瓦隆大区议会关于废弃物的 1985 年 7 月 5 日法令》（Moniteur Belge, 14 December 1985，以下简称"1985 年废弃物法令"）是比利时瓦隆大区废弃物管理的基本法。该法旨在预防废弃物产生、鼓励回收和循环利用能源和物质、合理安排废弃物倾倒。"1985 年废弃物法令"规定，瓦隆大区政府对来源于其他国家或比利时其他大区的废弃物，有权对其倾倒、存贮和处置设施进行许可管理。1987 年 3 月，瓦隆大区依据"1985 年废弃物法令"授权颁布了《瓦隆大区关于特定废弃物的倾倒法令》（Moniteur Belge, 28 March 1987, p. 4671，以下简称"1987 年特定废弃物法令"）。"1987 年特定废弃物法令"规定，除可在有毒废弃物销毁、中和和处置设施附属的仓库存放废弃物外，其他需授权的废弃物仓库、店铺和倾倒场禁止存放、倾倒、处置非源于瓦隆大区的废弃物。上述设施的运营者也禁止允许或容忍来源于他国废弃物在其运营的设施中处置。在特殊且严重的情况，经授权的外国公共当局可以在特定时间内被豁免。

欧共体委员会认为，因瓦隆大区禁止存放、倾倒和处置非本区域废弃物的管理规定，比利时违反了欧盟 1975 年《废弃物框架指令》[1]和 1984 年《欧洲共同体内危险废弃物越境运输监管和控制指令》[2]以及《欧洲经济共同体条约》第 30 条和第 36 条（现为《欧洲联盟运行条约》第 34 条和第 36 条）关于货物流通自由的规定，故向欧洲法院提起针对比利时的确认非法之诉。

（二）主要法律问题

本案的核心争议问题有两个：

（1）瓦隆大区禁止源于其他国家或本国其他地区的废弃物进入，是否违反了欧盟废弃物管理相关法律规定？

（2）瓦隆大区的废弃物管理法令是否构成对欧盟货物流通自由这一基本权利的限制？若是，可否因其环境保护目的而被豁免？

---

〔1〕　Council Directive 75/442/EEC of 15 July 1975 on waste, *OJ L* 194, 25. 7. 1975.

〔2〕　Council Directive 84/631/EEC of 6 December 1984 on the supervision and control within the European Community of the transfrontier shipment of hazardous waste, *OJ L* 326, 13. 12. 1984.

（三）法院判决

1. 瓦隆大区废弃物管理相关法律规定是否违反 1975 年《废弃物框架指令》

欧洲法院对此问题给出了否定回答。1975 年《废弃物框架指令》规定了废弃物处理的特殊原则以及原则性事项。该指令要求成员国采取适当措施鼓励废弃物的预防、回收和处置，并保障此类措施不得损害人体健康或造成污染环境。成员国必须指定监管机构，由其负责废弃物处理设施的规划、建设、许可和监管，以及对从事废弃物运输、收集、存储、倾倒或处置废弃物的企事业单位进行监管。

但不论是 1975 年《废弃物框架指令》规定的一般制度还是指令的具体内容，都没有就成员国间废弃物交易做特别规定，也没有对类似瓦隆大区法律所规定的措施予以禁止。因此，不能认定比利时存在违反 1975 年《废弃物框架指令》的行为。

2. 瓦隆大区废弃物管理相关法律规定是否违反 1984 年《欧洲共同体内危险废弃物越境运输监管和控制指令》

欧洲法院对此问题则给出了肯定回答。1984 年《欧洲共同体内危险废弃物越境运输监管和控制指令》建立了欧盟危险废弃物越境转移制度，并规定了废弃物所有人的详细事前通知义务。该指令规定，为了保护环境和健康以及公共安全和公共政策，相关国监管机构有反对的权利，继而可以禁止某一特定危险废弃物的运输。而此种危险废弃物运输禁止的个案审查制度表明，1984 年指令并没有授予成员国对危险废弃物运输作出整体性禁止的自主权，因此，瓦隆大区法律禁止危险废弃物运输的总体性规定，违反了 1984 年《欧洲共同体内危险废弃物越境运输监管和控制指令》。

3. 瓦隆大区废弃物管理相关法律规定是否构成对欧盟货物流通自由的限制

对 1984 年《欧洲共同体内危险废弃物越境运输监管和控制指令》规制的危险废弃物外的废弃物，欧洲法院认为应依据《欧洲经济共同体条约》第 30 条和第 36 条进行审查。

第一，废弃物构成《欧洲经济共同体条约》第 30 条规定下的“货物”（goods）。可回收和可循环利用的废弃物具有直接的商业价值，经过处置即可构成欧盟条约意义下的“货物”。而对于不可回收或不可循环利用的废弃物的定性却存在争议。比利时政府认为，不可回收或不可循环利用的废弃物不应被界定为《欧洲经济共同体条约》第 30 条规定的"货物",因其不具有直接的经济价值,也不用于交易;处理和倾倒此类废弃物的运营者应被认定为"提供服务自由"(freedom to provide services)。

欧洲法院认为,出于商业目的而被跨国运输的物体,不论其具体性质为何,都应受《欧洲经济共同条约》第 30 条的规制。因为可回收和不可回收废弃物的区别在实践中极难界定,特别是在越境转移的情况下。并且,可回收和不可回收废弃物的分类依据并不确定,会随着时间和技术的变化而改变。更进一步,废弃物可否回收取决于回收成本以及再次利用方案的可行性,所以,这种分类必然是主观的且取决于可变因素。因此,不管废弃物是否可回收都应被认为是《欧洲经济共同体条约》规定的货物,原则上不应限制其流通自由。

第二,尽管比利时限制废弃物流入的规定构成针对货物流通自由的限制措施,但可以"环境保护"这一强制性要求予以免责。依据判例法,适用强制性要求对成员国货物流通自由限制措施进行免责时,需要限制措施平等适用于国内外的货物(非歧视规则)。[1] 欧共体委员会由此提出,比利时的相关规定并不符合强制性要求的适用条件,因为其区别对待瓦隆大区内外的废弃物。但欧洲法院否定了该意见,认为本案中瓦隆大区采取的措施是否具有歧视性,应考虑废弃物的特征。根据欧盟在环境问题上的源头处理原则,废弃物应在其产生地就近处理,以尽可能避免废弃物运输。这也符合 1989 年《巴塞尔公约》规定的自给自足原则和就近原则。鉴于源于不同地区废弃物的区别和废弃物与生产地之间的联系,瓦隆大区采取的措施不应该被认为是具有歧视性的。因此,对于不属于 1984 年《欧洲共同体内危险废弃物越境运输监管和控制指令》规制范围的废弃物,瓦隆大区采取的限制措施可适用"环境保护"这一强制性要求被豁免。

综上,欧洲法院判决驳回除确认违反 1984 年《欧洲共同体内危险废弃物越境运输监管和控制指令》外的其他诉讼请求。

4. 案件评述

"瓦隆垃圾案"是继法国"ADBHU 案"后另一个在欧盟废弃物管理领域

---

[1] See, *inter alia* the judgment in Joined Cases C-1/90 and C-176/90 *Aragonesa de Publia' dad Exterior and Publivi' a* [1991] ECR 1-4151.

具有重大意义的案件。不论是在欧盟废弃物管理制度还是在强制性要求的适用要件方面，欧洲法院对本案中的判决都引起了较大的争议。

第一，废弃物的"货物"属性认定反映了欧盟早期废弃物管理政策的资源保护和安全处理双重目标。由于兼具经济利益和危害性，废弃物是否可被界定为欧盟条约中的"货物"，在实践中一直存在争议。本案中，欧洲法院明确了废弃物的"货物"属性，并适用条约货物流通自由原则。欧洲法院认为，相比于可回收或可循环使用的废弃物，不可回收或不可循环使用的废弃物虽不具有直接的经济价值，但废弃物的分类具有非常强的主观性且分类标准会随着技术和回收成本的改变而模糊。所以，欧洲法院认为，不论是否是可回收或可循环利用的废弃物，都应被认定为欧盟条约中的"货物"。这一观点肯定了废弃物的经济价值，延续了欧盟早期的废弃物管理理念，即将内部市场中自由贸易原则适用于废弃物，旨在建立一个如学者所言的"欧盟废弃物自由市场"（Euro-waste free market），[1]通过市场手段达成资源保护和安全处理的废弃物管理政策目标。

第二，明确环境保护的重要地位，认定环境保护可作为限制废弃物流通自由措施的免责事由。鉴于废弃物的自由流动使大量废弃物被转移至处理成本较低的区域，导致该区域不堪重负并进而产生环境风险，欧盟于1989年发布的"废弃物管理战略"（Community Strategy for Waste Management）转变思路，认为出于环境保护的需求，应限制废弃物转移，优先在最近的合适区域、以最佳可行技术予以处理（即"就近原则"，proximity principle）。在本案中，欧洲法院在确认瓦隆大区禁止废弃物（除危险废弃物外）流入本区域的相关法律规定构成对货物流通自由限制后，也认可了环境保护可作为上述措施的免责事由，但其在审查环境保护这一强制性要求的适用要件上的说理却引起了很大争议。

与首次明确环境保护为强制性要求的"丹麦瓶案"相比，欧洲法院在此判决中表现出了更强的环境保护意愿。依据判例规则，对于成员国限制货物流通自由的措施，若该措施未平等适用于本国和外国产品，便会构成对《欧洲联盟运行条约》第34条（货物流通自由）的违反，仅能通过该条约第36

---

[1] See S. Tromans, "EC Waste Law—A Complete Mess?", *Journal of Environmental Law*, 2001: 133~156.

条明确规定的豁免事项予以免责；若限制措施不具有歧视性，则可通过第 36 条明确规定的豁免事由或强制性要求免责。在本案中，欧洲法院舍弃了《欧洲联盟运行条约》第 36 条的法定免责事由（如公共利益、公共安全、保护个人健康等），而选择适用"环境保护"这一强制性要求，体现了环境保护的重要性。

但是，欧洲法院以环境保护作为免责事由的选择却存在不妥之处。依据判例法，强制性要求规则只适用于不具有歧视性的限制货物流通自由的措施，而本案中瓦隆大区的废弃物管理法律明显区别对待了源于该大区和其区域外的废弃物。欧洲法院却提出，废弃物的特殊性能使此种区别对待合理化，因其符合欧盟法和《巴塞尔公约》废弃物管理的自给自足原则和就近原则（principles of self-sufficiency and proximity）。因此，有学者认为，欧洲法院通过"瓦隆垃圾案"将环境保护进一步区别于其他强制性要求（如消费者保护），突破了非歧视性的要求。[1]此种模糊非歧视性规则的态度，也在欧洲法院此后一系列判决中被延续下来。

二、"Dusseldorp 案"：欧盟废弃物管理的自给自足原则和就近原则

"Dusseldorp 案"[2]的一方当事人是 Dusseldorp 化学品公司（Chemische Afvalstoffen Dusseldorp BV，以下简称"Dusseldorp 公司"）、Factron 技术公司（Factron Technik GmbH，以下简称"Factron 公司"）和 Dusseldorp 利赫滕福德公司（Dusseldorp Lichtenvoorde BV，以下简称"Dusseldorp 分公司"），另一方当事人是荷兰住房、地区发展和环境部（Minister van Volkshuisvesting，Ruimtelijke Ordening en Milieubeheer），[3]争议事项为后者拒绝 Dusseldorp 公司以回收为目的的废弃物出口申请。因涉及《欧洲经济共同体条约》第 34、

---

〔1〕 F. Jacobs , "The Role of the European Court of Justice in the Protection of the Environment", *Journal of Environmental Law*, 2006, 18（2）：185~205.

〔2〕 Judgment of 25 June 1998, *Chemische Afvalstoffen Dusseldorp BV and Others v Minister van Volkshuisvesting, Ruimtelijke Ordening en Milieubeheer*, C-203/96, EU：C：1998：316.

〔3〕 经国家机构改革，荷兰住房、地区发展和环境部于 2010 年被并入新的基础设施和环境部（Ministerie van Infrastructuur en Waterstaat）。2017 年，基础设施和环境部更名为基础设施和水管理部（Minister van Infrastructuur en Waterstaat），其原环境政策和气候变化政策职责被并入新的经济事务部（Ministerie van Economische Zaken en Klimaat）。

86、90 条和第 130t 条以及 1975《废弃物框架指令》（经 1991 年修改）〔1〕、1993 年《废弃物运输监管条例》〔2〕的解释，故荷兰国务委员会（Raad van State）就相关事项向欧洲法院提请初步裁决。

（一）案件事实

1994 年，Dusseldorp 公司向荷兰当局申请将两个机油滤清器及其相关废弃物运输至德国，交由德国 Factron 公司处理。申请出口的机油滤清器和相关废弃物重量分别为 2000 吨和 60 吨。1994 年 8 月 22 日，荷兰住房、地区发展和环境部依据本国 1993 年《危险废弃物处置长期计划》（Long-term Plan for the Disposal of Dangerous Waste of June 1993，以下简称"长期计划"）和欧盟 1993 年《废弃物运输监管条例》第 7 条第 2 款和第 4 款作出两项决定，拒绝 Dusseldorp 公司的上述申请。

1994 年 9 月 13 日，Dusseldorp 公司、Factron 公司以及 Dusseldorp 分公司针对上述两项决定提出申诉。1994 年 12 月 8 日，在其两名工作人员访查位于德国的 Factron 公司的设施后，荷兰住房、地区发展和环境部以 Factron 公司的废弃物处理质量并不比荷兰本国废弃物处理和管理的 AVR 化学公司更高为由驳回了三个公司的申诉。

Dusseldorp 公司等故以荷兰住房、地区发展和环境部 1994 年 12 月 8 日决定违反欧盟法为由，请求国务委员会宣告该决定无效。

（二）主要法律问题

（1）1993 年《废弃物运输监管条例》、1975 年《废弃物框架指令》以及欧盟其他相关法律规定所确定的自给自足原则和邻近原则，是否适用于可回收废弃物的运输？

（2）《欧洲经济共同体条约》第 130t 条（现《欧洲联盟运行条约》第 193 条），是否允许成员国将上述原则的适用范围扩展至可回收废弃物？

（3）荷兰 1993 年《长期计划》的实施政策框架授予本国 AVR 化学公司废弃物独家处理权，此规定是否违反欧盟条约的竞争法规定？

---

〔1〕　Council Directive 75/442/EEC of 15 July 1975 on waste, as amended by Council Directive 91/156/EEC of 18 March 1991, *OJ L* 194, 25. 7. 1975.

〔2〕　Regulation（EEC）No 259/93 of 1 February 1993 on the supervision and control of shipments of waste within, into and out of the European Community, *OJ L* 30, 6. 2. 1993.

（三）法院判决

1. 自给自足原则和就近原则的适用范围

欧洲法院认为，1975 年《废弃物框架指令》和 1993 年《废弃物运输监管条例》规定的自给自足原则和就近原则，只适用于"待处理的废弃物"（waste for disposal），而不包括可回收的废弃物。

首先，1975 年《废弃物框架指令》第 7 条规定，为实现该指令第 3、4、5 条所规定的废弃物安全处理目标，成员国应制定本国废弃物管理计划。在上述条文中，只有第 5 条规定了自给自足原则和就近原则，并明确规定该原则只涉及用于处理的废弃物。该指令的立法说明第 7 项也作出了类似表述。

其次，1993 年《废弃物运输监管条例》仅在其立法说明第 10 项、第 4 条第 3 款中涉及自给自足原则和就近原则，而条例此部分内容仅涉及运输用于处理的废弃物。而条例中与可回收废弃物相关的规定，并没有提及上述原则。因此，欧洲法院认定自给自足原则和就近原则并不适用于"供回收的废弃物"（waste for recovery）。这一观点也为欧盟部长理事会 1990 年 5 月 7 日发布的《废弃物政策决议》[1]和 1990 年《〈废弃物运输监管条例〉初步提案解释备忘录》[2]所佐证。

最后，对废弃物处置和废弃物回收的不同处理方式反映了这两种不同类别的废弃物在欧盟环境政策中的不同地位。根据相关规定，只有可回收的废弃物才能有助于实现 1993 年《废弃物运输监管条例》第 4 条第 3 款规定的"回收优先原则"（the principle of priority for recovery）。为了鼓励此类废弃物能够在欧盟整体区域内回收，欧盟法律规定通过细化最佳技术规则，要求可回收废弃物可在成员国间自由流通，只要保障可回收废弃物的运输不会对环境造成危害。因此，欧盟境内的可回收废弃物适用更为灵活的程序并不适用自给自足和就近原则。

综合上述理由，欧洲法院判定，欧盟废弃物相关指令和条例规定的自给自足原则和就近原则并不适用于可回收废弃物。

---

〔1〕 Council resolution of 7 May 1990 on waste policy, *OJ* 1990 *C* 122.

〔2〕 The explanatory memorandum in the initial proposal for the Regulation（COM（90）415 final – SYN 305 of 26 October 1990）.

2. 《欧洲经济共同体条约》第 130t 条是否可作为将自给自足原则和就近
原则的适用扩展至可回收废弃物的法律依据

《欧洲经济共同体条约》第 130s 条（现《欧洲联盟运行条约》第 192 条）
是 1975 年《废弃物框架指令》和 1993 年《废弃物运输监管条例》的立法基
础。第 130t 条对其作出进一步规定："根据第 130s 条采取的保护性措施不应
妨碍成员国维持或采取更严格的保护措施。这些措施必须符合本条约，并应
通知委员会。"因此，有必要确定荷兰《长期计划》将自给自足原则和就近原
则适用于可回收废弃物的规定是否与《欧洲经济共同体条约》第 34 条相符。

《欧洲经济共同体条约》第 34 条禁止对出口进行数量限制或与数量限制
具有同等效果的措施。依据判例法，与数量限制具有同等效果的措施是指，
具有限制出口方式的特定目标和效果、区别对待成员国的国内贸易和出口贸
易、为国内生产或国内市场提供特别优势的成员国措施。[1]本案中，荷兰
《长期计划》规定，只有在国外机油滤清器的处理质量优于国内的情况下，才
可将机油滤清器出口。这样的规定具有很明显限制出口的效果，为成员国经
营者提供了特殊优待。

但荷兰政府提出：

首先，《长期计划》的上述规定首先可通过环境保护这一强制性要求正当
化。因为在荷兰，机油滤清器将被作为燃料使用，附条件的出口禁止措施能
够保障 AVR 化学公司有充分的燃料并实现盈利。若缺少原料供应，AVR 化学
厂会被迫使用对环境较为不利的燃料，或者通过增加额外费用来保证使用同
等环境友好型燃料。对此观点，欧洲法院并不支持。欧洲法院认为，即使荷
兰的措施具有环境保护目的，但其根本上是为保障 AVR 化工厂的利润和低成
本运行，这是出于纯粹经济目的。而出于存粹经济目的的限制措施不能以环
境保护为由免除限制货物流通自由的责任。[2]

其次，荷兰政府认为其规定的措施，可依据《欧洲经济共同体条约》第
36 条规定的"保护人类健康和生命"（protection of the health and life of
humans）免责。法院指出，此事由的适用必须满足他国机油滤清器的处理或
出口远距离运输会对人类健康和生命产生威胁条件。根据现有证据，荷兰政

---

〔1〕　See Case 155/80 *Oebel* [1981] ECR 1993, paragraph 15.
〔2〕　See Case C-120/95 *Decker* [1998] ECR I-0000, paragraph 39.

府不能证明上述威胁的存在，故不满足《欧洲经济共同体条约》第36条中人类健康和生命保护的适用条件。

综上，欧洲法院认定，荷兰将自给自足原则和就近原则扩大适用于供回收的废弃物（如机油滤清器）的目的是限制此类废弃物出口，故不能通过环境保护这一强制性要求或《欧洲经济共同体条约》第36条的保护人类健康和生命事由予以正当化。因此，荷兰不得依据《欧洲经济共同体条约》第130t条将自给自足原则和就近原则适用于可回收废弃物。

3. 授予AVR化工厂机油滤清器独家处理权利是否符合欧盟条约的竞争规则

欧洲法院指出，现有证据表明AVR化工厂是荷兰政府唯一指定的燃烧危险废弃物的终端处理者，符合《欧洲经济共同体条约》第90条第1款（现《欧洲联盟运行条约》第106条第1款）界定的享有专有权利的企业。授予企业燃烧危险废弃物的专有权利，应当被认为赋予此类企业在欧盟内部市场的重要部分中占据支配地位（a dominant position in a substantial part of the common market）。[1]尽管单纯建立支配地位本身并不违反条约规定，但若成员国通过本法律、条例或行政法规授予某一企业专有权利以滥用其支配地位，则构成对《欧洲经济共同体条约》的违反。[2]

本案中，荷兰法律规定，即使其他成员国有同等处理技术的企业，废弃物所有人也必须将其机油滤清器运至本国唯一指定企业处理。此种义务使本欲送至第三方企业处理的废弃物也必须交至本国企业处理，为本国企业提供了优待，故违反了《欧洲经济共同体条约》第90条第1款。

同时，荷兰采取的措施不能依据《欧洲经济共同体条约》第90条第2款（现《欧洲联盟运行条约》第106条第2款）规定的"具有普遍经济利益的任务"（a task of general economic interest）予以正当化。依据判例法，如果成员国措施是为了相关企业履行分配给它的特殊任务，并且贸易发展所受的影响也未违背欧盟利益，在此情况下，该规不应被认定为违反欧盟竞争法规则。

对于荷兰政府提出的争议法律规定是为了减少本国负责危险废弃物燃烧企业的成本从而使其具有经济可行性的意见，欧洲法院并未采纳。欧洲法院

---

〔1〕 See, to that effect, Case C-260/89 *ERT*〔1991〕ECR I-2925, paragraph 31.

〔2〕 See, to that effect, Case C-18/88 *GB-Inno-BM*〔1991〕ECR I-5941, paragraph 20.

认为，AVR 化工厂尽管承担了具有普遍经济利益的任务，但荷兰政府应证明此目标不能通过其他同等有效措施实现。《欧洲经济共同体条约》第 90 条第 2 款所规定的免责条款，只能在证明除争议措施外成员国企业将不能履行指派给它的任务时才可适用。然而，本案的争议措施不仅具有给予本国企业优待的效果、增强其支配性地位，还不是成员国实现任务的唯一手段，因此不能被免责。

（四）案件评述

"Dusseldorp 案"是欧盟早期平衡废弃物管理以及环境保护和货物流通自由的重要判决，并在"瓦隆垃圾案"后对废弃物处理"自给自足原则和就近原则"作出了更进一步的解释。将废弃物管理自给自足原则和就近原则仅适用于需处理的废弃物而非可回收的废弃物，表明在欧盟废弃物管理法发展早期，欧盟对废弃物经济属性的重视程度超过了环境风险，仍期待通过欧盟内部市场解决欧盟废弃物管理问题。对于可回收作为燃料适用的燃油滤清器，欧洲法院明确了其"货物"属性，故应依条约保障其自由流通。

然而，欧洲法院对本案的判决也受到了很多批评。有学者认为，区分可回收和不可回收废弃物适用自给自足原则和就近原则将导致上述原则复杂化。从生态角度讲，即使是可回收的废弃物，从产生地运输至清洁场地也存在破坏环境的风险。[1]但也有学者提出，本案判决是一种务实的和出于经济目的考虑的选择。废弃物回收是一个非常大且快速发展的产业，限制该产业在欧洲范围内的发展虽然能够为环境带来一定的好处，但是却会造成更大的经济损失。[2]

上述争议通过欧盟更严格的废弃物管理立法得到解决。2006 年，欧盟颁布新《废弃物指令》[3]并同时撤销 1975 年《废弃物框架指令》。2006 年指令第 5 条及立法说明第 8 项都规定了自给自足原则，但未涉及就近原则。从这两项内容可以得出，自给自足原则只针对不可回收的废弃物，并强调欧盟整体和成员自身处理不可回收废弃物的能力。但是，2006 年《废弃物指令》很

---

〔1〕　N. See Notaro ，"The New Generation Case Law on Trade and Environment"，*European Law Review*，2000，25（5）：467~491.

〔2〕　See D. Chalmers ，G. Davies and G. Monti，*European Union Law*：*Cases and Materials*，Cambridge University Press，2010，p. 930.

〔3〕　Directive 2006/12/EC of the European Parliament and of the Council of 5 April 2006 on waste，*OJ L* 114，27. 4. 2006.

快被 2008 年颁布的《废弃物指令》撤销，2008 年《废弃物指令》〔1〕不仅在其立法说明第 32 项和第 16 条文明规定了自给自足原则和就近原则，更明确这两个原则适用于废弃物处理和 "城市混合废弃物回收利用" （recovery of mixed municipal waste）。该指令第 16 条第 1 款第 1 项规定："成员国应采取适当措施，或在必要或可考虑时与其他成员国合作，以利用最佳可行技术建立一个废弃物处置设施及城市混合废弃物回收利用设施的综合且适当的网络，城市混合废弃物是指从私人家庭收集的以及来源于其他生产者的此类垃圾。"尽管 2008 年《废弃物指令》第 16 条第 4 款规定，就近原则和自给自足原则并不要求每个成员国都必须在本国内建立全覆盖的回收终端设施，但其对可收回废弃物经济价值和环境风险的重视程度转变从中清晰可见。当然，随着现实中 "垃圾围城" 困境的不断加剧，欧盟废弃物管理政策和法律制度的此种转变也就不难理解了。

后 记

依据欧洲法院对 "Dusseldorp 案" 的裁决，荷兰国务委员会于 1999 年 1 月 28 日作出决定，同意三位原告的上诉请求并宣布荷兰环境部禁止出口的决定无效。荷兰国务委员会提出，荷兰废弃物政策违反《欧洲经济共同体条约》第 34 条，因此《欧洲经济共同体条约》第 130t 条不能作为环境部的法律依据。〔2〕

三、"德国包装废弃物案"：欧盟包装和包装废弃物的返还、收集和回收系统

"德国包装废弃物案"〔3〕的双方当事人是两家奥地利饮料生产商（Radlberger Getra-nkege-sellschaft mbH & Co. and S. Spitz KG）和德国巴登-符腾堡州（Land Baden-Württemberg），涉及后者法律规定的以可重复使用包装所占整体比例确定的不可重复使用包装的押金返还义务。因需对欧盟《包装和包装废弃物指令》〔4〕和《欧洲经济共同体条约》第 28 条（现《欧洲联盟运行

---

〔1〕 Directive 2008/98/EC of the European Parliament and of the Council of 19 November 2008 on waste and repealing certain Directives, *OJ L* 312, 22. 11. 2008.

〔2〕 See J. H. Jans, "The Status of the Self-sufficiency and Proximity Principles with Regard to the Disposal and Recovery of Waste in the European Community", *Journal of Environmental Law*, 11. 1 (1999)：121~156.

〔3〕 Judgment of 14 December 2004, *Radlberger Getränkegesellschaft mbH & Co. and S. Spitz KG v Land Baden-Württemberg*, C-309/02, EU：C：2004：799.

〔4〕 European Parliament and Council Directive 94/62/EC of 20 December 1994 on packaging and packaging waste, *OJ L* 365, 31. 12. 1994.

条约》第 34 条）进行解释，成员国法院（Verwaltungsgericht Stuttgart）向欧洲法院提请初步裁决。

（一）案件事实

本案的原告（Radlberger Getra-nkege- sellschaft 公司和 S. Spitz KG 公司）是两家奥地利饮料生产商，主要向德国出口以不可重复使用的可回收包装的碳酸软饮料、果汁以及其他非碳酸饮料和餐桌水。两原告已加入德国绿点公司（Der Grüne Punkt – Duales System Deutschland AG）[1] 运营的"二元回收系统"。基于此，两原告的产品包装被免除德国 1998 年《避免和回收包装废弃物条例》（Ver-ordnung über die Vermeidung und Verwertung von Verpackungsabfällen）第 8 条第 1 款规定的针对德国境内销售饮料的不可重复使用包装押金义务。

德国政府于 1999 年 1 月 28 日公布，1997 年德国可重复使用的饮料包装比例首次降到 72% 以下，即 71.33%。在此后两个连续时间段内（1999 年 2 月至 2000 年 1 月、2000 年 5 月至 2001 年 4 月），德国联邦境内的可重复使用的饮料瓶使用比例也在 72% 以下。因此，德国政府于 2002 年 7 月 2 日宣布，为实现《避免和回收包装废弃物条例》第 9 条第 3 款规定的目的，从 2003 年 1 月起，矿泉水、啤酒和软饮料将实施"强制押金制度"（mandatory deposit）。依据这一新决定，原告在德国销售的大部分饮料将被收取《避免和回收包装废弃物条例》第 8 条第 1 款规定的押金，只有在包装瓶回收后方可返还。

2002 年 5 月 23 日，两原告在德国斯图加特大区行政法院对巴登-符腾堡州政府提起诉讼。原告认为，德国《避免和回收包装废弃物条例》中关于可重复使用包装比例以及押金义务规定，违反了欧盟 1994 年《包装和包装废弃物指令》和《欧洲经济共同体条约》第 28 条禁止限制货物流通自由的规定。德国联邦政府作为参与人加入到诉讼程序中。

德国法院指出，如果如原告所称，欧盟 1994 年《包装和包装废弃物指令》第 1 条第 2 款将包装的重复使用和包装的回收规定于同一优先级，那么

---

〔1〕 绿点公司是于 1990 年在德国工业联合总会、德国工商业协会支持下，由来自零售业、消费品和包装业的 95 家公司自发设立的非营利性民间组织。其主要职责是帮助自愿加入该公司的生产商和经销商履行其产品包装废弃物回收义务以及德国包装废弃物法所要求的回收率指标。绿点公司本身并不从事废弃物收集、回收利用，而是发挥协调生产企业、经销商和专业化回收企业的协调和组织职能。因此，以绿点公司为核心的回收系统也被称为"二元回收系统"。参见冯慧娟、鲁明中："德国废弃物回收体系的运行模式"，载《城市问题》2010 年第 2 期。

就需审查德国法律是否与欧盟指令相符合。因为德国法律规定，在可重复使用包装所占的比例降到一定程度时应采取的措施会导致不可重复使用包装进入流通环节更为困难。同时，德国法院也发现，使用可重复使用包装的外国饮料生产商比德国生产商面临更大的成本。在此种情况下，斯图加特大区行政法院决定暂定本国审理程序，就相关问题提请欧洲法院初步裁决。

（二）主要法律问题

（1）成员国以限制其他包装类型使用的方式来保证国内可重复使用包装的使用比例制度是否违反欧盟 1994 年《包装和包装废弃物指令》？

（2）德国相关法律和行政决定是否应被认定为《欧洲经济共同体条约》第 28 条规定的与数量限制具有同等效果的限制措施？若是，可否以环境保护为由免责？

（三）法院判决

1. 德国提升可重复使用包装使用率的措施是否违反 1994 年《包装和包装废弃物指令》

1994 年《包装和包装废弃物指令》第 1 条第 2 款规定，预防包装废弃物的产生位于指令的"最高优先级"（first priority），"可重复使用、可循环和其他类型的可回收包装废弃物"（reusing packaging, recycling and other forms of recovering packaging waste）则是作为实现指令目标的辅助原则。该指令的立法原因说明第 8 项规定，除非科技进步能为可回收程序带来改变，可重复使用和可循环应被认定为在环境影响方面更优的选择。因此，成员国应在国内建立适当制度，保证使用过的包装或包装废弃物进行的回收；全过程评价体系应尽快完成，以判定可重复使用、可循环和可回收包装的优先级。由此可得出，1994 年《包装和包装废弃物指令》并没有在可重复使用包装和可回收包装废弃物间规定优先级。

但是，1994 年《包装和包装废弃物指令》第 5 条规定，成员国可在不违反欧盟条约的基础上，采取相应的措施鼓励建立环境友好型的可重复使用包装制度。从该条文义即可得出，提升可重复使用包装的政策只要不违反欧盟条约便不会被禁止。因此，德国采取的可重复使用包装使用率提升措施，在不违反欧盟条约（尤其是《欧洲经济共同体条约》第 28 条）和相关指令规定的情况下，就不为欧盟法所禁止。

2. 加入包装废弃物权返还、收集和回收系统，能否免除生产者和销售者的强制押金义务

1994 年《包装和包装废弃物指令》第 7 条对"返还、收集和回收系统"（return，collection and recovery systems）作出规定。第 7 条第 1 款要求成员国采取必要措施，为使用过的包装和包装废弃物以及收集的可重复使用或可回收的包装和包装废弃物，建立返还、收集和回收系统。该款同时规定，本条规定的系统应向有关行业的经营者和政府主管当局开放，在无歧视条件下适用于进口产品，并且在系统设计上避免产生贸易壁垒或损害公平竞争。该指令第 7 条第 2 款规定，成员国采取的措施应是本国包装和包装废弃物政策的一部分，并应考虑以下因素：环境保护和消费者健康、安全和卫生、包装商品及其使用材料的质量、可靠性和技术特性以及工业和商业产权要求。

因此，根据《包装和包装废弃物指令》第 7 条的规定，成员国有权选择制定最适合本国的废弃物管理制度。在不可重复使用包装问题上，成员国既可以选择押金制度，也可以选择使用国际包装收集系统，或者根据产品特征同时使用两种系统，只要该制度适合不可重复使用包装废弃物的管理且构成本国包装和包装废弃物整体制度的一个组成部分。

但是，该条并没有授予生产者和销售者继续参与某特定包装废弃物管理系统的权利。成员国在满足以下条件时，有权根据具体情况用押金返还系统来替代消费者家庭或销售点附近的包装收集系统：①新制度同样适合达成《包装和包装废弃物指令》所追求的目标；②为加入者提供缓冲期，并且在新系统生效后也不会危及相关领域经济经营者加入的能力。欧洲法院认为，如果德国法律的规定能够满足上述条件，则其国内措施并不违反欧盟指令关于"返还、收集和回收系统"的规定。

3. 德国包装废弃物回收相关措施是否限制欧盟内部市场货物流通自由

由于欧盟《包装和包装废弃物指令》仅对成员国具有结果约束力，成员国在本国具体制度设计上享有非常大的自主权，故德国包装废弃物相关法律规定并不必然违反欧盟法。首先应明确的是，德国的包装废弃物法律同等适用于国内外产品，押金制度也同等适用于国内外生产商，不存在歧视他国产品的问题。其次，不同于"丹麦瓶案"，德国并未限制不可重复使用包装产品的进口数量，只规定当全国可重复使用包装占有率低于某一比例时，需对不可重复使用包装产品适用强制押金制度。

然而，德国的《避免和回收包装废弃物条例》关于不可重复使用包装押金制度的规定虽然同等适用于国内外生产生和经销商，但对国内外生产商和经销商产生的实质影响并不相同。通常，从一种包装管理体系转化到另外一种会导致产生额外的包装标注或标签方面成本。正如本案中，德国要求生产商和经销商从全球收集体统中转到押金制度中也会产生额外的花费。因组织回收包装、支付押金和平衡经销商会增加使用不可重复使用包装的境外生产商成本，因为相较于德国境内生产商，境外生产商在实践中更多地使用不可重复使用包装。因此，德国关于不可重复使用包装的法律规定尽管影响轻微并且生产商可以采取其他方式让产品上市，但仍构成对货物流通自由的限制措施。

在德国相关法规是否可以环境保护这一强制性要求予以免责的问题上，欧洲法院首先肯定了德国不可重复使用包装强制押金体系的目的是增加包装的回收比例。同时，押金制度也更有利于激励消费者将空包装退还至指定销售点。更进一步，德国新的包装废弃物管理体系是依据可重复使用包装在德国市场上的使用比例确定的，不可重复使用包装在市场上所占比例越多，越容易触发回收系统的改变。在这个意义上，德国相关法律是为了鼓励生产者和销售者使用可重复使用包装、减少废弃物数量，从而达成环境保护目标。

在肯定德国包装废弃物相关法律的环境保护目标后，相关措施的合法性取决于其是否符合比例原则，即不超过实现目标所需的必要程度。[1]这就需要考虑，在德国在押金法律生效之前，是否给受影响的生产者和销售者留足了时间，使他们的生产方法和不可重复使用包装管理系统足以适应新系统。同时，成员国应保障在包装管理制度改变时，每一个受影响的生产者和销售者都能够实际参与到新运行程序之中。

综上，欧洲法院判定，德国的《避免和回收包装废弃物条例》规定的依据可重复使用包装比例确定的不可重复使用包装押金义务，确在生态保护方面具有优势，若同时符合比例原则，则可以环境保护为由免除违反《欧洲经济共同体条约》第28条的责任。成员国法院应从下列两个条件判断是否符合比例原则：①生产者和销售者是否拥有合理的适应时间；②当包装废弃物管

---

[1] See Case C-284/95 *Safety Hi-Tech* [1998] ECR I-4301, paragraph 57.

理系统改变时，保证每个生产者和销售者是否都能够实际参与到运行程序之中。

（四）案件评述

欧盟包装废弃物管理立法始于 20 世纪 80 年代，1985 年《供人饮用的液体容器指令》[1]对饮品容器的生产、使用、回收、重装和处置等问题进行了规制。为统一成员国包装和包装废弃物管理、减少对环境的影响，欧盟于1994 年颁布了《包装和包装废弃物指令》，旨在实现高水平的环境保护和避免内部市场贸易及竞争限制双重目的。该指令自生效后，经 2004 年、2005年、2009 年、2013 年、2015 年和 2018 年多次修订，适用范围不断扩大，相关概念不断完善，环境保护目标的侧重性不断加强。为了有效地管理包装和包装废弃物，欧盟要求成员国设立返还、收集和回收系统，并在其具体安排上授予成员国非常大的自主权。

德国是欧盟成员中最早实施包装废弃物回收的国家之一，其完善的制度规定在一定程度上被作为欧盟相关立法的模板。由于德国为控制和减少包装废弃物数量制定了严格措施，这些措施在实施中产生了阻碍其他成员国产品进入本国的效果，故引发了一系列与货物流通自由相关的案件，2002 年"德国包装废弃物案"即为其中的典型代表。本案中，欧洲法院解决了两个核心问题：一是成员国是否有权设立新的包装和包装废弃物回收系统替代欧盟指令规定的"返还、收集和回收系统"；二是成员国设立的新回收系统是否限制货物流通自由。

首先，成员国可通过本国包装和包装废弃物回收系统替代欧盟指令规定的"返还、收集和回收系统"。1994 年《包装和包装废弃物指令》要求成员国设立"返还、收集和回收系统"。其有两个目的：一是实现消费者和其他商品终端使用者处的商品包装和包装废弃物的返还和收集；二是将收集的包装和包装废弃物重新使用或回收。因此，在遵守该指令第 5 条和第 7 条以及《欧洲经济共同体条约》相关规定的情况下，指令本身并不禁止成员国引入旨在提升可重复使用包装系统的措施，如本案中德国针对不可重复使用包装的押金制度。

---

[1] Council Directive 85/339/EEC of 27 June 1985 on containers of liquids for human consumption，*OJ*：*JOL* 1985 176 *R* 0018 011.

但是欧洲法院指出，替换"返还、收集和回收系统"的成员国措施并非当然符合欧盟法。其应同时满足三个条件：①成员国的新体系同样适合完成指令所期实现的目标；②新体统不应立即投入使用，须为受影响的生产者和经营者预留合适的适应时间；③新系统生效后，不得损害相关行业经营者加入该系统的实际能力。通过上述条件设定，欧洲法院实现了成员国在包装和包装废弃物回收制度设计上的自主权和其他成员国经营者经济利益的保护。

其次，成员国包装和包装废弃物回收系统，如本案中德国实施的依据可重复使用包装整体占有率确定的不可重复使用包装押金制度，虽然构成对成员国间货物流通自由的限制，但若满足强制性规则的适用条件，则可免除违反欧盟法责任。这些条件包括：①新回收系统同等适用于国内外生产者和销售者；②以保护环境为目的并能够实现保护环境的目的；③符合比例原则。本案中，欧洲法院在确认德国不可重复使用包装废弃物押金制度并不会对贸易自由产生重大影响，但可能会对国外生产者产生更大的影响，所以需通过比例原则来判定该措施的正当化。欧洲法院提出的成员国法院判断比例原则时须考虑的标准具有非常强的程序性，要求新的回收体系应保障生产者可实际参加和实施。而这种程序性的比例原则判断方式显然为成员国提供了更大的自由，更有利于本土化、严格化的包装废弃物回收系统的建立。[1]

概言之，欧洲法院在"德国包装废弃物案"中对成员国自主制定包装废弃物回收系统持支持态度，这种观点一直延续到了1994年《包装和包装废弃物指令》于2018年的最新修改中。本案中，欧洲法院依据"Cassis de Dijon案"确立了强制性要求三步判断规则，认可不具有歧视性的成员国规则可通过环境保护对限制货物流通自由的措施免责。但也有学者表示遗憾，环境保护不同于消费者保护、公平交易等强制性要求类型，其本身具有天然的限制性，最典型的即为废弃物处置。因此要求保护环境措施不得具有歧视性才可作为免责事由在很多情况下逻辑并不顺畅（如"瓦隆垃圾案"），故欧洲法院错失了通过本案改变环境保护作为强制性要求适用规则的机会。[2]

---

〔1〕 See D. Chalmers, G. Davies and G. Monti, *European Union Law: Text and Materials*, Cambridge University Press, 2014, p. 785.

〔2〕 Francis Jacobs, "The Role of the European Court of Justice in the Protection of the Environment", *Journal of Environmental Law*, 18. 2（2006）：185~205.

四、"Interseroh 废金属运输案"：可回收废弃物运输的一般信息要求

"Interseroh 废金属运输案"[1]的双方当事人是 Interseroh 废钢和金属交易有限责任公司（Interseroh Scrap and Metals Trading GmbH，以下简称"Interseroh 公司"）和德国莱茵兰-普法尔茨州危险废弃物管理公司（Sonderabfall-Management-Gesellschaft Rheinland-Pfalz mbH），后者经本国法律授权负责监管该州范围内的特定废弃物流向。因涉及欧盟 2006 年《废弃物运输条例》[2]第 18 条[3]的解释，美因茨市行政法院（Verwaltungsgericht Mainz）向欧洲法院提请初步裁决。

（一）案情介绍

Interseroh SE 公司是从事二次材料（废金属、回收纸张、塑料废弃物和废木材）收集、加工和处理的一家欧洲大型公司。该公司约有 2000 名职工，分布在 13 个国家近 100 个站点。本案的原告 Interseroh 公司是 Interseroh SE 公司的一家子公司，主要业务是为钢铁厂、钞造厂和炼钢厂等客户提供各种数量和质量的废金属。

Interseroh 公司只以中间商（Streckenhändlerin）身份从事经营活动。此种交易的特征是，中间商将从生产商或收集者处购买的货物直接销售给客户，中间商自始至终并不占有货物。整个交易过程存在中间商和生产者间以及中间商和客户间两个合同。

---

[1]　Judgment of 29 March 2012, *Interseroh Scrap and Metal Trading GmbH v Sonderabfall-Management-Gesellschaft Rheinland-Pfalz mbH（SAM）*, C-1/11, EU：C：2012：194.

[2]　Regulation（EC）No 1013/2006 of the European Parliament and of the Council of 14 June 2006 on shipments of waste, *OJ L* 190, 12. 7. 2006.

[3]　2006 年《废弃物运输条例》第 18 条"废弃物的附属信息"规定："1. 拟运输的第 3（2）和（4）条所规定的废弃物，应当遵守下列程序性要求：（a）为协助追踪此类废弃物运输，安排运输的派遣国管辖下的人应确保废弃物附件 7 规定的附属文件；（b）附件 7 规定的文件应当在运输前由运输安排者签字，并在废弃物接收时应由回收设施或实验室和收货人签字。2. 安排运输者和回收废弃物接收人之间规定于条例附件 7 中的合同，应当在运输开始时有效。并且合同应当包括义务，当废弃物运输和回收不能完成无法按预定完成或者被作为非法运输实施的，对于安排运输的人或者如果该人无法完成运输废弃物或其回收（如破产），（1）将废弃物手绘或保证以另一个种方式回收；和（2）如果必要，同时提供存储安排运输的人或收货人应当按照相关护管部门的要求提供合同复印件。3. 出于检查、计划实施和数据统计目的，成员国可以依据本国法律要求本条第 1 款所规定的运输单的信息。4. 当欧盟法和国内法有明确规定时，本条第 1 款所规定的信息应当被认定为具有保密性。"

Interseroh 公司经手的各类金属属于《巴塞尔协议》附件 4 中代码 B1010（Code B 1010 of the Basel Convention）范围内的金属废弃物，也归属于欧盟 2006 年《废弃物运输条例》附件 3 规定的"绿色"（green）废弃物清单。依据 2006 年《废弃物运输条例》第 18 条的规定，此类废弃物的跨境运输应当履行信息披露义务。

2006 年《废弃物运输条例》第 18 条第 1 款第 1 项规定，安排运输的主体（本案中为 Interseroh 公司）应保证废弃物运输途中附有附件 7 规定的文件，此类文件必须由收货人签字并至少保留 3 年。这种规定的一个实际结果是，如 Interseroh 公司等中间商必须将上述文件表格 6 的内容（即废弃物来源者信息）向客户披露。而这种做法会让他们的客户有机会直接联系到废弃物的生产商或收集者，从而避开签订后续合同的中间人服务费用。

Interseroh 公司认为，向客户披露货物来源义务侵犯了自己的商业秘密，是对中间商经济活动的严重损害。因为货物来源信息是企业商业秘密和商誉的重要组成部分，此类信息披露义务会使其遭受金钱损失。实践中，Interseroh 公司已经因货源信息披露丢失了不少客户。因此，Interseroh 决定在运输文件的表格 6 中填写自己公司名称或空白，而非废弃物生产者或收集者名称，并在运输废弃物过程中多次如此操作。然而，由于生产者或收集者名称同样被要求在交货单和重量证书上填写，这些证书也必须在废弃物运输附带并在检查时出示。因此，Interseroh 的主要负责人因交货单和重量证书上的信息与运输文件表格 6 中提供的信息不符被予以行政处罚。

一个典型的例子是 2009 年 5 月 7 日在蒙塔鲍尔（Montabaur）附近 A3 高速公路上进行的交通检查。莱茵兰-普法尔茨州危险废弃物管理公司基于此次检查作出 2009 年 8 月 5 日决定，对 Interseroh 公司管理人处以 150 欧元罚款。随后，Interseroh 公司就此处罚决定向美因茨公共检察官办公室（Staatsanwaltschaft Mainz）提出申诉。

2009 年 12 月 18 日，Interseroh 公司向美因茨市行政法院提起诉讼，请求法院声明中间商不需要在运输文件表格 6 中填写废弃物来源者的名称。

美因茨市行政法院认为，结合德国《基本法》第 12 段和第 14 段的规定，鉴于企业的货源一般均为商业秘密，故废弃物生产者相关信息应被认定为保密信息，应作为基本权利予以保护。鉴于此，该法院决定暂停本国审判程序，就与欧盟条例相关问题提请欧洲法院初步裁决。

（二）主要法律问题

（1）依据 2006 年《废弃物运输条例》第 18 条第 4 款，为保护其商业秘密，安排运输废弃物的中间商是否可不向收货人披露废弃物来源者名称？

（2）商业秘密是否作为《废弃物运输条例》第 18 条第 1 款规定的中间人信息公开义务的例外事由？

（三）法院判决

1. 安排废弃物运输者的信息公开义务

2006 年《废弃物运输条例》第 18 条第 4 款规定，本条第 1 款中涉及的相关信息（即运输文件包含的信息），在欧盟法和成员国立法有明确规定时，应被认定为具有保密性。通过对第 18 条第 4 款进行文义解释和体系解释，该款规定的负有保密义务的主体是知晓相关信息的任何人，包括发货地和目的地的主管当局、与废弃物运输相关的自然人和法人。从其文义来看，该款并没有对知晓信息的主体进行区分，尤其是第 3 款规定的因检查、实施计划和数据统计目的而获取信息的公共当局。而从该条例第 18 条规定可推论出，该条第 4 款规定的保密义务并不免除提供运输业务企业填写附件 7 所包含信息的义务。

首先，2006 年《废弃物运输条例》第 18 条第 1 款第 1 项规定，适用于本条的所有废弃物运输都应准备运输文件并在运输途中携带。此类运输安排者必须填写条例附件 7 中表格 6 的内容，也就是废弃物来源者信息。其次，该款第 2 项规定，运输文件必须由运输安排者和废弃物接收人签字，并应自运输开始之日起至少保留 3 年。上述规定导致的必然效果是，收货人将获得运输文件包含的所有信息，故将知晓废弃物来源者名称、地址、联系人、联系方式等信息。

对于上述信息，第 18 条第 4 款规定的潜在保密性要求不会发生任何作用。正如本案佐审官所言，运输文件包含的信息仅在该文件准备和传达之后才会出现该信息是否应被视为商业秘密。该条第 4 款只有在依据第 1 款规定的运输文件中所包含的信息被收货方知悉后才适用。因此，佐审官认为，该款规定保密性义务实际上只是针对可能接触运输合同的第三方主体，即主管行政当局和参与运输的人。欧洲法院指出，2006 年《废弃物运输条例》第 18 条第 4 款的文义即表明，与运输文件相关的信息应被认定具有保密性，并没有任何例外规定。此意见也为条例附件 7 的注释 3 所佐证。该注释规定，当安排运输者不是废弃物生产者或收集者时，生产者或收集者的信息必须填写。

综上，欧洲法院裁定，《废弃物运输条例》第18条第4款应被解释为，作为安排废弃物运输的中间商必须向废弃物接收人公开废弃物来源者相关信息，即使此种公开可能会侵犯其商业秘密。

2. 保护商业秘密是否可使中间商免于信息公开？

美因茨市行政法院指出，德国《基本法》规定的受保护的商业秘密包括企业的供货源，并且这项基本权利没有相关条文规定可以对其予以限制。在此情况下，同样受欧盟基础条约所保护的商业秘密是否可对2006年《废弃物运输条例》第18条第1条规定的信息公开义务予以限制？

欧洲法院认为，《欧洲联盟基本权利宪章》第15条第1款，第16、17条分别规定了"职业自由与工作权""营业自由"和"财产权"。此外，判例法也明确无论是财产权还是从事贸易或商业自由都是欧盟法的基本原则。[1]然而，即使向废弃物接收人公开废弃物来源者名称会构成对中间商商业秘密的侵犯，也不能因此限制明确且无例外条件的欧盟二级法律规定的适用范围。正如本案判决上文所论证的，2006年《废弃物运输指令》第18条规定的废弃物行政追踪程序的不可避免的结果就是会导致废弃物来源者的名称向接收人公开，并且，该条例没有对此规定任何豁免条件。在此情况下，任何防止不合理的违反商业秘密行为都不能限制该条例第18条的适用范围，从而导致该条的合法性被质疑。但是，欧洲法院目前并没有足够的证据来评价2006年《废弃物运输条例》第18条的合法性。

综上，欧洲法院裁定，《废弃物运输条例》第18条第1款必须被解释为，该条适用范围下的安排废弃物运输的中间人需向货物接收人披露运输文件表格6中废弃物来源者信息，且不能以保护商业秘密为由免责。

（四）案件评述

2006年《废弃物运输条例》是欧盟废弃物运输监管的基本法，依据废弃物的来源地、目的地、路线、类型以及在目的地的处理措施等因素规定了不同的运输程序。不同于欧盟其他废弃物立法通常采用的"指令"（directive）

---

[1] See Case C-280/93 *Germany v Council* [1994] ECR I-4973, paragraph 78; Joined Cases C-20/00 and C-64/00 *Booker Aquaculture and Hydro Seafood* [2003] ECR I-7411, paragraph 68; Joined Cases C-154/04 and C-155/04 *Alliance for Natural Health and Others* [2005] ECR I-6451, paragraph 126; and Joined Cases C-453/03, C-11/04, C-12/04 and C-194/04 *ABNA and Others* [2005] ECR I-10423, paragraph 87.

形式，欧盟废弃物运输监管立法采"条例"（regulation）形式，故《废弃物运输条例》无需成员国转化即对成员国具有直接约束力。由于该条例既是欧盟为实现自身废弃物运输监管目标，也同时是欧盟履行1989年《控制危险废弃物越境转移及其处理的巴塞尔公约》以及其他相关国际义务的措施，导致其本身具有极高的复杂性。[1]

　　整体而言，2006年《废弃物运输条例》以是否存在危险性以及可否回收为标准将运输的废弃物分为两类，并规定了不同的运输监管制度。第一，对不具有危险性的可回收废弃物适用"一般信息要求制度"（general information requirements），包括条例附件3规定的"绿色"清单废弃物（"green" listed wastes）以及附件3A规定的混合两种或两种以上列入附件3废弃物的混合废弃物。从"Dusseldorp案"即可看出，欧盟对可回收废弃物运输的限制非常少。

　　第二，"事先书面通知和同意制度"（prior written notification and consent），适用于其他类别的废弃物，包括《废弃物运输条例》附件4规定的同时包含危险和非危险部分的"安珀"清单废弃物（"amber" listed wastes）、附件5第2部分规定的欧洲废弃物清单（如煤矿废弃物、经物理和化学处理的矿物质等）以及附件3中的不可回收废弃物。适用事先书面通知和同意程序的废弃物运输受到更为严格的监管，包括受影响国主管部门的事先书面同意（包括发货国家、目的地国家以及途经国家）、运输成本保证金、90天内回收、处理或存储、无法实现运输目的时的运回义务等。并且，不论废弃物运输的最终目的为何，所有相关方都必须保证运输程序以全面保护环境的方式进行。

　　"Interseroh公司废弃物运输案"涉及的即是2006年《废弃物运输指令》第18条规定的一般信息要求制度。欧洲法院在本案中明确了可回收废弃物一般信息要求制度的两个重要问题：一是废弃物运输安排者的信息公开义务；二是商业秘密保护可否作为运输安排者未依法公开信息的免责事由。首先，2006年《废弃物运输条例》第18条第4款规定，在欧盟法和成员国法律有规定时，该条第1款中涉及的相关信息（包括废弃物来源者信息）应被认定具有保密性。但结合第1款的规定内容，此保密义务主要针对的是监管当局和与运输废弃物相关的第三方，因为，此保密义务的起始时间在收获人签收后。

---

[1]　See J. H. Jans and H. Vedder, *European Environmental Law: after Lisbon*, Apollo Books, 2012, pp. 438~439.

因此，依据现有规定，作为运输安排者的中间商必须将货物来源者向废弃物的购买人披露。其次，废弃物来源者信息尽管构成中间商的商业秘密，但对其保护不能导致明确且无条件的欧盟二级法律适用范围的限缩。由于第 18 条第 4 款并没有作出任何例外规定，所以不能对废弃物来源者信息作例外解释。

概言之，本案判决体现了欧洲法院在两个问题上的一贯态度。一是强调环境保护。即使废弃物交易的中间商向收货人披露货源信息可能侵犯其商业秘密，但为实现废弃物流向追踪和监管，不可避免地限制了商业秘密保护。二是欧盟法的优先性。欧洲法院明确指出，欧盟二级立法（指令、条例、决定）规定如果足够明确且为无条件适用，那么即使其规则可能侵犯为成员国基本法所保护的商业秘密，也不应限缩其适用范围。当然，若有充分证据表明欧盟此二级立法具有违法性，则可请求欧洲法院予以撤销。据此，欧洲法院再一次捍卫了欧盟法适用的优先性。

第八章　欧盟自然资源和生物多样性保护制度

本章导读

欧盟制定多项政策和法律以保护自然资源和生物多样性。其中，2009 年《野生鸟类保护指令》和 1992 年《栖息地指令》是欧盟生物多样性保护制度的基石和 Nature 2000 自然保护区网络设立的法律依据。本章将通过三个欧洲法院相关判例，对欧盟自然资源和生物多样性保护的基础制度予以介绍。在早期的"丹麦棕蜂案"中，欧洲法院判定成员国为保护特定物种而制定的具有限制货物流通自由效果的成员国措施，可以"保护动物健康和生命"为由免除责任。"希腊阿克洛奥斯河分流案"明确了在水资源和栖息地保护中"灌溉和饮水"权利同生态保护间的平衡。最后，"布里尔斯等人诉荷兰建设和环境部长案"呈现了 Nature 2000 自然保护区内开展新活动的适当评价制度，阐明具有事先预防性的"减轻措施"和具有事后性的"补偿措施"之间的区别。

一、"丹麦棕蜂案"：生物多样性保护对货物流通自由的限制

"丹麦棕蜂案"[1]的主程序是丹麦国内因布鲁姆先生（Ditlev Bluhme）违反丹麦法律在莱斯岛（Læsø）养殖非莱斯岛棕蜂而对其提起的刑事诉讼程序。因需对《欧洲经济共同体条约》第 30 条（现《欧洲联盟运行条约》第 36 条）和 1991 年《纯种动物销售的养殖和谱系要求指令》第 2 条进行解释，丹

---

〔1〕 Judgment of the Court（Fifth Chamber）of 3 December 1998, *Bluhme*, C-67/97, EU：C：1998：584.

麦弗雷德里克斯堡刑事法院（Kriminalret i Frederikshavn）向欧洲法院提请初步裁决。

（一）案件事实

经 1993 年第 267 号法律修订，丹麦 1982 年第 115 号《养蜂业法》（lov om biavl）第 14 条第 1 款授权农业部制定保护经其认定的、特定地域的特种蜜蜂措施，其中包括为保护前述种类蜜蜂而对不受欢迎的其他蜜蜂群移除或破坏措施。丹麦农业部据此颁布了《1993 年第 528 号保护莱斯岛蜜蜂决定》（Bekendtgørelse om biavl på Læsø）。该决定第 1 条规定，禁止在莱斯岛和附近某些岛屿上保留除莱斯岛棕蜂外的其他类采蜜蜂。上述决定同时规定破坏或移除其他蜂种以及用莱斯岛棕蜂蜂后替代其他类蜜蜂蜂后措施（第 2 条），禁止向莱斯岛和附近岛屿引入处于任何生长阶段的家养活蜂以及家养活蜂的繁殖材料（第 6 条），以及对因本决定被破坏的蜂群所导致的、可证明的任何损失予以全额政府赔偿（第 7 条）。

因莱斯岛是一个距陆地较远、面积较小的岛，仅占丹麦领土面积的 0.3%，故养殖蜜蜂是该岛为数不多的经济来源之一。本案中的布鲁姆先生即因违法在莱斯岛保留非莱斯岛棕蜂的蜜蜂而被提起公诉。布鲁姆先生在本国刑事审判中提出，丹麦国内相关法律违反了《欧洲经济共同体条约》第 30 条（现《欧洲联盟运行条约》第 36 条）禁止限制货物流通自由的规定。因需对条约进行解释，丹麦弗雷德里克斯堡刑事法院请求欧洲法院就此问题作出初步裁决。

（二）主要法律问题

丹麦法律禁止在莱斯岛保留除莱斯岛棕蜂外的其他类型蜜蜂，是否构成《欧洲经济共同体条约》第 30 条规定的与数量限制同等效果的限制措施？若是，该措施是否能够以"保护动物健康和生命"（protection of the health and life of animals）正当化？

（三）法院判决

1. 丹麦《养蜂业法》及相关实施规定是否构成与数量限制具有同等效果的限制措施

依据欧洲法院的判例，所有能够阻碍欧盟境内交易的措施，不论是直接或间接、实际或潜在，都构成与数量限制具有同等效力的措施。〔1〕由于丹麦相关法律有禁止向莱斯岛及其附近岛屿进口活蜜蜂和本地蜂繁殖材料的一般性规定，也就限制了从其他成员国进口或蜜蜂和繁殖材料，所以此一般性禁止规定构成了欧盟条约规定的与数量限制具有同等效力的限制措施。并且，这一判断不因争议法律只适用于丹麦部分地区而改变。〔2〕

此外，因丹麦禁止在莱斯岛及附近岛屿保留其他类别蜜蜂的法律直接针对的是蜜蜂的内在特征，即与产品相关而非与销售形式相关，故并不构成欧洲法院通过"keck案"〔3〕确定的不违反欧盟条约的销售安排（selling arrangements）。正如本案佐审官所述，丹麦农业部发布的《1993年第528号保护莱斯岛蜜蜂决定》禁止从其他成员国进口蜜蜂至丹麦境内某一区域，对贸易具有确定和直接的影响，且不存在因不确定或间接性而被认定不会阻碍成员国间贸易的可能。

综上所述，欧洲法院裁定丹麦莱斯岛棕蜂相关法律和决定构成《欧洲经济共同体条约》第30条规定的与数量限制具有同等效果的限制措施。

2. 丹麦禁止莱斯岛及其附近岛屿进口非莱斯岛棕蜂的蜜蜂规定可否免责

保护具有显著特征的动物种群的措施，能够保证相关动物数量，故有利于维护生物多样性。此类措施具有保护动物生命的目的，因此即使具有限制货物流通自由的效果，也可依《欧洲经济共同体条约》第36条免责。就此方面而言，限制措施的保护目标是一个独立的亚种还是特定种类的一个分支，抑或只是一个当地种群并不重要，只需要该类濒危动物具有明显区别于其他动物的特征，并且基于特定原因被认定具有保护价值。此原因可以是为了避免该类动物灭绝或面临永久灭亡的风险，或者是在没有灭绝风险情况下，只是出于科学或其他利益考虑而在相关区域进行数量保护。

但是，成员国法律即使是为了保护条约规定的权利，仍需审查其是否是实现该权利保护所必需和适当的措施，以及是否存在同样能够实现目标但限

〔1〕　See Case 8/74 *Procureur du Roi v Dassonville*〔1974〕ECR 837, paragraph 5.

〔2〕　See Joined Cases C-1/90 and C-176/90 *Aragonesa de Publicidad and Publivía v Departamento de Sanidad*〔1991〕ECR I-4151, paragraph 24; Joined Cases C-277/91, C-318/91 and C-319/91 *Ligur Carni and Others*〔1993〕ECR I-6621, paragraph 37.

〔3〕　See Joined Cases C-267/91 and C-268/91 *Keck and Mithouard*〔1993〕ECR I-6097.

制性更小的措施。[1]通过建立濒危动物享有特殊保护的区域来保护生物多样性是 1992 年《生物多样性公约》认可的一种方式，也是欧盟在实践中已采用的一类措施（如《野生鸟类保护指令》和《栖息地指令》规定的特别保护区）。本案中的莱斯岛棕蜂具有隐形基因特征，若与金色蜜蜂交配，则将有灭绝风险。为确保棕蜂的生存，丹麦通过法律建立保护区以禁止除莱斯岛棕色蜜蜂外的蜜蜂保留应被认定是一种为保护棕蜂物种而采取的适当措施。

综上所述，欧洲法院裁定丹麦保护莱斯岛棕蜂的相关法律和决定虽构成对欧盟货物流通自由的限制，但可因《欧洲经济共同体条约》第 36 条规定的"保护动物健康和生命"事由被免责。

（四）案件简评

保护生物多样性是欧盟环境政策和法律的重要组成部分。早在 1979 年，欧盟即制定了《野生鸟类保护指令》，旨在全面保护欧盟境内所有自然生存的野生鸟类。1992 年，欧盟签订了《生物多样性公约》，并随后通过了《栖息地指令》。1992 年《栖息地指令》是欧盟生物多样性保护领域的另一部重要法律，适用于超过 1000 种植物物种和 200 多个栖息地类型，是欧盟 Nature 2000 自然保护区网络[2]的设立依据。2011 年，欧盟发布了期限至 2020 年的"生物多样性战略"（EU Biodiversity Strategy），致力于保护本土生物多样性以及提供免受外来物种入侵的生态系统服务。

"丹麦棕蜂案"是欧盟 Nature 2000 建立之前，欧洲法院在生物多样性保护方面作出的最重要的判决之一。欧洲法院在本案中认定，丹麦保护莱斯岛棕蜂的法律法规虽构成对欧盟货物流通自由的限制，但可因保护生物多样性的目的免除责任。此判决结果符合欧洲法院的一贯态度，但令人惊讶的是，欧洲法院在本案中选择的免责事由是欧盟条约规定的"法定事由"，而非通常其适用的、范围更为广泛的环境保护强制性要求。[3]

欧洲法院认为，丹麦的法律措施通过保护本地具有明显特征的棕蜂数量，

---

[1] See case 124/81 *Commission v United Kingdom* [1983] ECR 203, paragraph 16.

[2] 欧盟 Nature 2000 自然保护区网络，简称"Nature 2000"，是为稀有和受威胁物种提供的核心哺育和休息的场所，以及一些基于其本身特征而应受到保护的稀有自然栖息地类型。Nature 2000 的具体内容详见本书附件 3。

[3] See M. Jacobs, "Anklagemyndigheden v. Ditlev Bluhme, Case C-67/97（Danish Bees case）", *Review of European Community & International Environmental Law*, 1999, 8 (2): 220~223.

实现保护莱斯岛棕蜂生命的目的。与因疾病或捕杀等方式导致的物种灭绝完全不同，与他种类蜜蜂的交配虽然并不会对任何类型的蜜蜂产生危害，但却有导致棕蜂灭绝的效果。因此，防止因这两种能够导致动物灭绝方式的措施，都可适用《欧洲经济共同体条约》第36条规定的"保护动物健康和生命"免责事由。选择适用法定免责事由而非判例确定的强制性要求，可以让成员国在保护生物多样性方面采取更为严格的措施，因为不管成员国的限制措施是否具有歧视性，都能够通过条约明文规定的事由豁免。

此外，"丹麦棕蜂案"扩大了生物多样性保护的物种范围。欧洲法院在本案中明确，受保护的物种不但包括稀有物种、濒危物种或存在灭绝风险的物种，还包括亚种、任何物种内的独特菌株或地区种群。对于那些不存在灭绝风险的物种，成员国也可以出于科学或其他利益在特定区域内采取保护动物数量的措施。

最后，"丹麦棕蜂案"的判决虽然赋予了成员国在"就地保护"原则（in situ conservation）适用上的极大的自主权，但成员国具有限制贸易自由效果的措施仍需严格遵守比例原则。在1993年"德国淡水小龙虾案"[1]中，欧洲法院裁定德国全国性禁止进口淡水小龙虾措施不符合比例原则，故违反欧盟保护货物流通自由的规定。欧洲法院建议，德国可通过指定特定的区域用于存放进口小龙虾，达成保护人类健康和保障地区物种生存的平衡。[2]

二、"阿克洛奥斯河分流案"：水资源和生物多样性保护中的利益平衡

希腊"阿克洛奥斯河分流案"[3]的原告是西希腊大区埃托利亚-阿卡纳尼亚州政府（Nomarchiaki Aftodioikisi Aitoloakarnanias）、阿格里尼翁农业合作社协会（Enosi Agrotikon Sinetairismon Agriniou）等法人，被告是希腊环境、地区规划和公共工作部（Ipourgos Perivallontos，Khorotaxias kai Dimosion Ergon）以及其他相关部委，涉及前者请求撤销阿克洛奥斯河分流项目相关措施。因

---

〔1〕 Judgment of 13 July 1994, *Commission of the European Communities v Federal Republic of Germany*, C-131/93, EU：C：1994：290.

〔2〕 See M. Jacobs, "Anklagemyndigheden v. Ditlev Bluhme, Case C-67/97（Danish Bees case）", *Review of European Community & International Environmental Law*, 1999, 8（2）：220~223.

〔3〕 Judgment of 11 September 2012, *Nomarchiaki Aftodioikisi Aitoloakarnanias and Others v Ipourgos Perivallontos*, *Chorotaxias kai Dimosion ergon and Others*, C-43/10, EU：C：2012：560.

需对 2000 年《关于建立欧共体水政策领域行动框架的 2000/60/EC 指令》[1]（以下简称"《水框架指令》"）、1985 年《环境影响评价指令》（经 2003 年修改）和 1992 年《栖息地指令》等欧盟法律进行解释，希腊最高行政法院（Simvoulio tis Epikratias）就相关问题向欧洲法院提请初步裁决。

（一）案件事实

阿克洛奥斯河是希腊西部最主要的河流，皮尼奥斯山脉南部将其与色萨利平原分开。阿克洛奥斯河及其沿岸区域是多种受欧盟《野生鸟类保护指令》和《栖息地指令》保护的动植物栖息地，阿克洛奥斯河三角洲更是《湿地公约》[2]所认定的"国际重要湿地"。20 世纪 30 年代，希腊政府首次提出将阿克洛奥斯河向东分流以灌溉该地区不断增长的农作物，以促进经济萧条时期的农业生产，但分流项目因资金缺乏和环境争议而被搁置。1984 年，希腊政府表达了重启分流项目的意向，提出的最终项目计划包括在四个地区建造水坝及附属水库、通往色萨利大区的 17 400 米分流通道和两个隧道。这个集大坝、水库和通道一体的项目预计将 6 亿立方米的水从阿克洛奥斯河调到皮尼奥斯山的另一侧，这不仅将满足色萨利大区的灌溉和发电需求，还会满足该大区的城镇用水需求。

然而，阿克洛奥斯河分流项目却自始便饱受争议。环境保护组织、国际非政府机构以及相关州市政府分别发起了一系列行动，请求撤销作为该项目后续计划批准依据的部长法令。

在 1991 年和 1992 年，希腊主管部门分别作出两项决定，批准阿克洛奥斯河分流项目项目部分工程的某些技术工作的环境参数，具体是指将阿克洛奥斯河水调至色萨利大区的 18.5 公里长管道以及水坝、水库等相关工程。但这两项决定随后被希腊最高行政法法院以未进行充分的项目环境影响评价为由撤销。[3]最高行政法院认为，阿克洛奥斯河分流项目技术复杂、涉及范围广，项目的整体环境影响并不是各个独立项目环境影响的简单相加。因此，

---

〔1〕 Directive 2000/60/EC of the European Parliament and of the Council of 23 October 2000 establishing a framework for Community action in the field of water policy, *OJ L* 327, 22. 12. 2000.

〔2〕 Convention of Wetlands of International Importance Especially as Waterfowl Habitats, 也被称为"拉姆塞公约"。

〔3〕 Judgments No 2759/1994 and No 760/1994 respectively of the Simvoulio tis Epikratias（Council of State）.

只对分流项目的各个部分分别进行环评是不充分的，应当对项目整体以适当的科学方式进行环境影响评价。

为履行希腊最高行政法院1994年判决，针对阿克洛奥斯河分流项目整体的独立环境影响评价被展开。1995年12月15日，希腊相关主管当局批准了分流项目及其附属工程。在随后的另一个部长决议中，该项目每年最大转水量被从11亿立方米降到6亿立方米。

2000年，希腊最高行政法院再次作出判决，裁定撤销上述1995年部长决议。最高行政法院认为，从评估内容和结论来看，虽然整体环评对减轻分流项目的环境影响和保持、增强色萨利平原生产力间的平衡进行了充分和公开的评价，但仍缺少涉及可以避免破坏相关地区大部分重要古迹的可替代方案。因此，1995年的两个部长决议应全部撤销。

此后，希腊环境和公共工作部决定开展"阿克洛奥斯河分流项目的补充环评"。2002年补充环评的主要内容是可替代方案，特别提出了受项目影响地区的新环境数据，并阐明了环境影响和补偿措施。补充环评于2003年3月13日被批准，相关主管当局随后联合发布2003年3月19日决定，规定了适用于阿克洛奥斯河分流项目的环境数据。

2005年，希腊最高行政法院作出与本案争议项目相关的第三个判决，撤销主管部门2003年3月19日联合决定。最高行政法院认为，希腊国内法和欧盟2000年《水框架指令》规定的可持续水管理原则（principle of sustainable water management），要求只有作为水资源可持续发展计划的一部分，水资源开发项目才能获批实施。而阿克洛奥斯河分流项目从未被纳入此类计划，本国也从未实施过此类计划。希腊最高行政法院同时撤销了希腊环境部于2005年3月18日作出的一个争议项目相关奖励合同的批准决定。

2006年8月2日，希腊通过了2006年第3481号法令（FEK A' 162/2.8.2006）。该法令第9条规定，在国家水保护和管理计划以及地方管理计划批准之前，可以批准特定河流水域管理计划和水域间水转移管理计划，但若上述项目涉及范围广或具有国家重要性，则应由法律批准通过。第13条规定，阿克洛奥斯河分流项目及其附属工程是第9条规定的涉及范围广且具有国家重要性的项目。

为撤销整个阿克洛奥斯河分流项目，本案原告直接针对相关行政措施的合法性提出申诉。希腊最高行政法院认为，在2006年3481号法令生效之前，主管部门批准适用的环境参数决定以及其他争议项目相关决定都已被撤销。因此，希腊政府试图依据第 3481 号法令第 9 条规定重新启动阿克洛奥斯河分流项目。因此，希腊最高行政法院就该法令第 9 条和第 13 条是否符合欧盟法问题向欧洲法院提请初步裁决。

（二）主要法律问题

（1）2000 年《水框架指令》[1]转化期届满前，是否对成员国具有约束力？

（2）《水框架指令》保护的饮水和灌溉权利与《栖息地指令》保护的生物多样性间如何平衡？

（三）法院判决

1. 2000 年《水框架指令》转化期届满前的法律效力

2000 年《水框架指令》第 24 条规定，成员国应最晚在 2003 年 12 月 22 日前将本指令转化至国内法。第 13 条第 6 款规定，"流域管理计划"（river basin management plans）的最后发布时间是指令生效后 9 年内，也就是 2009 年 12 月 22 日。应明确的是，《水框架指令》第 13 条第 6 款规定的并不是指令的转化时间，而是成员国应按指令要求实施的一项措施的截止日期。正如欧洲法院在之前的判决中所述，《水框架指令》规定的术语定义（第 2 条）、应达到水质标准的时间表（第 4~6 条和第 8 条）和第 2 条规定的义务，并未要求以有约束力的方式实施。[2]因此，2000 年《水框架指令》规定的成员国发布流域管理计划的最后时间为 2009 年 12 月 22 日，而指令本身的最后转化期为 2003 年 12 月 22 日。

本案的争议项目（阿克洛奥斯河分流项目）被规定在 2006 年 8 月 2 日的希腊立法中，此时还未到欧盟 2000 年《水框架指令》规定的应当发布流域管理计划的截止日期。《水框架指令》第 4 条第 1 款规定，成员国应当采取适当的保护措施，使流域管理计划中制定的与地上水和地下水相关的措施方案得以实施。欧洲法院认为，2000 年《水框架指令》并不禁止在相关流域管理计划发布之前开展分流项目，因为该指令第 13 条第 6 款规定的流域管理计划可

---

[1] Directive 2000/60/EC of the European Parliament and of the Council of 23 October 2000 establishing a framework for Community action in the field of water policy, *OJ L* 327, 22. 12. 2000.

[2] See, to that effect, Case C-32/05 *Commission v Luxembourg* [2006] ECR I-11323, paragraphs 16, 17 and 65.

最晚于 2009 年 12 月 22 日发布。在本案争议项目通过时，受此项目影响的流域管理计划尚不存在。[1]并且，希腊政府也没有义务在指令规定的流域管理计划最后发布时间（2009 年 12 月 22 日）前制定相关流域管理计划。因此，在受该项目影响的流域没有已制定的管理计划的情况下，由希腊立法通过的阿克洛奥斯河分流项目并不受 2006 年《水框架指令》第 4 条规制。

但依据欧洲法院的判例法，在指令规定的转换期内，其所适用的成员国必须避免采取任何可能严重损害该指令目标的措施。这项施加在成员国机构上的义务，必须被理解为禁止制定任何综合或具体以及可能产生妥协效果的措施。[2]上述规则同样适用于转化期的 2000 年《水框架指令》。这也意味着，在 2009 年 12 月 22 日前，即发布流域管理计划的期限届满前，希腊不得采取任何可能损害 2000 年《水框架指令》第 4 条所期实现的环境保护目标。特别是该条第 1 款第 1 项第 2 目规定，成员国须"依据附件五的规定，保护、提高和恢复有所地表水体，……以实现在条约生效后至少 15 年内的良好的地表水状况目标，并且在不妨碍第 8 款规定的情况下，依据第 4 款确定的延期同样适用于第 5、6、7 条"。即使制定于 2009 年 12 月 22 日前，成员国措施也不得侵犯此目标。

2000 年《水框架指令》第 4 条第 7 款[3]详细地规定了成员国不应被认定为违反指令所需满足的条件。欧洲法院据此明确，希腊政府不能采取任何

---

〔1〕　See judgment of 19 April 2012 in Case C-297/11 *Commission v Greece*, paragraph 17.

〔2〕　See Case C-129/96 *Inter-Environment Wallonie* 〔1997〕 ECR I-7411, paragraph 45, and Joined Cases C-165/09 to C-167/09 *Stichting Natuur en Milieu and Others* 〔2011〕 ECR I-4599, paragraph 78 and the case-law cited.

〔3〕　《水框架指令》第 4 条第 7 款："成员在下列情况下不应被认定违反指令：

1. 未能达成良好的地下水状况、良好的生态状况或相关的良好生态潜力或防止地表水或地下水体状况恶化等目标，是对地表水体的物理特性进行修改或对地下水体水平进行变更的结果；

2. 未能防止地表水体从优良状况恶化到良好状况，是新的人类可持续发展活动的结果。

同时还应满足下列所有条件：

1. 采取一切切实可行的步骤减轻对水体状况的不利影响；

2. 第 13 条规定的流域管理计划的修改或变动的原因需作出特别解释，相关目标需每六年审查一次；

3. 上述修改或变动的原因必须是压倒性的公众利益，或是新修改或变动对人类健康、人类安全或可持续发展的益处超过了对环境和社会的益处；以及

4. 上述水体修改或变动所期实现的目标是一种明显更好的环境选择，且因为技术可行性或成本比例等原因不能通过其他方式实现。"

可能损害达成良好地表水状况目标的措施，但此义务也不应超过指令规定的范围。因此，2000 年《水框架指令》第 4 条规定的减损规则，应当在适当变通后适用。鉴于供水、发电和灌溉原则上都属于公共利益，故若本案的争议项目满足第 4 条第 7 款规定的四项条件时，则可予以审批通过。

但同时应注意的是，尽管一个流域或流域地区的水资源无法满足本流域的饮水、发电或灌溉需求的事实，能够使阿克洛奥斯河分流项目合法化，但若上述事由只是一种可能性，则仍不能作为合法化事由。此外，即使满足饮水、发电或灌溉是一种现实需求和第 4 条第 7 款规定的四项条件，分流项目在下列情况下仍可能被指令所禁止：①第 4 条所保护的一般利益和/或所期实现的环境和社会利益相关的目标，重于分流项目能够带来的保护人类健康和安全以及可持续发展等利益；②鉴于技术可行性或不符合比例原则的成本花费，分流项目的目标能够通过其他更有利于保护环境的方式实现。

2. 希腊 2006 年 8 月 2 日颁布的计划的性质

2000 年《水框架指令》第 14 条第 1 款规定："成员国应当鼓励所有相关方积极参与本指令的实施，特别是在制定、审查和更新流域管理计划时。成员国应当保证流域涉及的每一个地区，至少在上述计划开始一年前发布流域管理计划草案副本，并保证公众（包括使用者）能够发表意见。"欧洲法院在 2011 年"欧盟委员会诉希腊案"[1]中表示，若希腊政府在 2009 年 12 月 22 日前未发布其境内流域地区或国际流域地区的流域管理计划，则应被认定违反 2000 年《水框架指令》。在该诉讼程序中，希腊政府承认其并未发布指令所规定的流域管理计划。所以，希腊于 2006 年 8 月 2 日颁布的计划并不是欧盟指令意义下的计划。基于此，欧洲法院判定，未进行公众信息公开、咨询或参与程序的流域管理计划不属于《水框架指令》第 14 条范围内的流域管理计划。

3. 可能对特别保护区产生重大影响的项目是否为《栖息地指令》绝对禁止

欧盟《栖息地指令》第 6 条第 3 款规定了涉自然保护地的适当评价程序，旨在通过事前审查虽非与保护区管理直接相关，但可能对保护区的整体性产

---

[1] Action brought on 14 June 2011, *European Commission v Hellenic Republic*, Case C-297/11, OJ C 238, 13. 8. 2011.

生重大影响的项目或计划，保障指令认可的特别保护区的整体性。[1]由于《栖息地指令》并没有对该款规定的"适当评估"（appropriate assessment）规定任何特定的方法，故成员国有权自主决定评估方法。[2]

但是，成员国的上述自主权也并非毫无限制。成员国主管部门必须在确定计划或项目不会对相关保护区的整体性产生影响的情况下才能做出许可决定。反之，则不得审批通过。主管当局必须依靠该领域的最佳科学知识，并确保没有合理的科学怀疑。[3]此外，基于特定区域的保护目标了解计划或项目的环境影响，是适用《栖息地指令》第6条第4款规定的例外规则的前提条件。若没有适当评价结论提供的信息，第4款规定的豁免事项的适用条件就无法评估。因为压倒性公共利益的评估以及是否存在影响更小的替代方案都是建立在拟议计划或项目对保护区造成的损害评估基础上的。并且，为了确定赔偿措施的性质，也必须对保护区受到的损害进行准确认定。[4]

因此，欧洲法院认为，在特定保护区的鸟类相关信息、最新和可靠的数据缺失的情况下，希腊进行的评价不能被认定是适当的。当然，如果撤销或撤回项目开发许可是因为适当评价不正确，那么就不能排除成员国主管当局可以通过事后收集最新和可靠数据做出补充评估的可能性。

综上，欧洲法院裁定《栖息地指令》必须被解释为，在缺少特殊保护区信息或与该区域内鸟类相关的最新可靠数据的情况下，主管部门不得授权许可可能对特殊保护区产生显著影响的分流项目，即使该项目并不直接与特殊保护区或其管理相关。

4. 《栖息地指令》第6条第4款的"压倒性公共利益"例外规定的适用

《栖息地指令》第6条第4款规定，即使成员国依据第3款进行的评价结论为负面，但为保护具有经济或社会属性的"压倒性公共利益"（overriding public interest），在没有替代措施的情况下，成员国仍可批准拟议计划或项目，但必须采取所有必要的补偿措施来保护 Nature 2000 自然保护区的整体性。此

---

[1]　See Case C-127/02 *Waddenvereniging and Vogelbeschermingsvereniging* [2004] ECR I-7405, paragraph 34, and Case C-304/05 Commission v Italy [2007] ECR I-7495, paragraph 56.

[2]　See Case C-304/05 *Commission v Italy* [2007] ECR I-7495, paragraph 57.

[3]　See, Case C-127/02 *Waddenvereniging and Vogelbeschermingsvereniging*, paragraphs 59 and 61, and *Commission v Italy*, paragraph 59.

[4]　*Commission v Italy*, paragraph 83, and Case C-182/10 *Solvay and Others*, paragraph 74.

例外规定适用于《栖息地指令》规定的特殊保护区以及欧盟委员会依据《栖息地指令》认定的具有欧盟重要性的站点。

作为豁免条件的"压倒性公共利益",必须同时具备"公共性"(public)和"压倒性"(overriding)。也就是说,这项利益的重要性超过了《栖息地指令》所期实现的保护自然栖息地、包括鸟类在内的野生动物群和植物群的目标。[1]原则上,在缺少替代性解决措施的情况下,满足灌溉需求和提供饮水可以作为分流项目实施的豁免条件。但是,当具有欧盟重要性的站点中保护的是《栖息地指令》规定的优先保护的自然栖息地类型或物种时,能作为豁免条件的则只有"人类健康""公共安全"和"对环境有至关重要的有益后果"以及欧盟委员会建议的其他压倒性公共利益。鉴于本案中委员会并没有被要求提供意见,欧洲法院认为应依据相关条文规定,审查灌溉和提供饮水能否被认定为压倒性公共利益。

欧洲法院认为,一般而言,灌溉并不能被认为是对人类健康或公共安全具有至关重要的利益。更为合理的理解是,在某些情况下,灌溉可能会给环境带来非常重要的有益影响。与灌溉不同,提供饮水原则上应作为保护人类健康的考量因素。但不论在何种情况下,其都应由希腊最高行政院来判断,本案的争议项目是否在事实上会对拥有一个或多个优先保护自然栖息地类型或物种的自然保护地整体性造成不良影响。

(四) 案件评述

希腊"阿克洛奥斯河分流项目"自首次提出至今已过去了约八十年,针对该项目的争议在此期间从未中断,甚至愈演愈烈。希腊最高行政法院在三次撤销阿克洛奥斯河分流项目相关措施和决定后,于2009年再次被请求审查作为分流项目法律依据的2006年3481号法令的合法性。基于希腊最高行政法院的申请,欧洲法院作出了这一重要判决。阿克洛奥斯河分流项目案涉及欧盟自然资源保护领域的多个方面,其中最引人关注的是欧盟指令在其转化期届满前的法律效力和作为环境保护例外条件的"压倒性公共利益"的认定和适用两部分。

第一,希腊"阿克洛奥斯河分流案"重申了欧洲法院通过"Inter-Envir-

---

〔1〕 See Case C-182/10 *Solvay and Others* 〔2012〕 ECR, paragraph 75.

onnement Wallonie 案"〔1〕确定的 "Inter-Environment Wallonie 规则"（Inter-Environment Wallonie doctrine），再次明确了欧盟法的优先性。"Inter-Environment Wallonie 规则" 是欧盟指令在其规定的转化期届满前的法律效力规则。欧洲法院认为，在欧盟指令规定的最后转化期前，成员国尽管没有采取相关措施实现指令所期实现的结果的义务，但结合欧盟法的真诚合作原则以及指令规定转化期的目的，成员国在此转化期间却不得实施任何可能严重影响指令预期结果的措施。〔2〕

在本案的判决中，欧洲法院即遵循了此原则。尽管在 2009 年 12 月 22 日希腊发布流域管理计划的最后日期前，阿克洛奥斯河分流项目并不受 2000 年《水框架指令》第 4 条规定的义务约束，但如果分流项目在转化期间的实施，却不得损害指令实现地表水良好状态的目标。当然，若阿克洛奥斯河分流项目满足该条第 7 款规定的不应被认定为违法的所有条件，则其原则上可以实施。具体而言，阿克洛奥斯河分流项目只有在满足下列所有条件时才可实施：①为实现人类可持续发展；②采取所有切实可行的步骤减轻对水体状况的不利影响；③相关流域管理计划修改或变动原因须作出特别解释，相关目标需每 6 年审查一次；④修改或变动原因必须是压倒性公众利益，重于为达成有利于环境和社会目标、对人类健康和安全的保护或可持续发展，且此修改或变动所期实现的目标因技术可行性、成本比例原则等因素，不能通过其他方式实现。

第二，"压倒性公共利益" 的认定和适用条件。结合欧盟《水框架指令》《环境影响评价指令》和《栖息地指令》的相关规定，为实现具有经济或社会属性的压倒性公共利益，可能对环境产生重大影响的项目仍可能被批准实施，但必须同时满足没有替代性措施和充分了解环境影响两项条件。环境影响的具体内容是衡量公共利益和自然保护区所受损害的前提条件。欧洲法院提出，可以免除栖息地保护义务的项目必须同时具备 "公共性" 和 "压倒性"，故灌溉和提供饮水原则上可被认定为 "压倒性公共利益"。其中，前者是基于灌溉对环境产生的重大有益影响，后者则是考虑到提供饮水对人类健

〔1〕 Judgment of 18 December 1997, Inter-Environnement Wallonie ASBL v Région wallonne, C-129/96, EU：C：1997：628.

〔2〕 Judgment of 18 December 1997, Inter-Environnement Wallonie ASBL v Région wallonne, C-129/96, EU：C：1997：628., paragraph 43~49.

康的重要性。这表明，在某些情况下，生物多样性保护可能需要人类的活动，例如将自然河流生态系统转变为部分人造河流和湖泊生态系统。

后　记

在欧洲法院作出"阿克洛奥斯河分流案"判决后，希腊最高行政法院认定分流项目可能对自然保护区产生重大影响，因此需要进一步开展适当评价。由于目前缺少该区域生态系统的最新研究数据，希腊法院不能排除项目对保护区产生负面影响的合理怀疑。同时，希腊政府未能提供充分证据证明不存在对环境和保护区影响更小的替代性方案。并且，希腊最高行政法院认为阿克洛奥斯河分流项目的首要目的是发电和灌溉农田，次要目的才是提供饮水，故违反了《栖息地指令》的相关规定。因此，希腊最高行政法院于 2014 年作出本案的终局判决，判定阿克洛奥斯河分流项目将对环境产生重大影响，违反可持续发展原则。[1]

三、"布里尔斯等人诉荷兰基础设施和环境部长案"：涉特别保护区新建项目的适当评价制度

"布里尔斯等人诉荷兰基础设施和环境部长案"[2]的双方当事人是布里尔斯先生等人和荷兰基础设施和环境部（Minister van Infrastructuur en Milieu，现荷兰经济事务部），涉及后者拓宽 A2 高速公路（A2's-Hertogenbosch-Eindhoven motorway）项目决定的合法性问题。因需对《栖息地指令》第 6 条第 3 款和第 4 款进行解释，荷兰国务委员会（Raad van State）向欧洲法院提请初步裁决。

（一）案件事实

2011 年 6 月 6 日，荷兰基础设施和环境部长通过了一项拓宽 A2 高速公路的项目决定。A2 高速公路拓宽项目将影响荷兰一处被认定为"特别保护区"的 Nature 2000 站点（Vlijmens Ven, Moerputten & Bossche Broek，以下简称"Nature 2000 站点"）。该站点由三个区域组成，主要目的是保护沼泽草甸这一"非优先保护的自然栖息地类型"（a non-priority habitat type）。因此，荷

---

〔1〕　See Sophia Kalantzakos, "River Rights and the Rights of Rivers: The Case of Acheloos", https://static1. squarespace. com/static/55914fd1e4b01fb0b851a814/t/5a6a132c085229bc85004ba5/1516901169664/Rachel+Carson+Center_ Publication_ Can+Nature+Have+Rights+Legal+and+Political+Insights_ Hillebrecht+%26+Berros+2017. pdf, last visited 2019. 4. 15.

〔2〕　Judgment of 15 May 2014, *Briels and Others*, C-521/12, EU: C: 2014: 330.

兰当局在其 2012 年 1 月 25 日的决定中提出了一系列措施以减轻 A2 高速公路拓宽项目的环境影响。

在上述两个决定作出前,荷兰基础设施和环境部为评价 A2 高速公路拓宽项目对 Nature 2000 站点的不利环境影响,首先进行了初步"自然测试 A"(Test nature A),其评价结果表示,因不能排除二氧化氮增加对受保护的栖息地和物种产生重大环境影响的可能性,故有必要就此项目进行适当评价。第二次评估"环境测试 B"(Test nature B)得出的结论是,A2 高速公路拓宽项目会对包括沼泽草甸栖息地类型在内的栖息地产生不利影响。位于 Moerputten 的 6.7 公顷沼泽草甸将会受干涸和土壤酸化影响。同时,高速公路拓宽导致的氮沉淀物增加,将会对 Bossche Broek 处草甸产生不利影响。尽管该项目不会阻碍 Vlijmens Ven 地区的沼泽草甸扩大,但仍会导致该区氮沉淀物临时增加。最后,第二次评价结论阐明,如果完成 Vlijmens Ven 区水文系统修复,那么就可以实现该区沼泽草甸的保护和可持续发展。

根据上述评价结论,A2 高速公路拓宽项目制定了 Vlijmens Ven 地区水文系统改善措施,以使该区域沼泽草甸能够不断扩大。荷兰基础设施和环境部长认为,这项措施将实现沼泽草甸的高质量发展,通过创造新的沼泽草甸即能实现保护此类栖息地的保护目标,并由此做出 2011 年 A2 高速公路拓宽项目许可决定。

布里尔斯先生等人就上述两项行政决定向法院提起诉讼。原告认为,考虑到 A2 高速公路扩宽项目对本案 Nature 2000 站点的不利影响,基础设施和环境部长违法通过了两项争议决定。在判断 Nature 2000 站点整体性是否被影响时,不应将培育新草甸措施考虑在内,因为该措施并不能被认定为《栖息地指令》规定的"减缓措施"。

荷兰国务委员会认为,从基础设施和环境部长角度看,当一个项目可能对 Nature 2000 站点中受保护的自然栖息地类型产生不利影响时,在评估站点整体性是否受到影响时,应将未来可创造的、同现有面积相同或更大的新区域考虑在内。鉴于《栖息地指令》和欧洲法院判例都没有规定 Nature 2000 站点整体性的确定标准,荷兰国务委员会决定暂停本国审理程序,就此问题请求欧洲法院作出初步裁决。

(二)主要法律问题

(1)在 Nature 2000 站点内创建与现有保护区域面积同等或更大的同类自然

栖息地类型，是否仍满足《栖息地指令》第 6 条第 3 款规定的"不会对站点的整体性产生影响"（"will not adversely affect the integrity of the site"）条件？

（2）为受保护的自然栖息地类型培育新区域，是《栖息地指令》第 6 条第 4 款规定的"补偿措施"（compensatory measures）还是适当评价程序中应考虑的"减缓措施"？

（三）法院判决

1. A2 高速公路扩宽项目是否对 Nature 2000 站点整体性存在直接不利影响

欧洲法院在"Sweetman and Others 案"[1]中指出，结合《栖息地指令》的保护目标，必须将该指令第 6 条作为一个连贯整体予以理解。《栖息地指令》第 6 条第 2 款和第 3 款是为了保证自然栖息地及其中的物种受到高水平的保护，而第 4 款则规定了仅适用于第 3 款第 2 目的豁免条件。当不与站点管理直接相关或必要的拟议计划或项目可能损害指令保护目标时，该计划或项目必须被认定为可能对该站点产生重大影响。对拟议计划或项目的风险评估，必须依据受拟议计划或项目影响的相关站点特征和具体环境条件进行。《栖息地指令》第 6 条第 3 款第 2 目要求，为保障站点中自然栖息地的整体性免受不利影响，相关站点应维持良好的保护现状。因此，成员国有义务持久地保存相关站点的构成特征。这些构成特征与自然栖息地类型存在目的有关，也是栖息地被认定为"具有共同体重要性站点"（site of Community importance，"SCI"）的客观原因。

本案中的 Nature 2000 站点，分别被欧盟委员会和荷兰认定为具有共同体重要性站点和特别保护区（special area of conservation，SAC）。由于该站点中存在沼泽草甸这一自然栖息地类型，故该站点的保护目标之一即是维护沼泽草甸面积并改善其质量。依据提交至欧洲法院的证据材料，A2 高速公路拓宽项目将对该站点的受保护栖息地类型和物种产生显著的负面影响，尤其是因氮沉淀物导致的沼泽干涸及土壤酸化，会使现存的、受保护沼泽草甸面积和质量遭受不利影响。因此，A2 高速公路拓宽项目将有损 Nature 2000 站点的构成特征，并最终将对《栖息地指令》第 6 条第 3 款规定的站点整体性产生负面影响。

---

〔1〕 See Judgment of 11 April 2013, *Sweetman and Others*, C-258/11, EU：C：2013：220, paragraph 32.

2. 培育新沼泽草甸措施是否须在适当评价阶段予以考虑？

欧洲法院认为，A2 高速公路扩宽项目提供的保护措施并不能影响上述评价结论。《栖息地指令》第 6 条第 3 款第 2 目融合了风险预防原则，规定了主管当局的项目审批标准，以有效阻止对特别保护区整体性有不利影响的项目。指令要求，主管部门如果不确定一个项目是否会对站点整体性的有不利影响，就必须拒绝授权拟议计划或项目。任何弱于指令规定的授权标准都无法有效实现 Nature 2000 站点的保护目标。[1]

依据《栖息地指令》第 6 条第 3 款规定进行的适当评价不能有遗漏内容，必须包含完整、准确和明确的论证和结论，能够排除相关站点中拟议项目环境影响的所有科学合理怀疑。[2]风险预防原则要求成员国主管部门在对涉 Nature 2000 站点的项目进行影响评价时，必须考虑该站点的保护目标以及拟议项目提供的避免或减少对该站点直接不利影响的措施，保障相关站点免受不利影响。

但是，拟议项目提供的旨在补偿项目对 Nature 2000 站点不利影响的措施并不应在《栖息地指令》第 6 条第 3 款规定的项目适当评价中予以考虑。本案中，荷兰主管部门已在事实上承认 A2 高速公路拓宽项目会对 Nature 2000 站点中受保护的栖息地类型产生负面影响，并且这种影响可能是永久性的。在此情况下，项目提供的将来在受影响的栖息地的另一部分创造同等面积或更大面积的同类栖息地措施，应被认定为适当评价中无需考虑的"补偿措施"。因为 A2 高速公路拓宽项目提供的措施，不是为了避免或减少项目对栖息地造成的不利影响，而是作为项目实施导致的不利影响的补偿。并且，这些措施不能切实保证拟议项目不会对站点的整体性产生不利影响。任何旨在对站点中受保护的栖息地类型的损失面积和质量进行补偿的新建栖息地措施，即使预期的栖息地会面积更大且质量更好，也并不能立即准确预测其影响，而是需在几年之后才能被证实。因此，培育新草甸措施并不能在适当评价的评估中予以考虑。

---

〔1〕 See Case C‑127/02 *Waddenvereniging et Vogelbeschermingsvereniging* EU：C：2004：482，paragraphs 57 and 58，and *Sweetman and Others* EU：C：2013：220，paragraph 41.

〔2〕 See，to that effect，*Sweetman and Others* EU：C：2013：220，paragraph 44 and the case‑law cited.

3. 新建沼泽草甸措施可否作为例外审批程序中的"减轻措施"?

欧洲法院首先明确,《栖息地指令》第 6 条规定的保护措施的有效性体现在,避免成员国通过名为"减轻措施"但实际为"补偿措施"的方式绕过第 6 条第 3 款规定的适当评价程序,进而授权可能对相关站点整体性产生不利影响的项目。尽管在依据该条款进行的评价结论为负面的情况下,成员国主管部门仍可以授权项目建设,但只能是为实现包括社会或经济属性的压倒性公共利益(imperative reasons of overriding public interest),并且需拟议项目不存在替代性措施。同时,第 6 条第 4 款要求成员国采取一切必要的补偿措施,以保证 Nature 2000 站点的整体性。[1]

作为《栖息地指令》第 6 条第 3 款第 2 目规定的例外事项,该条第 4 款只能适用于依据第 3 款进行了评价的计划或项目。[2]了解基于相关站点保护目标而进行的适当评价结论,是适用该条第 4 款的前提条件,因为缺少适当评价信息将无法确定豁免规定的适用条件。这一方面体现在,对是否存在压倒性公共利益和损害更小的替代性措施的评估,需权衡拟议计划或项目对站点造成的损害。另一方面,补偿措施性质的确定也是建立在相关站点受到损害评估基础上的。[3]

如果满足《栖息地指令》第 6 条第 4 款规定的全部条件,即使拟议项目会对相关站点产生不利影响,成员国主管部门也可审批通过该项目。[4]但是,在 Nature 2000 站点中实施拟议项目提供的措施,与第 6 条第 4 款所规定的"补偿"措施无关。第 6 条第 4 款包含了所有保护站点整体性的措施,不论其是在受保护站点中实施,还是在该站点的某一部分中实施。

综上,《栖息地指令》第 6 条第 3 款必须被解释为:与具有共同体重要性的站点管理不直接相关或不必要的计划或项目,如果其实施将对相关站点中的栖息地类型整体性产生负面影响,即使提供在同一站点中建设同等或更大面积的同类栖息地,也应认定该项目对相关站点整体性有影响。如果拟议项

---

[1] See Case C-304/05 *Commission v Italy* EU:C:2007:532, paragraph 81;Case C-182/10 *Solvay and Others* EU:C:2012:82, paragraph 72;and *Sweetman and Others* EU:C:2013:220, paragraph 34.

[2] Case C-239/04 *Commission v Portugal* EU:C:2006:665, paragraph 35, and *Sweetman and Others* EU:C:2013:220, paragraph 35.

[3] Case C-404/09 *Commission v Spain* EU:C:2011:768, paragraph 109.

[4] See, to that effect, *Sweetman and Others* EU:C:2013:220, paragraph 47.

目满足第 6 条第 4 款规定的全部条件，建设同等或更大面积的栖息地措施可被归类为"补偿措施"。

（四）案件总结

为保护欧洲范围内最有价值和受威胁的物种和自然栖息地，履行《生物多样性公约》义务，欧盟于 1992 年颁布了《栖息地指令》，并据其建立了 Nature 2000 自然保护区网络。Nature 2000 由《栖息地指令》规定的"具有共同体重要性站点"和"特别保护区"以及《野生鸟类保护指令》规定的"特殊保护区"组成。《栖息地指令》第 6 条作为核心条款，前两款规定了 Nature 2000 站点的日常管理和保护规则，包括为特别保护区建立必要的保护措施（necessary conservation measures）、在所有保护区内采取避免自然栖息地及物种的退化（avoid the deterioration）和对物种打搅的措施。第 3 款和第 4 款则对保护区中开展新活动应遵守的前置适当评价程序、审批规则和例外事项进行了规定。

在"布里尔斯等人诉荷兰建筑和环境部长案"中，欧洲法院对《栖息地指令》第 6 条第 3 款和第 4 款共同建立的涉 Nature 2000 站点计划或项目的审批规则予以明确。第 6 条第 3 款规定，对不与站点管理直接相关或必要的计划或项目，若可能对相关站点的整体性产生重大影响，则应结合站点的保护目标对项目或计划进行适当评价（appropriate assessment）。主管部门只有在评价结论表明拟议项目或计划不会对受保护站点产生不利影响时，才能授予许可。但若评价结论为负面，则只有满足该条第 4 款规定的例外条件才能批准建设。本案中，A2 高速公路拓宽项目进行了本条第 3 款规定的适当评价，并得出了否定结论。荷兰主管当局认为，在 Nature 2000 站点的另一区域增加湿地草甸措施能够减轻该项目对站点整体性的不利影响，所以无需符合《栖息地指令》第 6 条第 4 款规定的条件即可授予许可。欧洲法院否定了这一观点，并对"减轻措施"和"补偿措施"进行了解释。

欧洲法院首先明确了"减轻措施"和"补偿措施"的区别。"减轻措施"（mitigating measures）是预防和排除对 Nature 2000 站点不利影响的措施，"补偿措施"（compensatory measures）则是对站点造成损害后的补偿。正如欧盟委员会所指出的，本案中项目提供的在新站点内建设同等或更大面积的同类自然栖息地措施，其根本目的不是避免或减少对现存沼泽草甸的重大不利影响，而是一种事后补偿。即使这种措施对受保护的栖息地有积极影响，具体结果却只能在几年后才能被证实，这种不确定性使其不能在适当评价程序中被考虑。因此，这种措施并不能确保相关站点的整体性免受不利影响。

　　欧洲法院指出，《栖息地指令》第6条规定的保护措施有效性的关键是，避免成员国主管部门通过名义上的"减轻措施"（实为"补偿措施"）绕开该条第3款规定的事先评价程序，对可能对相关站点产生不利影响的计划或项目授予许可。故在本案中，欧洲法院坚持其一贯的保护栖息地优先态度，明确区分了具有预防和减轻对现有区域不利影响的"减轻措施"和已造成损害但提供事后补偿的"补偿措施"。

　　此外，在某些情况下，对站点产生不利影响的项目或计划的评价结论虽然是否定的，但可依据《栖息地指令》第6条第4款规定的豁免条件获得许可。然而，为最大可能地保护栖息地，例外规则的适用应严格符合下列条件：①项目或计划的开展是为了具有社会性或经济性的压倒性公共利益；②没有替代性解决方案；③成员国必须采取所有必要的补偿措施来保障 Nature 2000 站点的整体性。故在本案中，欧洲法院认为，创造新的沼泽草甸栖息地构成保护 Nature 2000 保护区完整性的必要补偿措施，若能证明拟议项目满足其他条件，荷兰基础设施和环境部长的项目批准决定即不违反欧盟法。

第九章　欧盟环境责任制度

本章导读

经过长期的争论和妥协，2004 年《环境责任指令》终获通过。该指令以"污染者付费原则"和"预防原则"为基础，建立了旨在预防和补救环境损害的环境责任框架，是欧盟在环境损害预防和救济领域最重要的立法。本章将通过三个欧洲法院相关判例，对《环境责任指令》中的重要制度予以介绍。"Fipa 集团公司案"和"匈牙利垃圾焚烧案"都涉及"无辜"土地所有人的环境责任问题，以"污染者付费原则"的适用为争论核心。在"Fipa 集团公司案"中，欧洲法院主要论证了非污染者的土地所有人对历史性污染场地承担责任的要件。"匈牙利垃圾焚烧案"解决的则是不知情的土地所有人对其所有土地上发生的环境损害承担责任的类型和免责事由。"弗克案"与前两者不同，涉及的法律问题是《环境责任指令》中公众参与和诉讼的权利，欧洲法院也通过本案再次明确了指令的适用范围和时间效力。

一、"Fipa 集团公司案"：污染者付费原则和历史性污染场地的责任主体

"Fipa 集团公司案"[1]涉及三组当事人：①意大利环境、土地和海洋保护部（Ministero dell'Ambiente e della Tutela del Territorio e del Mare，以下简称"环境部"）、卫生部（Ministero della Salute）、环境保护高等研究所（Istituto Superiore per la Protezione e la Ricerca Ambientale）和 Fipa 集团公司；②环境部、卫生部、环境保护高等研究所和 Tws 自动化公司；③环境部、卫生部

---

〔1〕 Judgment of 4 March 2015. *Fipa Group and Others*. C‒534/13，EU：C：2015：140.

和 Ivan 公司等。这些都是因化学物质污染土地而引发的特定紧急安全措施相关问题。由于需要对《欧洲联盟运行条约》第 191 条第 2 款规定的欧盟环境法基本原则和欧盟 2004 年《环境责任指令》[1]相关条款进行解释，意大利最高行政法院（Consiglio di Stato）请求欧洲法院就相关问题作初步裁决。

（一）案件事实

20 世纪 60 年至 80 年代，Montedison 工业集团公司（现 Edison 公司）所有的两家公司在意大利托斯卡纳大区的卡拉拉市（Carrara）拥有一个生产杀虫剂和除草剂的基地。因该基地所在的土地被各种化学物质（包括二氯乙烷和氨）严重污染，故在 1995 年对其中部分土地开展了净化工作。但由于此次净化并不充分，这块土地于 1998 年被认定为"具有国家利益的马萨－卡拉拉场地"（Massa Carrara Site of National Interest）。

2006 年和 2008 年，Tws 自动化公司和 Ivan 公司先后成为上述污染土地的部分所有人。Tws 自动化公司是一家电子设备销售公司，Ivan 公司则是一家房地产机构。Fipa 集团公司是一家建造和船舶修复公司，在 2011 年通过兼并其他公司成为该块土地的另一个部分所有人。

意大利环境部、卫生部和环境保护高等研究所的主要负责人于 2007 年 5 月 18 日和 2011 年 11 月 7 日作出两项行政决定，分别要求 Tws 公司、Ivan 公司和 Fipa 集团公司采取特定紧急安全措施（包括架设液压捕获屏障）以保护地下水位，以及提交一份可追溯至 1995 年的土地修复项目修订案。

Tws 公司、Ivan 公司和 Fipa 集团公司以自身并非污染责任者为由，就上述行政决定向托斯卡纳大区行政法院（Tribunale amministrativo regionale per la Toscana）提起诉讼。该法院基于欧盟法和国内环境法规定的"污染者付费"原则，通过三个独立判决撤销了上述行政决定，判定上述行政机构不能强制与污染土地不具有因果关系的企业采取相关安全措施。在随后的上诉程序中，意大利环境部、卫生部和环境保护高等研究所提出，意大利《环境法典》（Norme in materia ambientale）第五部分和第六部分是依据污染者付费原则和风险预防原则设计的，但按照这两部分的规定，污染场所所有人可以被强制要求采取紧急安全措施。

---

[1] Directive 2004/35/CE of the European Parliament and of the Council of 21 April 2004 on environmental liability with regard to the prevention and remedying of environmental damage, *OJ L* 143, 30. 4. 2004.

　　审理本案的法庭在意大利最高行政法院的全体会议上提出：依据污染者付费原则，成员国行政机构是否可以强制非污染者的污染土地所有人采取紧急安全措施，还是说在这种情况下，所有人仅受环境法典明确规定的所有权人责任约束？就此问题，意大利最高行政法院全体会议指出，意大利行政法院在如何解释《环境法典》第四部分（即如何认定污染场所所有人的义务）的问题上存在分歧：一方面，行政机构认为，风险预防原则要求采取预防性措施，故污染者付费原则应被解释为：即使所有人不是污染者，但仍有义务采取紧急安全措施和修复措施；另一方面，意大利法院则免除非污染者的土地所有人责任，拒绝支持行政机构强制土地所有人采取上述措施的行政决定。意大利最高行政法院在全体会议中采用了后一种观点，这也标志着此种观点将成为意大利行政审判适用的一般规则。

　　意大利最高行政法院通过援引欧洲法院的两个判决[1]、对《环境法典》进行了文意解释，并在结合民事责任原则（损害和行为间的因果关系）的基础上确立了该问题的具体处理方式：环境损害赔偿不论是采取过错原则还是严格责任，都必须建立行为和损害结果间的因果关系。当土地所有人并非污染者时，也就不存因果关系，故在这种情况下所有人将完全基于其所有人身份承担责任。

　　考虑到上述情况，意大利最高行政法院决定暂停国内审理程序，请求欧洲法院就上述规则是否符合欧盟法规定作初步裁决。

　　（二）主要法律问题

　　《欧洲联盟运行公约》第191条第2款和《环境责任指令》规定的欧盟环境法基本原则，尤其是污染者付费原则，是否禁止在无法确定土地污染者或者无法责令污染者采取补救措施的情况下，成员国法律禁止主管机构要求土地所有人（非污染者）采取预防和补救措施，并且该土地所有人仅需在恢复措施实施后，就主管机构采取相应措施的花费予以偿还，且偿还金额以该土地的市场价值为限？

　　（三）法院判决

　　1.《欧洲联盟运行条约》第191条第2款的适用

　　《欧洲联盟运行条约》第191条第2款规定，欧盟环境政策以实现高水平

---

〔1〕　C-379/08 and C-380/08, EU: C: 2010: 127.

环境保护为目标，并且建立在污染者付费等原则上。第191条只是界定了欧盟的总体环境目标，因为其同时授权欧洲议会和欧盟部长理事会依据普通立法程序，确定为实现此目标而需采取的具体行动。[1]鉴于规定污染者付费原则的《欧洲联盟运行条约》第191条第2款只针对欧盟层次的行动，故在没有以第192条为依据制定的欧盟环境法领域中，个人不能援引该条排除国内法的适用。[2]同样，成员国的环境主管部门也不能在缺少国内法基础的情况下，依据《欧洲联盟运行条约》第191条第2款实施预防和补救措施。但需注意的是，若相关事项在2004年《环境责任指令》的规定范围内，污染者付费原则即可在本案中适用，因为该指令的立法基础是原《欧洲经济共同体条约》第195条，也就是现TFEU第192条。

2. 2004年《环境责任指令》的时间效力

考虑到本案中的环境损害源于前土地所有人进行的经济活动，而非该土地的现所有人Tws公司、Ivan公司和Fipa集团公司。因此，从时间效力上看，2004年《环境责任指令》很可能不适用于本案。结合《环境责任指令》第17条第1款和第2款以及立法说明第30项的规定，该指令只适用于2007年4月30日后由排污、事件或事故引发的环境损害，包括导致环境损害的活动发生在该日期或之后，以及虽在该日期之前发生，但未在该日期之前完成两种情况。因此，意大利最高行政法院应该依据案件事实，自行判断本案中主管部门责令实施预防和救济措施的损害是否属于《环境责任指令》第17条规定的不适用时段。如果国内法院认定该损害不适用于该指令，则此问题应完全依据国内法来解决，但不得违反欧盟条约及其二级立法的相关规定。[3]反之，欧洲法院则有必要回答该法院提出的问题。

3. "经营者" (operator) 的界定

从《环境责任指令》第3条第1款以及第2条第6款和第7款，第5、6、8条和第11条第2款以及立法说明第2、8项来看，确定责任适用规则的关键

---

〔1〕 See judgments in *ERG and Others*, EU：C：2010：126, paragraph 45；*ERG and Others*, EU：C：2010：127, paragraph 38；and order in *Buzzi Unicem and Others*, C-478/08 and C-479/08, EU：C：2010：129, paragraph 35.

〔2〕 See judgments in *ERG and Others*, EU：C：2010：126, paragraph 46；*ERG and Others*, EU：C：2010：127, paragraph 39；and order in *Buzzi Unicem and Others*, EU：C：2010：129, paragraph 36.

〔3〕 See judgments in *ERG and Others*, EU：C：2010：126；*ERG and Others*, EU：C：2010：127；and order in *Buzzi Unicem and Others*, EU：C：2010：129.

条件之一是认定可能承担责任的经营者。《环境责任指令》在其立法说明中明确,该指令的一项基本原则是,因其活动导致环境损害或导致迫在眉睫的环境损害威胁的经营者应负赔偿责任。正如欧洲法院在过往的判例中认定的,《环境责任指令》第6、7条规定的补救措施制度要求造成损害的经营者提出其认为适当的补救措施建议。[1]出于同一原因,主管部门也可以强制经营者采取必要措施。此外,该指令第8条(预防和补救费用)第1款规定,经营者应对指令规定的预防和补救行动花费负责。第11条第2款规定,主管部门有义务确定导致损害发生的经营者。相反,对于"经营者"之外的不开展职业活动的人,则属于《环境责任指令》第3条规定的指令不适用的主体。

而在本案中,所有被告(Tws公司、Ivan公司和Fipa集团公司)都未开展《环境责任指令》规定的、会导致环境损害的职业活动。在此情况下,应依据该指令第3第1款第2项的规定来确定上述被告在何种范围内承担责任,即当经营者存在过错或过失时,因指令附录三所列职业活动之外的职业活动导致的环境损害问题。

4. 环境责任承担的要件

《环境责任指令》第4条第5款、第11条第2款以及立法说明第13项规定,为保障环境责任制度的有效性和要求经营者采取补救措施,不论何种污染类型,主管部门都必须在一个或多个可识别的经营者活动和具体、可量化的损害之间建立因果关系。[2]欧洲法院判例也明确,在经营者承担严格环境责任制度中,主管部门有建立因果关系的义务。[3]《环境责任指令》第4条第5款也清楚规定,建立因果关系的义务也同样适用于过错责任制度。

污染者付费原则在《环境责任指令》中,既体现在指令规定的责任制度要求经营者活动和环境损害之间存在因果关系上,也体现在指令对未导致环境污染或污染风险的经营者的相关规定上。经营者如果能够证明环境损害是由第三方造成的,并且在适当安全措施已到位的情况下环境损害仍会出现,或环境损害是因遵守公共机构法律的强制命令或指示导致的情况下,经营者

---

〔1〕 See, judgment in *ERG and Others*, EU:C:2010:127, paragraph 46.

〔2〕 See, to that effect, judgment in *ERG and Others*, EU:C:2010:126, paragraphs 52 and 53, and order in *Buzzi Unicem and Others*, EU:C:2010:129, paragraph 39.

〔3〕 See, judgment in *ERG and Others*, EU:C:2010:126, paragraphs 63 to 65, and order in *Buzzi Unicem and Others*, EU:C:2010:129, paragraph 45.

无需承担指令要求采取的预防或补救行动的花费。[1]

然而，对于环境损害和经营者的活动间没有因果关系的案件，其审理应完全适用国内法，但不得违反欧盟条约和二级立法的相关规定。[2]从提交至欧洲法院的证据材料看，本案中被告行为与环境损害并无因果关系，但最终判断应由意大利最高行政法院作出。

依据《欧洲联盟运行条约》第193条的规定，《环境责任指令》第16条允许成员国在不违反欧盟条约的前提下，在环境损害预防和补救方面制定更为严格的措施，包括增加责任主体。本案中，意大利法律并不允许主管部门强迫非污染者的土地所有人采取补救措施，只规定在一定条件下，土地所有人需偿还主管部门采取措施后确定的相关花费，且金额以相关土地的市场价值为限。

综上，欧洲法院裁定，在无法认定一块土地的污染者或者无法要求其采取补救措施时，成员国法律可以禁止主管部门强制土地所有人（非土地污染者）采取预防和补救措施，要求非污染者的土地所有人只需在主管部门修复措施完成后偿还相关花费，且数额以其所有土地的市场价值为限。

（四）案件评述

《环境责任指令》于2004年通过并经过多次修订，[3]是欧盟环境民事责任制度建立的基础。鉴于其立法依据是《欧洲联盟运行条约》第192条，故成员国有权在国内法中制定更为严格的环境责任制度，包括扩大主体范围和责任范围等。《环境责任指令》具有不同于其他欧盟指令的横向效力，允许个人在相关问题上直接以指令为依据，在国内司法程序中向其他私主体请求赔偿。[4]但与针对财产损害、人身伤害等"传统损害"（traditional damage）的

---

[1] See, to that effect, judgment in *ERG and Others*, EU：C：2010：126, paragraph 67 and the case-law cited, and order in *Buzzi Unicem and Others*, EU：C：2010：129, paragraph 46.

[2] See, to that effect, judgment in *ERG and Others*, EU：C：2010：126, paragraph 59, and order in *Buzzi Unicem and Others*, EU：C：2010：129, paragraphs 43 and 48.

[3] 《环境责任指令》生效于2004年4月30日，所有成员国最终于2010年7月完成国内法转化。2006年《采掘业废弃物管理指令》（Directive 2006/21/EC）、2009年《二氧化碳地质封存指令》（Directive 2009/31/EC）扩大了该指令严格责任的适用范围，将"采掘业废弃物管理"和"依据《二氧化碳地质封存指令》在封存场所进行的操作"纳其中。2013年《海上石油和天然气操作指令》（Directive 2013/30/EU）将对海水的破坏规定到指令的范围内。

[4] See J. H. Jans and H. Vedder, *European Environmental Law：after Lisbon*, Apollo Books, 2012, p. 340.

民事责任制度不同,2004 年《环境责任指令》只适用于"纯粹生态破坏"(pure ecological damage),且相关制度设计以公共当局的权力和职责为基础(行政模式)。因此,《环境责任指令》并不是严格意义上的环境损害民事责任制度。但是,通过对环境损害的概念和范围、预防和补救措施的确定和费用、责任主体、类型和形式以及救济途径等方面的详细规定,《环境责任指令》建立了以污染者付费原则为基础的环境损害预防和补救制度,并通过要求成员国履行净化环境义务,使欧盟在此方面的立法得以走得更远。[1]

作为《环境责任指令》制度设计基础的污染者付费原则,是由经济合作与发展组织(OECD)于 1972 年提出的。此原则的主要功能是将负责污染预防和控制的公共机构的社会成本内部化,即污染者因其污染活动获得的一部分利润,应当返还到负责监管、监测和控制污染活动的公共机关处。欧盟在其 1973 年发布的"第一个环境行动计划"中即将污染者付费作为一项基本原则,并通过1986 年《单一欧洲法案》在欧盟条约中正式确立。发展至今,污染者付费原则已成为欧盟环境政策的一个支柱,是很多欧盟环境行动和立法的基础。《环境责任指令》则被很多欧盟环境法学者视为实施"污染者付费原则"的一种方式。

"Fipa 集团公司案"主要涉及《环境责任指令》中"污染者付费原则"的适用范围和非污染者的土地所有人对历史性污染场地需承担的责任范围两方面内容:

第一,欧盟环境责任制度中污染者付费原则的具体适用。欧洲法院在本案中明确,污染土地的修复责任应由导致污染发生或明知污染发生却未阻止的经营者承担;如果土地污染是因历史上进行的职业性活动引起的,且现任土地所有人不是污染者,则现土地所有人无需承担相关土地修复责任。但依据《欧洲联盟运行条约》第 192 条和《环境责任指令》第 16 条的授权,成员国可制定严于欧盟法的措施,所以成员国可对上述问题作进一步规定,将非污染者的土地所有人纳入责任主体中,而这并不违反污染者付费原则。

第二,现任土地所有人是否需对历史性污染场地承担责任以及承担何种责任,取决于成员国国内法规定。2004 年《环境责任指令》规定了两类环境

---

〔1〕 See N. de Sadeleer, "'Case note. Preliminary Reference on Environmental Liability and the Polluter Pays Principle' RECIEL 24 (2) 2015, p. 233 - 37", *Review of European Community and International Environmental Law*, 2015, 24: 233.

责任主体：一是适用严格责任的经营者（第 3 条第 1 款第 1 项），即从事指令附件 3 所列举的造成环境损害或对环境构成威胁的职业活动的经营者，如污染处理设备操作、废弃物管理操作等。二是适用过错责任的经营者（第 3 条第 1 款第 2 项），即其从事的职业活动为附件 3 规定范围之外且与自然生态环境或物种损害相关。无论适用指令规定的哪种责任制度，主管机构都应证明经营者职业活动与环境污染间存在因果关系，证明程度达到可信即可。〔1〕这延续了欧洲法院在"Standley and Others 案"〔2〕、"Commune de Mesquer 案"〔3〕、"ERG and Others 案"〔4〕等一系列判例中表达的观点。当然，负严格责任的经营者如果能够证明环境损害是由第三方导致并且自身已经采取了适当措施，则无需承担土壤修复行动的费用。

但对无法证明经营者和环境损害存在因果关系的案件 2004 年《环境责任指令》则不适用，成员国法院应依据本国法律判断环境责任的承担者和承担方式，只要成员国法律规定不违反欧盟法即可。本案中，意大利环境法律规定，与污染或污染风险完全无关的土地所有人不应被强制采取应急安全措施，但需在主管部门进行土地净化后，以其所有土地的市场价值为限承担补偿责任。也就是说，在意大利环境法中，非污染者的土地所有人可以被要求承担补偿修复费用的责任，但不承担实施补救措施的义务。

二、"匈牙利垃圾焚烧案"：不知情污染土地所有人责任

"匈牙利垃圾焚烧案"〔5〕的双方当事人是图尔凯韦乳业公司（Túrkevei Tejtermelö Kft.）和匈牙利国家环境和自然保护监察总署（Országos Környezetvédelmi és Természetvédelmi Föfelügyelöség），涉及的争议是在土地所有人图尔凯韦乳业公司不知情的情况下，能否因其所有的土地上非法燃烧垃圾并导致空气污染而被处以罚款。因需对《欧洲联盟运行条约》第 191、193 条以及

---

〔1〕 See N. de Sadeleer, "'Case note. Preliminary Reference on Environmental Liability and the Polluter Pays Principle' RECIEL 24 (2) 2015, p.233-37", *Review of European Community and International Environmental Law*, 2015, 24: 233.

〔2〕 Judgment of 29 April 1999, *Standley and Others*, C-293/97, EU: C: 1999: 215.

〔3〕 Judgment of 24 June 2008, *Commune de Mesquer*, C-188/07, EU: C: 2008: 359.

〔4〕 Judgment of 9 March 2010, *ERG and Others*, C-378/08, EU: C: 2010: 126.

〔5〕 Judgment of of 13 July 2017, *Túrkevei Tejtermelö Kft. v Országos Környezetvédelmi és Természetvédelmi Föfelügyelöség*, Case C-129/16, EU: C: 2017: 547.

2004 年《环境责任指令》进行解释，匈牙利索尔诺克市行政和劳动法院（Szolnoki Közigazgatási és Munkaügyi Bíróság）向欧洲法院提请初步裁决。

（一）案情介绍

2014 年 7 月 2 日，匈牙利图尔凯韦市环境保护主管部门被告知，图尔凯韦乳业公司所有的位于图尔凯韦市的土地上有焚烧垃圾行为。根据环保主管部门的现场检查报告，约有 30 立方米~40 立方米的垃圾（包括金属废弃物）被分为三组，全部在堆放地点焚烧。并且，焚烧现场存在三辆用于运输焚烧后产生的金属废弃物的货车。

图尔凯韦乳业公司称，垃圾焚烧所在土地已于 2014 年 3 月 15 日租赁给一个自然人，但该承租人在 2014 年 4 月 1 日死亡。因此，图尔凯韦市环境保护主管部门基于图尔凯韦乳业公司的土地所有人身份，决定对其处以 50 万匈牙利福林（Hungarian forints，HUF）（约 1630 欧元）罚款。图尔凯韦乳业公司就此罚款决定向主管部门提出复议，并在申请被驳回后向国家环境和自然保护监察总署提出申诉，但同样被驳回。监察总署指出，在开放场所焚烧垃圾已导致了环境损害。依据《匈牙利环境保护法》的规定，在焚烧发生的关键时间拥有或占有土地的人应承担连带责任，除非土地所有人能够毫无合理质疑地证明自身不承担责任。在本案中，土地承租人在垃圾焚烧发生时已经死亡，故应由图尔凯韦乳业公司承担责任。因不服国家环境和自然保护监察总署决定，图尔凯韦乳业公司故向索尔诺克行政和劳动法院提起诉讼。

匈牙利国内法院认为，非惩罚性的空气污染罚金属于欧盟 2004 年《环境责任指令》第 2 条第 11 款规定的"补救措施"（remedial measures）。然而，该指令第 16 条规定，成员国可以依据《欧洲联盟运行条约》第 193 条在预防和补救环境损害问题上制定更为严格的措施。索尔诺克行政和劳动法院援引欧洲法院"Fipa 集团公司案"判决，认为本案中图尔凯韦乳业公司与垃圾焚烧导致的环境损害间并无因果联系，所以主管部门不应对土地所有者处以罚款。在此背景下，索尔诺克行政和劳动法院决定暂停本国程序，就此问题请求欧洲法院作初步裁决。

（二）主要法律问题

（1）依据《欧洲联盟运行条约》第 191 条和 2004 年《环境责任指令》的相关规定，成员国是否可以超越污染者付费原则，在未确定土地所有人行为和污染损害间因果关系的情况下，要求不知情的土地所有人就其土地上发生的环境污染造成的损害承担赔偿责任？

（2）若不可以，为保护空气质量，成员国是否可以依据《欧洲联盟运行条约》第 193 条和 2004 年《环境责任指令》第 16 条，对非污染者的土地所有人处以罚款？或者说，此《欧洲联盟运行条约》第 193 条规定的更严格立法是否可以表现为对土地所有人施加惩罚性罚款，即使他并不对污染的产生负有责任？

（三）法院判决

1. 在未证明因果关系的情况下，主管部门是否可要求土地所有者与污染者对环境损害承担连带责任？

（1）《欧洲联盟运行条约》第 191 条第 2 款的适用。《欧洲联盟运行条约》第 191 条第 2 款规定，欧盟环境政策的目标是实现高水平的环境保护，相关政策应建立在污染者付费等基本原则上。第 192 条只是从整体上规定了欧盟环境目标，因为该条授权欧洲议会和部长理事会依据普通立法程序采取实现此目标的具体行动。[1] 由于确定污染者付费原则的《欧洲联盟运行条约》第 192 条第 2 款针对的是欧盟层面的行动，因此个人不能直接依据此条款排除在没有欧盟立法的环境政策领域的国内法的适用。[2] 鉴于此，图尔凯韦乳业公司只能在欧盟法适用的领域内援引《欧洲联盟运行条约》第 191 条第 2 款规定的污染付费原则。

（2）2004 年《环境责任指令》的适用。因为本案主要涉及空气污染问题，故欧洲法院首先审查《环境责任指令》是否在本案中适用。《环境责任指令》第 2 条第 1 款规定，"环境损害"（environmental damage）是指对受保护的物种、自然栖息地的破坏或对水、土地的破坏。从此定义的文义看，空气污染并没有被规定在指令的环境损害范围内。但该指令立法说明第 4 项规定，环境损害包括由空气中的元素导致的对水、土地、受保护物种或自然栖息地造成的破坏。

根据《欧洲联盟运行条约》第 267 条对成员国法院和欧洲法院职能的划

---

〔1〕 See judgment of 4 March 2015, *Fipa Group and Others*, C-534/13, EU：C：2015：140, paragraph 39 and the case-law cited.

〔2〕 See judgments of 9 March 2010, *ERG and Others*, C-379/08 and C-380/08, EU：C：2010：127, paragraph 39, and of 4 March 2015, *Fipa Group and Others*, C-534/13, EU：C：2015：140, paragraph 40 and the case-law cited.

分，欧洲法院只能依据成员国法院提供的事实对欧盟法律规定及其有效性作出裁决。因此，应是成员国法院而非欧洲法院负责具体适用本国措施或经由欧洲法院解释的欧盟法律。[1]本案中，如果提请法院认为空气污染并不属于《环境责任指令》的适用范围，该法院需在不违反《里斯本条约》内容和欧盟二级法律规定的情况下，依据国内法律规定处理争议问题。[2]但若提请法院认为本案中的空气污染导致了水、土地或受保护自然物种或栖息地的破坏或威胁，《环境责任指令》则将适用于本案中的空气污染。

（3）环境责任的承担条件。2004年《环境责任指令》第1条明确，该指令的立法目的是基于"污染者付费"原则建立一个环境责任框架，从而预防和补救环境损害。这个以高水平的环境保护和污染者付费原则为基础建立的责任框架，要求经营者负有预防和补救环境责任的义务。[3]结合《环境责任指令》第4条第5款、第11条第2款以及立法说明第13项，此环境责任制度要求监管部门证明一个或多个可识别的经营者行为与环境损害或有造成损害可能的紧迫威胁之间存在因果关系。并且，欧洲法院也在其判例中明确，即使在经营者负有严格环境责任的情况下，监管部门也同样需要证明此因果关系。[4]同样，《环境责任指令》第4条第5款规定，在采过错责任制度的情况下，从事非指令附件3规定的职业活动的经营者因其职业活动造成环境损害的，监管机构同样需证明行为与损害间的因果关系。[5]此外，污染者付费原则在《环境责任指令》规定的责任制度中的重要性也明显体现在指令关于经营者未造成污染或不存在污染风险的推定规定上。并且，经营者在下列情况下可以免除污染修复费用的补偿义务：①能够证明环境损害是由第三人造成的，且损害在适当安全措施已经到位的情况环境损害仍会发生；②环境损害的发生是因遵守公共当局发布的强制性命令或指示造成的。

---

〔1〕 See judgment of 9 March 2010, *ERG and Others*, C-379/08 and C-380/08, EU：C：2010：127, paragraph 35 and the case-law cited.

〔2〕 See judgment of 4 March 2015, *Fipa Group and Others*, C-534/13, EU：C：2015：140, paragraph 46 and the case-law cited.

〔3〕 See judgment of 9 March 2010, *ERG and Others*, C-379/08 and C-380/08, EU：C：2010：127, paragraphs 75 and 76.

〔4〕 See judgment of 4 March 2015, *Fipa Group and Others*, C-534/13, EU：C：2015：140, paragraph 55 and the case-law cited.

〔5〕 Ibid, paragraph 56 and the case-law cited.

鉴于《环境责任指令》的责任制度是建立在污染者付费和风险预防两个原则之上，该指令同时规定了经营者环境损害预防和补偿责任。本案中，无争议的是图尔凯韦乳业公司被处以罚款是基于其经营者污染发生时的土地所有人身份，而非经营者。但需要成员国法院进一步核实的是，该国主管部门在作出罚款的同时，是否未要求公司采取预防或补偿措施。从现有证据看，适用于图尔凯韦乳业公司的匈牙利法律并不构成转化实施《环境责任指令》的内容。但需注意的是，该指令第 16 条授予成员国维持或制定在预防或补救环境损害方面更为严格的规定，其中即包括增加责任主体。

匈牙利《环境保护法》第 102 条第 1 款规定，在没有相反证据的情况下，发生环境损害或具有环境危害的土地所有人或实际占有人应当承担连带责任；土地所有人只有在能够认定土地实际使用人和毋庸置疑地证明自己没有造成损害的情况下才能免责。欧洲法院认为，此种法律规定的目的在于加强《环境责任指令》规定的责任制度。在不影响经营者责任原则的情况下，增加土地所有人责任既能防止其对自己所有的土地漠不关心或不注意，又能鼓励所有人采取可能减少环境损害风险的行动，有利于预防环境损害，并进而实现《环境责任指令》的目标。

匈牙利法律要求土地所有人必须监督其财产使用者的行为，并应在出现环境损害或环境损害威胁的情况时向监管部门报告。若土地所有人未履行上述义务，则需与行为人共同承担连带责任。此类立法通过确定除经营者外的可以承担连带责任的主体，增强了《环境责任指令》规定的责任制度，故属于《环境责任指令》第 16 条和《欧洲联盟运行条约》第 193 条所允许的更严格的保护措施，只要成员国法律不违反欧盟条约规定并履行通知欧盟委员会的义务。

至于如何判断成员国措施是否符合欧盟条约，欧洲法院通过判例确定了两项条件：一是力求实现《环境责任指令》第 1 条规定的预防和补救环境损害的目标；二是遵守欧盟法律，尤其是包括比例原则在内的一般原则。[1]最后需要注意的是，若成员国依据《欧洲联盟运行条约》第 193 条制定了更为严格的环境保护措施，必须通知欧盟委员会，但未履行该通知义务却并不当

---

〔1〕 See judgment of 9 March 2010, *ERG and Others*, C-379/08 and C-380/08, EU：C：2010：127, paragraph 79.

然意味更严格的保护措施不合法。[1]

综上，欧洲法院判定，若成员国法院认为本案争议属于《环境责任指令》的范围，《欧洲联盟运行条约》第 191、193 条以及《环境责任指令》的相关规定并不排除成员国立法要求非污染者的土地所有人承担连带责任，并且无需确认土地所有人的行为与环境损害间的因果关系，只要成员国的相关法律不违反欧盟法的一般原则、欧盟条约和二级立法。

2. 成员国法律是否可以要求不知情的土地所有者、土地使用者在承担连带责任的同时还面临监管机构的罚款？

依据《环境责任指令》第 16 条、《欧洲联盟运行条约》第 193 条以及其他欧盟相关法律规定和基本原则，当一个成员国认定土地所有人应承担连带责任时，可以同时规定制裁措施以增强这种更严格保护制度的有效性。在未能阻止污染发生并且无法确定责任者的情况下，对土地所有者处以行政罚款可以被认定为《环境责任指令》和《欧洲联盟运行条约》规定的更严格的环境责任制度。但是，此罚款必须符合比例原则，因为规定的目的在于实现更严格的环境保护，所以确定的罚款数额不得超过实现该目标所必需的金额。[2]本案中，应由国内法院审查匈牙利国内法律，即国家 2010 年第 306 号法令第 34条的 1 款规定是否符合这些条件。

（四）案件总结

"匈牙利垃圾焚烧案"与"Fipa 集团公司案"具有很多相似之处，两个案件涉及的核心问题都是"污染者付费"原则下非污染者的土地所有人的环境责任。在无法确定经营者职业活动同环境损害间存在因果关系的情况下，如果成员国法律要求非污染者的土地所有人承担土壤修复或补偿责任，并不违反污染者付费原则。欧洲法院通过本案再次明确，不管是要求"无辜"的土地所有人对土地修复费用承担补偿责任（意大利环境法律），还是要求未履行注意和通知义务的不知情土地所有人同污染者承担连带责任（《匈牙利环境保护法律》），都不违背《环境责任指令》以污染者付费原则为基础建立的环境责任制度。这样的规定可以被认定为《欧洲联盟运行条约》第 193 条和

---

〔1〕 See judgment of 21 July 2011, *Azienda Agro-Zootecnica Franchini and Eolica di Altamura*, C-2/10, EU：C：2011：502, paragraph 53 and the case-law cited.

〔2〕 See judgment of 9 June 2016, *Nutrivet*, C-69/15, EU：C：2016：425, paragraph 51 and the case-law cited.

2004 年《环境责任指令》第 16 条允许的更严格的保护措施。

虽然成员国可以要求不知情的污染土地所有人同污染者承担连带责任并且可同时被处以罚款，但是不得违反欧盟法相关规定。本案中，欧洲法院提出了成员国措施符合欧盟法应满足的两个条件：①需为实现《环境责任指令》预防和补救环境损害的目标；②应遵守欧盟法律的一般原则，尤其是比例原则，因此本案中涉及的罚款数额的确定不得超过实现更严格环境保护目标所必需的金额。

此外，欧洲法院也通过本案进一步明确了《环境责任指令》的适用对象。一般而言，《环境责任指令》只适用于侵害受保护的物种、自然栖息地或破坏水、土地产生的环境损害，并不包括空气污染产生的环境损害。但若空气污染对水、土壤、物种或栖息地造成损害，则成员国法院有权决定是否将空气污染损害纳入指令范围。

三、"弗克案"：公众在环境损害问题上的参与和诉诸法律权利

"弗克案"[1]是格特·弗克（Gert Folk）先生针对奥地利施蒂利亚州独立行政庭（Unabhängiger Verwaltungssenat für die Steiermark）作出的拒绝其环境申请决定提起的诉讼。因涉及对欧盟 2004 年《环境责任指令》和 2000 年《水框架指令》[2]的解释，奥地利行政法院（Verwaltungsgerichtshof）就相关问题提请欧洲法院初步裁决。

（一）案情事实

米尔茨楚施拉格水力发电公司（Wasserkraftanlagen Mürzzuschlag GmbH）在奥地利米尔茨河（river Mürz）上运营一个水电站，尾水渠长 1500 米。弗克先生在水电站下游拥有约 12 千米长的河流捕鱼权。1998 年 8 月 20 日，水电站通过施蒂利亚州州长（Landeshauptmann von Steiermark）决定获得运营许可，并于 2002 年（《环境责任指令》生效之前）开始投入使用。弗克先生称，该水电站已经导致了重大的环境损害，包括干扰鱼类正常繁殖以及米尔茨河延伸流域的鱼类死亡。水电站运营引起频繁且明显的水位变化，使一些体型

---

〔1〕 Judgment of 1 June 2017, *Folk*, C-529/15, EU：C：2017：419.

〔2〕 Directive 2000/60/EC of the European Parliament and of the Council of 23 October 2000 establishing a framework for Community action in the field of water policy, *OJ* 2000 L 327.

和年龄都较小的鱼被困在大坝与河流分开的出口区域，不能返回到河流当中。而这种重复性的波动会对相当长的河流延伸流域造成影响，其产生原因主要有两个：一是水电站缺少"旁路通道"（bypass-channel）设计；二是水电站的运营模式。

2012 年 5 月 15 日，施蒂利亚州独立行政法庭作出驳回弗克先生依据奥地利《联邦环境责任法》（Bundes-Umwelthaftungsgestz）第 11 条〔1〕提出的环境损害申请。该行政庭认为，本案争议水电站运行许可决定是根据 1959 年《水管理法》（Wasserrechtsgesetz）作出的，该决定同时对水库的蓄水量做了规定。《联邦环境责任法》第 4 条第 1 款第 1 项规定，任何重大水损害若是由依《水管理法》作出的授权决定包含的事项导致的，不属于《联邦环境责任法》规定的环境损害。由于弗克先生所受的环境损害属于上述决定范围，故不应被认定为《联邦环境责任法》第 11 条意义下的环境损害。

弗克先生就施蒂利亚州独立行政法庭上述裁定向奥地利行政法院提起诉讼，他认为奥地利《联邦环境责任法》违反了欧盟《环境责任指令》，因为前者将导致所有依据奥地利《水管理法》授权建设和运行的项目导致的环境损害均被排除在指令适用范围外。鉴于此，奥地利行政法院暂停国内审理程序，就相关问题提请欧洲法院初步裁决。

（二）争议法律问题

（1）2004 年《环境责任指令》规定的"环境损害"的具体范围为何？

（2）公众在何种情况下均可就环境损害请求主管部门采取行动？

（三）法院判决

1. 2004 年《环境责任指令》的时间效力

因本案中争议水电站于 1998 年获得许可并于 2002 年开始运营，故欧洲法院首先解决《环境责任指令》是否适用的问题。结合该指令第 17 条和立法说明第 30 项的规定，《环境责任指令》只适用于 2007 年 4 月 30 日（指令最后转化日期）之后发生的因排放、事件或事故引发的环境损害，或者虽是由该日期前发生的排放、事件或事故导致的，但未在该日期之前结束的环境损害。〔2〕

---

〔1〕 奥地利《联邦环境责任法》第 11 条规定，因发生的环境损害导致自身权利受损的自然人或法人，可以通过书面申请要求环境损害发生地的主管部门采取行动。

〔2〕 See judgment of 4 March 2015, *Fipa Group and Others*, C-534/13, EU：C：2015：140, paragraph 44.

本案争议水电站是在 2007 年之前获得许可和运营的，其运营也导致了 2007 年 3 月 30 日之后米尔茨河水位的主要波动和鱼类过高的死亡率。因此，这种重复性波动必须被认定为发生于 2007 年 4 月 30 日之后的排放、事件或事故。正如本案佐审官所指出的，弗克先生 2007 年 4 月 30 日之前的损失以及争议水电站的运营许可是在此日期之前发生的事实，与 2004 年《环境责任指令》是否在本案的适用并不相关。

因此，欧洲法院裁定，《环境责任指令》第 17 条必须被解释为：依据成员国法院的调查，《环境责任指令》适用于 2007 年 4 月 30 日之后发生环境损害，即使导致该损害的水电站是在此日期之前获得运营许可并投入使用的。

2. 2004 年《环境责任指令》中"环境损害"的界定

奥地利法律规定，根据 1995 年《水管理法》授权的活动导致的水损害，不应被认定为欧盟《环境责任指令》意义下的环境损害。奥地利行政法院故请求欧洲法院解释，其国内法的上述规定是否违反《环境责任指令》第 2 条第 1 款第 2 项[1]和《水框架指令》第 4 条第 7 款[2]。

欧洲法院认为，《环境责任指令》第 2 条第 1 款第 2 项没有对因授权行为导致的环境损失作出一个整体性的例外规定，只明确排除了符合《水框架指令》第 4 条第 7 款条件的成员国行为导致的不利影响。也就是说，由授权行

---

[1]《环境责任指令》第 2 条第 1 款第 2 项："'水损害'，是指（i）依据《水框架指令》中的定义，对关于水域的生态、化学及/或数量状态，及/或生态潜力造成严重不利影响的任何破坏，其中不包括上述指令第 4（7）条所规定行为的显著不利影响；或（ii）依据《海洋环境政策领域的共同体行动框架》中的定义，对于海水相关环境状态的显著不利影响，尤其是《水框架指令》中尚未涉及的有关海洋环境的环境状态方面。"

[2]《水框架指令》第 4 条第 7 款："成员在下列情况下不应被认定违反指令：

"1. 未能达成良好的地下水状况、良好的生态状况或相关的良好生态潜力或防止地表水或地下水体状况恶化等目标，是对地表水体的物理特性进行修改或对地下水体水平进行变更的结果；

"2. 未能防止地表水体从优良状况恶化到良好状况，是新的人类可持续发展活动的结果。

"同时还应满足下列所有条件：

"1. 采取一切切实可行的步骤减轻对水体状况的不利影响；

"2. 第 13 条规定的流域管理计划的修改或变动的原因需作出特别解释，相关目标需每六年审查一次；

"3. 上述修改或变动的原因必须是压倒性的公众利益，或是新修改或变动对人类健康、人类安全或可持续发展的益处超过了对环境和社会的益处；

"4. 上述水体修改或变动所期实现的目标是一种明显更好的环境选择，且因技术可行性或成本比例等原因不能通过其他方式实现。"

为导致的与水相关的损失，并没有被排除在指令"环境损害"概念的范围外。《水框架指令》第4条第7款规定，如果未能达到良好的地下水状况、良好的生态状况或相关的良好生态潜力或防止地表水或地下水体状况恶化，是对地表水水体特征进行最新修改或对地下水水位进行变更导致的结果，成员国在满足特定条件时不构成对指令的违反。因此，即使地表水质量下降是因人类新的可持续发展活动导致的，成员国的行为若满足特定条件则不构成对指令的违反。

《环境责任指令》第2第1款第2项作出例外规定的环境损害，其适用的前提是满足《水框架指令》第4条第7款中规定的4项条件。[1]也就是说，除非相关项目满足《水框架指令》第4条第7款规定的豁免条件，成员国应当拒绝可能导致水体质量恶化的项目许可申请。[2]而《水框架指令》第4条第7款并不仅仅适用于需要授权的项目，还适用于所有可能导致水体恶化的情况，不论损害是否是由设施导致的。据此，《水框架指令》第4条第7款并不影响环境损害概念本身。

在本案中，争议水电站项目的运营许可是在2000年《水框架指令》生效之前授予的，所以无需遵守该指令第4条第7款规定的4项额外条件。再者，现有证据表明鱼类过度死亡的河道水位的波动是由水电站的日常运营所导致的。因此，《环境责任指令》（尤其是第2条第1款第2项）必须被解释为，禁止成员国法律仅因对水的生态、化学、数量状态或生态潜力等不利影响已在项目授权决定中考虑，就将此类不利影响自动、整体性地排除在2004年《环境责任指令》适用的"环境损害"范围外。

3. 成员国法院是否有审查《水框架指令》第4条第7条豁免规定的义务

对于未审查《水框架指令》第4条第7款规定即依据国内法作出许可授权的项目，成员国法院在确定该项目实施是否导致《环境责任指令》规定的环境损害时，是否有义务事先确认相关活动是否符合《水框架指令》第4条第7款的豁免条件，欧洲法院认为：一般而言，可能对水体产生不利影响的

---

〔1〕 See, to that effect, judgments of 11 September 2012, *Nomarchiaki Aftodioikisi Aitoloakarnanias and Others*, C-43/10, EU：C：2012：560, paragraph 67, and 4 May 2016, *Commission v Austria*, C-346/14, EU：C：2016：322, paragraph 65 and 66.

〔2〕 See, to that effect, judgment of 1 July 2015, *Bund für Umwelt und Naturschutz Deutschland*, C-461/13, EU：C：2015：433, paragraph 50.

项目，只有在满足《水框架指令》第 4 条第 7 款规定的条件时才可予以批准通过。[1]为确定授权项目是否违反《水框架指令》，成员国法院可以对作出授权许可决定的主管机构是否遵守了上述条款规定予以审查：①是否采取了一切可行的步骤以减轻对水体状况的不利影响；②是否为这些行动背后的原因作出了特别规定和解释；③相关活动服务于压倒性公共利益和/或与该指令第 4 条第 1 款所规定目标相关的环境和社会益处，是否超过了对人类健康、维护人类安全或可持续发展的作用；④项目所期实现的有益目标，是否因技术可行性或成本不符合比例原则等原因而不能通过其他更有利于环境的方式实现。[2]

但是，在类似本案的情况中，主管部门在未审查《水框架指令》第 4 条第 7 款规定条件的情况下即作出授权许可决定，成员国法院并不负有审查项目是否符合该条款规定的义务，可直接认定争议措施的违法性。在不影响司法审查的情况下，批准项目的主管部门应被要求在作出此类授权决定前，审查是否满足《水框架指令》第 4 条第 7 款规定的条件。但是，在主管部门未执行此审查的情况下，欧盟法无论从哪方面看，都不能强制成员国法院替代主管部门履行此职责。

4. 有利害关系的公众提起水环境损害相关诉讼的权利

奥地利行政法院提出，奥地利《联邦环境责任法》第 11 条第 1 款规定，自身权利可能因环境损害被侵害的自然人或法人，有权要求行政主管部门采取终止损害的行动。该款第 2 项进一步规定，在水领域内可以依据的权利是"《联邦水管理法》第 12 条第 2 款规定的现有权利"，但未包括捕鱼权。成员国法院坚持条款的文义解释，不认可捕鱼权利人提出与其捕鱼权相关的环境损害审查程序。奥地利政府也持有同样的意见，认为捕鱼权利人的相关规定应属于《环境责任指令》第 12、13 条规定的酌情裁量权。

欧洲法院指出，《环境责任指令》第 12 条规定的有权就环境损害提交意见的自然人或法人包括三类：①受到或可能受到环境损害影响的；②在该损害相关的环境决策中拥有充分利益的；③认为权利受损的自然人或法人，若

---

[1] See, to that effect, judgment of 4 May 2016, *Commission v Austria*, C-346/14, EU: C: 2016: 322, paragraph 65.

[2] See, to that effect, judgment of 11 September 2012, *Nomarchiaki Aftodioikisi Aitoloakarnanias and Others*, C-43/10, EU: C: 2012: 560, paragraph 67.

成员国行政程序法要求以此为前提。正如本案佐审官所指出的,《环境责任指令》第 12 条第 1 款列举的三类自然人或法人都有提交意见的资格。因此,成员国若要完成《环境责任指令》的充分和正确转化,必须允许上述三类主体就环境损害提交意见,有权要求主管部门采取指令规定的预防和补救措施,并可因此依据该指令第 12、13 条规定在法院、法庭或其他适格公共机构提起审查程序。

尽管成员国有权决定《环境责任指令》第 12 条第 1 款中"充分利益"或"权利受损"的构成要件,但在受到或可能受到环境损害影响的主体提起司法审查程序权利方面,并没有赋予成员国自主权。结合《环境责任指令》第 12 条的文义,拥有捕鱼权的主体可以被认定为该条第 1 款规定的主体。但从提交至法院的证据材料看,奥地利国内法律并未赋予捕鱼权利人提起该指令第 13 条规定的与环境损害相关的司法审查程序的权利。因此,通过剥夺捕鱼权主体提起司法审查程序的权利,成员国法律剥夺了非常大数量的、可能属于该指令第 12 条规定类型内的、拥有提起审查权利的主体。

综上,欧洲法院裁定,《环境责任指令》第 12、13 条禁止成员国法律剥夺了拥有捕鱼权的主体提起与该指令第 2 条第 1 款第 2 项相关的司法审查权利。

(四)案件简评

"弗克案"涉及 2004 年《环境责任指令》的几个重要问题,包括重要概念的界定、指令的时间效力、公众请求环境主管部门行动和诉讼的权利。作为欧盟履行《奥胡斯公约》义务的措施之一,"Folk 案"不仅体现了《环境责任指令》建立的以行政主管部门职责为基础的责任制度,还进一步明确了公众在环境损害事项上参与和诉诸法律的权利。

第一,《环境责任指令》中"水损害"的界定。依据该指令第 2 条第 1 款第 2 项规定,除《水框架指令》第 4 条第 7 款规定的成员国活动产生的不利影响外,可能对水域生态、化学或数量状态或生态潜力产生重大不利影响的损害,都应被认定为指令适用的"环境损害"。至于这项例外规定的具体适用,欧洲法院引用了希腊"阿克洛奥斯河分流案"判决的论证,故此处不再重复。也就是说,《环境责任指令》在水损害的界定上只明确规定了一种例外情况,且未授权成员国进行限缩解释。因此,若成员国法律规定经许可授权建设和运营的项目造成的水损害应被排除在指令适用范围外,则应认定该国法律违反了欧盟法。

此外，由于《水框架指令》第 4 条第 7 款是成员国主管部门授权对水体可能产生重大影响的项目开工建设和运营的合法化依据，因此应由主管部门在作出授权决定前自己审查。在对项目授权合法性存在争议的案件中，若主管部门未履行此义务，欧盟法在任何情况下都未要求成员国法院判断授权项目是否符合此条款规定。成员国法院可以直接认定该授权的违法性，而非为主管部门的违法决定提供正当化理由。

第二，有利害关系公众在环境损害事项上的参与和诉讼权利。作为履行《奥胡斯公约》义务的一部分，欧洲法院在《奥胡斯公约》第 9 条第 2 款相关判例中确定的原告资格规则，也可在《环境责任指令》案件中予以考虑。欧洲法院提出，依据《环境责任指令》第 12、13 条的规定，有权向主管部门提交环境损害相关意见、要求主管部门采取补救措施以及请求法院对相关决定、法案或主管部门不作为进行审查的主体，应包括三类自然人或法人：①受到或可能受到环境损害影响；②具有充分利益；③权利受损（若成员国法律如此要求）。与《奥胡斯公约》及其实施指令的规定相类似，成员国有权对"具有充分利益"和"权利受损"的认定条件作规定。但对于第 12 条第 1 款规定的第一类公众，即受到或可能受到环境损害影响的自然人或法人，指令并未授予成员国自主权。所以，为正确转化《环境责任指令》，成员国必须肯定"受到或可能受到环境损害影响"的公众的参与和诉讼权利。

本案中，弗克先生的捕鱼权因为争议水电站的运营遭受了损失，即使成员国法律将其排除在"权利受损"的自然人范围外，弗克先生仍可被认定为《环境责任指令》第 12 条第 1 款规定的第一类主体，即"受到或可能受到环境损害影响"的自然人。欧洲法院认为，成员国法律不得排除类似拥有捕鱼权的公众就环境损害相关行政决定诉诸法律的权利，因为如此将会导致非常大数量的、可能属于指令第 12 条规定类型的主体丧失诉讼权利。而这样的结果将与《奥胡斯公约》和《环境责任指令》促进公众参与、保障广泛诉诸法律权利的目标相违背。

参考文献

一、专著类

（一）外文

1. C. Barnard，*The Substantive Law of the EU：the Fourfreedoms*，Oxford University Press，2013.

2. D. Chalmers，G. Davies and G. Monti，*European Union Law：Text and Materials*，Cambridge University Press，2014.

3. P. Craig and G. De Búrca，*EU Law：Text，Cases，and Materials*，Oxford University Press，2011.

4. N. De Sadeleer，*EU Environmental Law and the Internalmarket*，OUP Oxford，2014.

5. M. Hedemann-Robinson，*Enforcement of European Union Environmental Law：Legal ISsues Andchallenges*，Routledge，2015.

6. J. H. Jans and H. Vedder，*European Environmental Law：after Lisbon*，Apollo Books，2012.

7. Mortelmans K. Common Market，" the Internal Market and the Single Market，What´s in a Market"，Common Market L. Rev.，1998，35：101.

（二）中文

1. 蔡守秋：《欧盟环境政策法律研究》，武汉大学出版社 2002 年版。

2. 刘飞：《行政诉讼制度专题研究：中德比较的视角》，法律出版社 2016 年版。

3. 曾令良：《欧洲联盟法总论——以〈欧洲宪法条约〉为新视角》，武汉大学出版社 2007 年版。

4. 张彤主编：《欧盟法概论》，中国人民大学出版社 2011 年版。

二、期刊类

（一）英文

1. A. Biondi，"Free Trade，a Mountain Road and the Right to Protest：European Economic Free-

doms and Fundamental Individual Rights", *European Human Rights Law Review*, 2004.

2. ć M. Carevi, "Commission v. Italy: Managing Waste Management in Italy", *Review of European, Comparative & International Environmental Law*, 2015, 24 (1).

3. Sandra Cassotta and Christophe Verdure, "Recent Development Regarding the EU Environmental Liability for Enterprises: Lessons Learn from Italy's Implementation of the Raffinerie Mediterrancee Cases", Eur. Energy & Envtl. L. Rev. 21 (2012).

4. V. Corriero, "The Social-Environmental Function of Property and the EU Polluter Pays Principle: The Compatability between Italian and European Law", Italian LJ, 2016, 2.

5. J. Darpö, "Article 9. 2 of the Aarhus Convention and EU Law: Some Remarks on CJEUs Case-law on Access to Justice in Environmental Decision-making", *Journal for European Environmental & Planning Law*, 2014, 11 (4).

6. J. arpö, "ffective Justice? Snthesis Report of the Study on the Implementation of Articles 9. 3 and 9. 4 of the Aarhus Convention in the Member States of the European Union", *Scandinavian studies in Law*, 2014 (59).

7. N. de Sadeleer, " 'Case note. Preliminary Reference on Environmental Liability and the Polluter Pays Principle' RECIEL 24 (2) 2015, p. 233-37", *Review of European Community and International Environmental Law*, 2015, 24.

8. N M. de Sadeleer, "The Polluter-pays Principle in EU Law-Bold Case Law and Poor Harmonisation", 2012.

9. N. de Sadeleer, " Preliminary Reference on Environmental Liability and the Polluter Pays Principle: C ase C-534/13, F ipa", *Review of European, Comparative & International Environmental Law*, 2015, 24 (2).

10. K. De Cock, "Case C-201/02 Wells v. Secretary of State for Transport, Local Government and the Regions", *European Energy and Environmental Law Review*, 2004, 13 (5) .

11. Deirdre Curtin and Päivi Leino-Sandberg, "Openness, Transparency and the Right of Access to Documents in the EU: In-Depth Analysis", EUI Working Paper RSCAS 2016/63.

12. S. Enchelmaier," Alpine Transport Restrictions Reconsidered: Commission v. Austria", Common Market L. Rev. , 2013, 50.

13. M. Eliantonio , "Case note on case C-240/09 Lesoochranárske zoskupenie and case C-115/09 TrianelKohlekraftwerk", *Common Market Law Review*, 2012.

14. Szilárd Gáspár-Szilágyi, "EU Member State Enforcement of Mixed Agreements and Access to Justice: Rethinking Direct Effect", *Legal Issues of Econ. Integration*, 40 (2013).

15. N. Hartley and C. Wood, "Public Participation in Environmental Impact assessment—Implementing the Aarhus Convention", *Environmental Impact Assessment Review*, 2005, 25 (4).

16. F. Jacobs ， "The Role of the European Court of Justice in the Protection of the Environment"， *Journal of Environmental Law*, 2006, 18 （2）.

17. M. Jacobs ， "Anklagemyndigheden v. Ditlev Bluhme, Case C-67/97 （Danish Bees case） "， *Review of European Community & International Environmental Law*, 1999, 8 （2）.

18. J. H. Jans ， "Who is the Referee? Access to Justice in a Globalised Legal Order"， *Review of European Administrative Law*, 2011, 4 （1）.

19. J. H. Jans ， "The Status of the Self-sufficiency and Proximity Principles with regard to the Disposal and Recovery of Waste in the European Community"， *Journal of Environmental Law*, 11. 1 （1999）.

20. H. Kaarto ， "Protection of the Environment as a Mandatory Requirement: The Possibilities of the Member States of the European Union to Favor NationalProducts"， *East-West Studies*, 2017 （8）.

21. Vasiliki Karageorgou, "Access to Justice in Environmental Matters: The Current Situation in the Light of the Recent Developments at the International and Regional Level and the Implications at the National Level with Emphasis on the UNECE Region and the EU MS"， *European Energy and Environmental Law Review* , 27. 6 （2018）.

22. R. Kennedy, "Charging for Public Participation: Fees for Submissions or Observations on Environmental Impact Assessment: Case C-216/05 Commission v Ireland ［2006］ ECR 2006 I-10787"， *Environmental Law Review*, 2007, 9 （4）.

23. Maria Lee, "The Ambiguity of Multi-Level Governance and （De-） Harmonisation in EU Environmental Law"， *Cambridge Yearbook of European Legal Studies*, 15 （2013）.

24. Anders S. Mathiesen, "Public Participation in Decision-making and Access to Justice in EC Environmental Law: The Case of Certain Plans and Programmes"， Eur. Envtl. L. Rev. ， 12 （2003）: 36.

25. K. Mortelmans, "Common Market, the Internal Market and the Single Market, What's in Market"， Common Market L. Rev. ， 1998, 35.

26. R. Moules ， "Significant EU Environmental Cases: 2012"， *Journal of Environmental Law*, 2013, 25 （1）.

27. B. Müller ， "Access to the Courts of the Member States for NGOs in Environmental Matters under European Union Law: Judgment of the Court of 12 May 2011—Case C-115/09 Trianel and Judgment of 8 March 2011—Case C-240/09 Lesoochranarske Zoskupenie"， *Journal of Environmental Law*, 2011, 23 （3）.

28. N. Notaro, " The New Generation Case Law on Trade And Environment"， *European Law Review*, 2000, 25 （5）.

29. P. Oliver , "Of Trailers and Jet Skis: Is the Case Law on Article 34 TFEU Hurtling in a New Direction", Fordham Int'l LJ, 2009, 33.

30. Á. Ryall , "The EIA Directive and the Irish Planning Participation Fee", *Journal of Environmental Law*, 2002.

31. Richard Moules, " Significant EU Environmental Cases: 2017", *Journal of Environmental Law*, Volume 30, Issue 1, 1 March 2018.

32. J. Reichel , "Judicial Control in a Globalised Legal Order-A One Way Track? An Analysis of the Case C-263/08 Djurgården-LillaVärtan", *Review of European Administrative Law*, 2010, 3 (2).

33. M. L. Schemmel and B. De Regt, "The European Court of Justice and the Environmental Protection policy of the Europeancommunity", BC Int'l & Comp. L. Rev. , 1994, 17.

34. K. L. Scheppele , "Enforcing the Basic Principles of EU Law Through Systemic Infringement Procedures," *NYU School of Law*, 2015.

35. Hendrik Schoukens, "Articles 9 (3) and 9 (4) of the Aarhus Convention and Access to Justice before EU Courts in Environmental Cases: Balancing on or over the Edge of Non-compliance?", *European Energy and Environmental Law Review* (2016).

36. E. Spaventa ,"On Discrimination and the Hheory of Mandatoryrequirements", *Cambridge Yearbook of European Legal Studies*, 2000, 3.

37. S. Tromans , " EC Waste Law—A Complete Mess?", *Journal of Environmental Law*, 2001.

38. M. Van Wolferen , "Case C-243/15 Lesoochranárske zoskupenie vlk v Obvodný úrad Tren č ín", 2017.

(二) 中文

1. [德] 艾卡·雷斌德: "欧盟和德国的环境保护集体诉讼", 王曦译, 载《交大法学》2015 年第 4 期。

2. 杜群、李丹丹: "《欧盟水框架指令》十年回顾及其实施成效述评", 载《江西社会科学》2011 年第 8 期。

3. 傅聪: "试论欧盟环境法律与政策机制的演变", 载《欧洲研究》2007 年第 4 期。

4. 冯慧娟、鲁明中: "德国废弃物回收体系的运行模式", 载《城市问题》2010 年第 2 期。

5. 喻文光: "德国行政法院再认识及其对我国的镜鉴", 载《行政法论丛》2015 年第 1 期。

附　录

〰〰〰〰

附录一　欧洲法院判决书的主要结构和引用格式

一、欧洲法院判决书的主要结构

欧洲法院作出的所有判决均可从其官方网站的判例数据库（CURIA）[1]获得，若该案同时有佐审官意见，也会在网站中公开。一般而言，欧洲法院判决书由以下六部分组成：

（1）判决书名称，包括审判庭的类型和判决作出的日期；

（2）判决书的关键词，包括案件涉及的主要欧盟法律和要解决的核心问题；

（3）案件编号，即该案在欧洲法院的登记编号，也是搜索案件判决书的关键信息；

（4）基础信息，包括提请法院（成员国法院）、案件当事人及其代理人、案件审理法庭的法官组成以及其他就此案提交意见的欧盟机构和成员国信息；

（5）判决书正文，包括案件主程序的双方当事人和争议事项简介、相关法律规定（国际法、欧盟法、成员国法）、案件事实、提请解释的欧盟法相关问题（争议问题）、法院的最终判决（程序问题、实体问题）；

（6）案件费用和判决结果（也被称为"执行部分"，operative parts）。

---

〔1〕　欧洲法院官方网站 CURIA，https://curia.europa.eu/jcms/jcms/j_ 6.

二、欧洲法院判例的引用方式

1. 欧洲判例法标识符（ECLI）

为了正确和清楚地引用欧盟法院和成员国法院的判决，并为判例法制定一套最低限度统一的元数据，2011 年欧盟部长理事会邀请成员国和欧盟机构引入"欧洲判例法标识符"（European Case Law Identifier，简称为"ECLI"）。ECLI 是一套可被所有成员国法院和欧盟法院共同识别的、具有统一格式的标识符，由五个必要元素组成：

（1）ECLI，代表本判决使用了欧洲判例法标识符；

（2）国家或区域代码；

（3）作出判决的法院代码；

（4）作出判决的年份；

（5）案件序号，最多包含 25 个字母或数字字符，具体的构成形式由成员国自主决定。

上述五个元素分别以"："分隔。[1]

欧洲法院接受欧洲判例法标识符系统，并为其自 1954 年以来作出的所有判决以及佐审官的意见分配一个独立的识别符。例如，欧洲法院 2006 年 11 月 9 日作出的"欧共体委员会诉爱尔兰案"判决的标识符是"ECLI：EU：C：2006：706"。除用于表明使用欧洲判例法标识符体系的"ECLI"外，其他四部分的具体含义如下：

（1）"EU"代表作出判决的法院是欧盟法院之一；

（2）"C"代表作出判决的法院是欧洲法院。若判决由欧盟综合法院作出，则其代表符号为"T"；特别法庭则为"F"；

（3）"2006"代表作出案件判决的年份；

（4）"706"代表此案是该年作出的第 706 个决定。

2. 欧洲法院判例的引用方式

自 2011 年起，欧洲法院判例的引用方式为：判决作出日期+案件的一般名称（字体为斜体）+案件登记案号+欧洲判例法标识符+具体内容所在段落。

---

[1] Council conclusions of 29 April 2011 inviting the introduction of the European Case Law Identifier (ECLI) and a minimum set of uniform metadata for case law, *OJ* 2011 *C* 127.

但为避免引用内容过长，欧洲法院决定在引用时省略代表使用欧洲判例法标识符的 "ECLI"。[1]例如，上述 2006 年 "欧共体委员会诉爱尔兰案" 判决的引用方式为 "Judgment of 9 November 2006, *Commission of the European Communities v Ireland*, C-216/05, EU：C：2006：706." 若引用的是判决书的部分具体内容，则需在欧洲判例法标识符后添加涉及的判决书段落，如 Judgment of 9 November 2006, *Commission of the European Communities v Ireland*, C-216/05, EU：C：2006：706, paragraph 19"。

---

[1] See, Court of Justice of the European Union, Method of citing the case - law, https://curia. europa. eu/jcms/jcms/P_ 126035/en, last visited on 2019. 4. 16.

附录二 《里斯本条约》中环境相关条款

《欧洲联盟条约》(TEU)

第2条 (原《欧洲经济共同体条约》第2条)

......

3. 欧盟应建立一个内部市场。内部市场应致力于在经济平衡发展、价格稳定、具有高度竞争性的社会市场经济的基础上实现欧洲可持续发展,以保障充分就业和社会进步以及高水平的环境保护和环境质量改善。欧盟应促进科技进步。

......

第21条

......

2. 欧盟应确定并采取共同政策和行动,并在国际关系的所有领域内进行高度合作,以达成以下目标:

......

(6) 帮助形成维护和改善环境质量以及全球自然资源可持续的管理国际措施,以保障可持续发展;

......

《欧洲联盟运行条约》(TFEU)

第4条

1. 除第3条和第6条规定的领域外,两部条约赋予欧盟的权能时,应与成员国共享。

2. 欧盟和成员国的共享权能主要适用于以下领域:

(1) 内部市场;

(2) 本条约规定的社会政策部分;

(3) 经济、社会和领土聚合;

(4) 农业和除海洋生物资源保护外的渔业;

（5）环境；

（6）消费者保护；

（7）交通；

（8）泛欧网络；

（9）能源；

（10）自由、安全和公正领域；

（11）规定在本条约中的与公共健康相关的公共安全问题。

3. 在研究、技术发展和空间领域，欧盟应有权采取行动，尤其是界定和实施计划方面，但不得妨碍成员国权能的实施。

4. 在发展合作与人道主义援助领域，欧盟应有权实施行动并执行公共政策，但不得妨碍成员国权能的实施。

第 11 条（原《欧洲经济共同体条约》第 6 条）

环境保护要求必须统一至欧盟政策和行动的界定和实施，特别出于提升可持续发展角度。

第 177 条（原《欧洲经济共同体条约》第 161 条）

在不违反第 178 条规定的条件下，欧洲议会和部长理事会可在咨询经济和社会委员会以及地区委员会的基础上，通过普通立法程序以条例的形式确定结构基金的任务、优先目标和组织形式，其中可包括不同基金的组合。前述程序应同样适用于基金的一般适用规则、有效性保障规则和不同基金间以及机构基金和其他现有金融工具间的协调规则。

依据同样程序设立的聚合基金应为环境和泛欧网络的基础交通设施领域项目提供财政支持。

第二十编　环境

第 191 条（原《欧洲经济共同体条约》第 174 条）

1. 联盟环境政策应致力于实现下列目标：

（1）保持、保护和改善环境质量；

（2）保护人类健康；

（3）谨慎并合理地使用自然资源；

（4）促进以国际层面的措施解决区域或世界范围的环境问题，特别是气候变化的应对。

2. 联盟环境政策应在考虑联盟内不同地区具有不同情况的基础上，以实现高水平环境保护为目标。联盟环境政策应建立在风险预防原则、损害预防原则、环境损害应优先在源头治理原则以及污染者付费原则基础上。

在此情况下，符合环境保护要求的一体化措施应包括安全保障条款，允许成员国为非经济性的环境原因在合适的情况下采取临时措施，但需接受联盟的检查程序。

3. 联盟在制定环境政策时，必须考虑以下因素：

（1）可用的科学和技术数据；

（2）联盟内不同区域的环境条件；

（3）行动或缺少行动的潜在成本和收益；

（4）联盟整体的经济和社会发展以及地区的平衡发展。

4. 联盟和成员国应在各自的权能范围内与第三国及适格的国际组织进行合作。联盟的合作安排可以是联盟与有关第三国间的协议主题。

本款上述规定不得损害成员国在国际机构中的谈判或缔结国际协议的权能。

第 192 条（原《欧洲经济共同体条约》第 175 条）

1. 欧洲议会和部长理事会在咨询经济和社会委员会以及地区委员会的基础上，应依普通立法程序确定欧盟为实现第 191 条规定的目标而应采取的行动。

2. 部长理事会通过免于适用本条第 1 款规定的决策程序，且不违反第 114 条规定的情况，可在咨询欧洲议会、经济和社会委员会以及地区委员会的基础上，以全体一致通过的特别立法程序制定：

（1）主要涉及财政性质的规定；

（2）影响下列事项的措施：

① 城镇和乡村规划；

② 水资源以及直接或间接影响这些资源可用性的数量管理；

③ 除废弃物管理外的土地使用。

（3）对成员国的不同能源来源选择以及能源供应整体结构产生重大影响的措施。

部长理事会在咨询欧洲议会、经济和社会委员会以及地区委员会的基础上，以全体一致通过委员会的提案后，可对前段规定的事项适用普通立法程序。

3. 欧洲议会和部长理事会需在咨询经济和社会委员会以及地区委员会的基础上，以普通立法程序制定包含优先实现目标的共同行动计划。

为实施公共行动计划的必要措施，视具体情况，依照本条第 1 款或第 2 款规定的程序制定。

4. 在不影响成员国制定的特定措施情况下，成员国可以财政支持和实施环境政策。

5. 在不违反污染者付费原则情况下，如果依照本条第 1 款制定的措施会给成员国公共当局带来过重的负担，此类措施可以下列形式予以合适规定：

（1）临时性豁免；或

（2）从第 177 条设立的聚合基金申请经济支持。

第 193 条（原《欧洲经济共同体条约》第 176 条）

依第 192 条制定的保护措施不得禁止成员国保持或增加更严格的保护措施，但不得违反欧盟条约的规定，且应通知委员会。

第二十一编　能源

第 194 条

1. 在内部市场的建立和运行以及环境保护和改善需求的背景下，本着成员国团结一致的精神，欧盟能源政策的目标是：

（1）保障能源市场的运行；

（2）保障欧盟的能源供应安全；

（3）提升能源效率、提高节能以及促进新能源和可再生能源发展；

（4）完善能源网络的相互连接。

2. 在不违反条约适用的条件下，欧洲议会和部长理事会应以普通立法程序确立前款目标的实现措施。此类措施应在咨询经济和社会委员会以及地区委员会后颁布。

在不违反第 192 条第 2 款第 3 项规定的情况下，本款中的措施不得对成员国决定本国能源开发条件、能源来源选择以及能源供应结构等权利造成影响。

3. 经减损适用本条第 2 款，部长理事会在咨询欧洲议会后，通过全体一致以特别立法程序制定前款中主要具有财政性质的措施。

附录三 欧盟 Nature 2000 自然保护区网络[1]

1. 什么是欧盟 Nature 2000 自然保护区网络?

欧盟 Nature 2000 自然保护区网络是由被认定为 Nature 2000 站点（Natura 2000 sites）的场所和自然栖息地组成。Nature 2000 站点是指为稀有和受威胁物种提供的核心哺育和休息的场所，以及一些基于其本身特征而应受到保护的自然栖息地类型，具体包括三类：《栖息地指令》规定的"具有共同体重要性站点"（sites of Community importance，SCI）和"特别保护区"（special areas of conservation，SAC）以及《野生鸟类保护指令》规定的"特殊保护区"（special protection areas，SPA）。其中，"具有共同体重要性站点"也可理解为准"特别保护区"，因为申请认定为"特别保护区"的区域，首先需欧盟委员会确定其生态保护价值并列入"具有共同体重要性站点清单"中，成员国只有在最长六年时间内采取了《栖息地指令》要求的必要保护措施后，才可将该区域正式指定为"特别保护区"。截止至 2016 年，欧盟 Nature 2000 自然保护区网络已拥有超过 27 000 个站点，覆盖所有成员国约 115 万平方千米的海陆领域面积。这意味着欧盟近 18% 的陆地面积和 6% 的海洋面积已被纳入 Nature 2000 自然保护区网络，故构成目前世界上最大的自然保护区协调网络以及欧盟自然和生物多样性保护政策最核心的内容。

Nature 2000 自然保护区网络覆盖了陆地、淡水和海洋等不同类型的生态系统，同一生态系统可以包含一个或多个栖息地，且通常拥有多样化的动植物种群。其中，森林生态系统和农业生态系统（牧场和其他农业区域）分别约占网络表面积的 50% 和 40%。Nature 2000 站点在不同成员国所占的面积也有较大不同，如地中海和阿尔卑斯区域所拥有的受欧盟指令保护的物种和栖息地类型要比大西洋地区高得多。此外，Nature 2000 站点与完全依据成员国国内法或地区法律建立的自然保护区、国家公园或其他国内或地区自然保护区不同。因认定原因不同，后者在不同国家各不相同，可能涉及 Nature 2000

---

〔1〕 本部分是在欧盟委员会关于 Nature 2000 自然保护区网络介绍的基础上的整理，更多内容可参见网站原文 http://ec. europa. eu/environment/nature/natura2000/faq_ en. htm。

自然保护区网络之外的物种和栖息地。当然，一些受国家或地区保护的场所若是具有共同体重要性的物种和栖息地所在的重要区域，也可被认定为 Nature 2000 站点。在此情况下，欧盟指令应被适用，除非成员国制定了更加严格的规则。

为方便公众了解 Nature 2000 自然保护区网络，欧盟委员会创立了一个名称为"Nature 2000 viewer"的网站，提供每一个 Nature 2000 站点的准确位置，使站点的边界和关键景观特征更易被公众知晓。更多 Nature 2000 站点相关信息可以从成员国的主管当局处获取。

2. 如何选择 Nature 2000 站点？

Nature 2000 站点首先应由成员国自主选择，然后向欧盟委员会提出申请。欧盟委员在欧盟环境署（European Environment Agency，EEA）的协助下，会对成员国选择的场所进行分析，并评估该场所在生物地理层面上对栖息地类型和物种保护的贡献。若充分满足《栖息地指令》规定的条件，该场所则会被列入"具有共同体重要性的站点"清单。成员国须最迟在 6 年内将该区域认定为特别保护区（Special Areas of Conservation，SACs），并公布特别保护区的分布和保护措施。

Nature 2000 站点的认定和选择，是完全以科学方法依据两部指令规定的选择标准完成的，并不考虑社会经济因素。这种纯粹以科学为基础的选择，一方面能够保证只有最适合的站点才能被列入清单；另一方面也能保证网络包含充分数量的站点，使指令清单内的每个物种和栖息地能在欧盟范围内得到长期保护。当然，社会经济因素虽非 Nature 2000 站点的选择标准，但却是如何保护和管理站点措施确定时需考虑的基本考虑因素之一。如《栖息地指令》第 2 条即明文规定，依据指令采取的所有自然栖息地及物种措施，应同时考虑经济、社会和文化要求以及区域或地区特征。

3. 如何管理 Nature 2000 站点？

成员国的主管部门是建立 Nature 2000 站点保护措施（conservation measures）的责任者。根据《栖息地指令》第 2 条的规定，保护措施是指为使站点达到其保护目标而需实施的实际行动，必须符合栖息地类型和物种的生态要求。《栖息地指令》第 6 条第 1 款和第 2 款对 Nature 2000 站点的日常管理措施作出规定，分为单独适用于特别保护区的必要保护措施（necessary conservation measures）和所有站点通用的避免栖息地恶化和对指定场所物种造成重大干扰的管理措施。不同于 Nature 2000 保护区的选择是完全依据科学标准，保护区日常管理措施的确定则可综合考虑经济、社会和文化背景以及区域和地方特征等因素。欧盟委员会在其发布的《建立 Nature 2000 站点保护措施的意见》[1]中，就 Nature 2000 站点管理措施提出了不具有约束力的指导意见。

（1）必要保护措施：

第一，必要保护措施的类型。《栖息地指令》第 6 条第 1 款明确规定，成员国有义务为所有特别保护区建立必要的保护措施，且应在该站点被欧盟委员会认定为"具有共同体重要性站点"后 6 年内完成。整体而言，适用于特别保护区的必要保护措施主要有四种类型：一是无作为（doing nothing），是指继续使用站点现有管理方式，无需采取额外措施；二是简单措施（simple measures），包括避免在繁殖时期干扰，保持定期割草、干草收割或增加森林中死木数量等措施；三是重大恢复行动（major restoration activities），包括大规模移除非本地物种或湿地的水文恢复等措施；四是完全无干涉和严格保护措施（non-intervention and strict protection），主要针对非常容易受到人为干预影响的栖息地和物种，通过划定严格的避难区以确保其继续生存，如波兰"比亚沃尔扎森林案"[2]中，欧洲法院认定波兰当局制定的移除森林腐木、死木等积极森林管理措施在该森林保护区内应当予以禁止，因为此种措施会影响该区域以树皮甲虫为生的众多受保护鸟类。

第二，必要保护措施制定的要求和具体内容。为保证必要保护措施的有效实施，其制定需有详细的规划、蓝图和技术规范。监测也应作为保护措施不可或缺的一部分，用以跟进和评估取得的成果、评价措施的有效性以及在必要时的调整。最后，为实现 Nature 2000 站点更有效的保护，还可对该地区的居民进行宣传教育，特别是相关行动的利益关系者和环境组织，以提高相关站点所在区域使用人的意识和理解。至于具体采用哪些类型的保护措施，成员国主管部门有自主选择权，但必须保证它们符合站点中栖息地类型和物种的生态要求。一般而言，保护措施应的规定应具体、明确和清晰易懂，内容应包括站点的位置、实施方式和所需工具的描述、相关主体责任和职责的

---

〔1〕 Commission note on establishing conservation measures for Nature 2000 sites.

〔2〕 Judgment of the Court（Grand Chamber）of 17 April 2018, *European Commission v Republic of Poland*, C-441/17, EU：C：2018：255.

相关信息、必要时的审查和调整以及预估的费用和可用资金等信息。同时，欧盟委员会强烈建议主管部门管应在保护措施制定的早期阶段，为相关利益者（尤其是土地所有者和管理者）提供参与机会并从其专业知识和信息中获益。

第三，必要保护措施的实施方式。《栖息地指令》规定，Nature 2000 站点的必要保护措施可以通过法律、行政或合同等适当方式予以实施。而依据欧盟法的辅助原则，成员国有权依据本国情况在这些方式中进行选择。但需注意的事，依据该指令第 6 条的规定，成员国选择的方式必须是适当的，能够避免栖息地的任何恶化以及对相关场所的物种造成重大干扰，且符合相关站点的栖息地和物种的生态要求。为了支持保护措施的实施、提高相关利益者的保护意识和建设能力，欧盟委员会强烈建议成员国或区域的主管部门，向所有 Nature 2000 管理计划或保护措施实施的参与者提供咨询服务，以使他们能够理解 Nature 2000 的保护目标和措施并纠正任何可能的误解。

（2）避免栖息地恶化和对指定场所物种造成重大干扰的管理措施。《栖息地指令》第 6 条第 2 款规定，成员国应采取适当措施以避免自然栖息地的物化和对指定场所物种造成的重大干扰。《野生鸟类保护指令》第 4 条第 4 款规定，应全面避免鸟类栖息地的恶化。"采取适当措施"一方面要求成员国采取必要的法律和/或合同措施预防对自然栖息地和物种的不利影响，另一方面也要求土地所有者、管理者或使用者遵守国家、地区或地方具有法律约束力的规定（如许可程序）。如果成员国仅采用合同措施，则合同责任人应保证相关措施不仅符合《栖息地指令》第 6 条第 2 款规定的"适当"，还应保证相关措施在实践中以可排除任何自然栖息地的恶化和对物种重大干扰的方式实施。

首先，为避免 Nature 2000 站点恶化而采取的适当措施，不仅需针对故意行为（如违法捕猎、伐木等），还应解决任何可能发生的意外事件（火灾、泄洪等）。当意外事件是可预测的，则应采取各种预防措施，如禁止携带火种至森林地区。而作为生态系统动态一部分的、不可预测的自然干扰，则不应视为"恶化"，如台风、洪水等。其次，适当措施也不应仅限于解决人类活动，还应包括可能导致站点中物种和栖息地的保护状况恶化的某些自然发展。如在半自然栖息地类型中发生的自然演替，可能对站点中的物种或栖息地类型产生不利影响，那需要采取措施予以制止。[1]如果上述演替过程并不能被积极管理所影响（如气候变化引起的恶化），则不适用此规则。再次，适当措施也适用于被纳入 Nature 2000 清单之前该站点中已经存在的活动。若既有活动会对该站点产生不利影响，则同样可能需要禁止或修改正在进行的活动。[2]最后，在必要情况下，成员国也应在站点范围外实施避免恶化的适当措施，以预防恶化对该站点中栖息地和物种产生不利影响的风险，并且所有的措施都应在出现明显恶化症状之前实施。[3]

4. 如何在 Nature 2000 站点中开展新活动？

《栖息地指令》第 6 条第 3 款和第 4 款确定了 Nature 2000 站点中开展新活动的基础规则。Nature 2000 站点中新活动的审批程序包括四个阶段：

（1）项目审查阶段（screening），旨在确定新活动（计划或项目）是否须进行适当评估。如果新活动可能对 Nature 2000 站点产生显著的不利影响或不能排除重大影响的可能性时，则需要进行适当评价。

（2）适当评价（appropriate assessment，"AA"），详细评估计划或项目单独或与其他计划或项目相结合对站点整体性的影响。适当评价制度与欧盟《环境影响评价指令》规定的环境影响评价制度（EIA）存在很多相似性，且经常被作为综合或协调程序的一部分同时在实践中开展，适用类似的程序（如筛选、评估、公众咨询和决策）。但是，不论从制度目标、评价内容还是评价结论效力上看，两者并不相同。适当评价关注的是 Nature 2000 站点中受保护的栖息地类型和物种，评价结论是主管部门作出审批决定的基础，对其具有法律约束力。[4]

（3）决策阶段（decision making），如果拟议项目或计划的适当评价结论是存在对相关站点整体性的不利影响，则必须审查是否可引入预防或减轻措施（preventive or mitigation measures）以消除这类影响。其中减轻措施必须针对适当评价认定的可能影响，并且只能在适当评价对相关影响的完全评估和

[1] See, Judgment of 20 October 2005, *Commission v United Kingdom*, C-6/04, EU：C：2005：626.

[2] See, Judgment of 17 April 2018, *European Commission v Republic of Poland*, C-441/17, EU：C：2018：255.

[3] See, Judgment of the Court of 2 August 1993, *Commission v Spain*, C-355/90, EU：C：1993：331；Judgment of 13 June 2002, *Commission v Ireland*, C-117/00, EU：C：2002：366.

[4] See, Sundseth K, Roth P. Article 6 of the habitats directive：rulings of the European Court of Justice [J]. Brussels：Ecosystems LTD（N2K Group），2014, p. 7.

258

描述后确定。如果减轻措施能够成功消除或排除适当评价结论中认定的不利影响，则计划和项目可以被批准；反之，则必须拒绝批准。而减轻措施的界定和适用，可参见欧洲法院在"*Briels* 等诉荷兰建设和环境部长"案的说理。

（4）例外规则（derogations），《栖息地指令》第 6 条第 4 款为上述审批规则规定了一项例外事由，即在新活动可能对 Nature 2000 站点产生显著的不利影响或不能排除重大影响可能性的情况下，主管部门在满足特定条件时仍可批准拟议计划或项目。上述特定条件包括：①拟议项目或计划是实现压倒性公共利益的必要措施；②拟议项目或计划不存在替代措施；③采取所有必要补偿措施保护 Nature 2000 站点的整体性。此外，成员国适用例外规则批准新活动时，不仅应告知欧盟委员会，还在站点中受影响的为优先保护物种或栖息地类型时，听取欧盟委员会意见。

对于何为"计划或项目"，虽然《栖息地指令》并未进行界定，但欧洲法院认为出于 Nature 2000 站点保护目的，应对其进行扩大解释而非限缩解释。一方面，项目应包括欧盟《环境影响评价指令》适用范围的项目，即建设工程、其他设施或方案的执行以及其他可能对自然环境和景观的干扰活动等。此外，欧洲法院认为下列活动也可能被认定为适用《栖息地指令》的项目：经常性的小规模活动[1]、对活动的修改[2]、位于站点范围外但可能对站点产生重大影响的活动[3]。另一方面，计划应包括《战略环境影响评价指令》第 2 条第 1 款界定的"计划和规划"（plans and programmes），并且应根据计划的性质、目的和内容来考虑是否需要对计划进行适当评估，而不仅仅取决于其名称，如土地使用计划、涉及 Nature 2000 站点的森林管理计划等。

5. Nature 2000 站点保护和管理的资金来源

因为采取的措施类型和实施领域的不同，并非所有 Nature 2000 站点的保护和管理都需要成本。某些保护措施并不需要任何费用或导致收入减少，有的措施可融入日常管理活动中（如改变森林的物种组成），有的措施甚至可能

---

[1]　Judgment of 7 September 2004, *Waddenvereniging and Vogelsbeschermingvereniging*, C‑127/02, EU：C：2004：482 and Judgment of the Court (Second Chamber) of 14 January 2010, *Stadt Papenburg*, C‑226/08, EU：C：2010：10.

[2]　Judgment of the Court of 24 October 1996, *Kraaijeveld and Others*, C‑72/95, EU：C：1996：404.

[3]　Judgment of 10 January 2006, *Commission v Germany*, C‑98/03, EU：C：2006：3 and Judgment of 13 December 2007, *Commission v Ireland*, C‑418/04, EU：C：2007：780.

在短期或长期内带来一定的经济效益（如为狩猎者提供更好的游戏物种、更高的旅游吸引力、改良土壤条件等）。但因需要额外的人力、物力或导致业主商业机会减少等因素，Nature 2000 站点的保护和管理不可避免地需要成本。虽然为 Nature 2000 站点提供资金是成员国的义务，但欧盟也会提供适当的资助。目前，Nature 2000 站定的管理已被纳入欧盟主要基金中，包括结构基金（Structural Funds）、农村发展基金（Rural Development Fund）、欧盟海洋渔业基金（European Maritime Fisheries Fund）以及 LIFE[1]等。

此外，成员国或区域还会通过激励措施为 Nature 2000 站点保护和管理增加融资渠道。如有的成员国采取更有利于栖息地和物种保护的自愿协议或管理协议使用国家基金，有的成员国为受保护的栖息地和物种的土地所有人提供财产税豁免或其他税收优惠激励措施（如比利时），还有一些成员国为土地所有人在 Nature 2000 站点覆盖区域产生的额外费用或确定的损失收入提供全额赔偿。

自 1992 年设立至今，欧盟 Nature 2000 作为世界上最大的自然保护区协调网络，为欧洲范围内最有价值和濒危的物种和栖息地提供了有效保护。例如，法国科西嘉岛特有植物类型 Centrathys trinervis 已从濒危植物目录转为受威胁植物目录。[2]而欧盟严格的栖息地和动植物物种保护制度以及资金支持，也促使经济欠发达但自然资源丰富的东欧国家的生物多样性得到了更好的保护。再者，与《奥胡斯公约》相结合的欧盟 Nature 2000 站点保护制度，强调公众参与环境决策和在相关问题上诉诸法律的权利，值得我国生物多样性保护相关立法的借鉴。

---

〔1〕 LIFE 是资助欧盟范围内的环境、自然保护以及应对气候变化项目的金融工具。自 1992 年以来，LIFE 已经联合资助超过 4500 个项目。在 2014-2020 资助期间，LIFE 将提供近 34 亿欧元用于保护环境和应对气候变化。

〔2〕 参见张志勤、吴鹏："欧盟公布生物多样性濒危动植物品种最新数据"，载 http://www.china-mission.be/chn/omdt/t884537.htm，访问日期：2019 年 4 月 17 日。